イエスとブッダが共に生きた生涯

偉大な仲間の転生の歴史

ゲイリー・R・レナード
ティケリー裕子 訳

ナチュラルスピリット

THE LIFETIMES WHEN JESUS AND BUDDHA KNEW EACH OTHER
by Gary R. Renard

Originally published in 2017 by Hay House Inc.
Japanese translation rights arranged
with Hay House UK Ltd, London
through Tuttle-Mori Agency,Inc., Tokyo

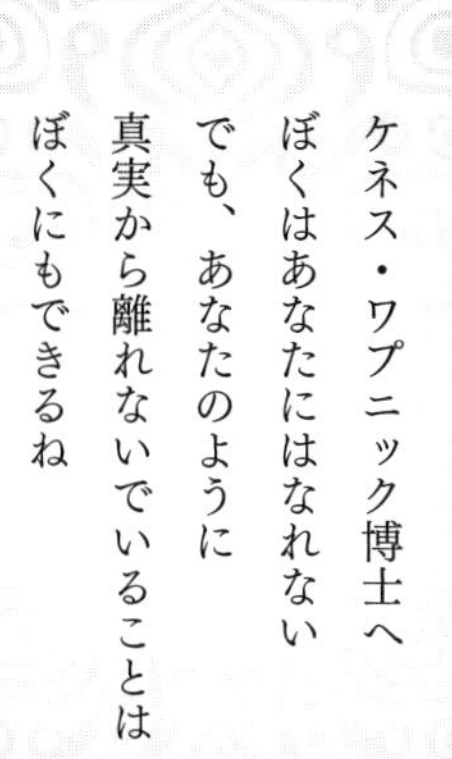

ケネス・ワプニック博士へ
ぼくはあなたにはなれない
でも、あなたのように
真実から離れないでいることは
ぼくにもできるね

はじめに

本書では、二〇一三年十月から二〇一六年九月に起きた実際の出来事を記している。ぼくの語りと注釈を除くと、本書はゲイリー（これがぼく）と、人の姿をして現れた二人のアセンデッド・マスターのアーテンとパーサの三人の対話になっている。語りの部分で対話を中断した場合のみ、「註」と記した。

本書を活用するのに、アセンデッド・マスターの出現を必ずしも信じる必要はない。個人的に、読者がどう思うかは気にしないが、ぼくのような無学の素人が、二人のアセンデッド・マスターからのインスピレーションなしにこの本を執筆することはあり得ないと断言できる。いずれにしてもこの本の起源についてどう考えるかは読者にお任せしよう。

本書はアーテンとパーサと一緒に書いた四冊目の本だが、本書を理解し楽しんでもらうために、先の三冊を読んでおく必要はない。ちなみに先の三冊は、『神の使者』『不死というあなたの現実』（ともに河出書房新社）、『愛は誰も忘れていない』（ナチュラルスピリット）で、三部作になっている。本書で扱う教えの一つである『奇跡のコース』に馴染みのない人は、このあとの「『奇跡のコース』について著者より」を読んでもらうと、必要な基礎知識を得られるだろう。対話のなかでもそれらの説明があるため、ほかの伝統的な教えとの関連性についてもわかるだろう。また、非二元の概念も紹介しているので、まだ知らない人はそれについても学べるだろう。

本書は『神の使者』ではじまった三部作とは独立したものだと考えてほしい。三部作のほうではアーテンとパーサが私的な話とともに、彼らの過去、現在、未来の三つの生がどうつながっているのかを説明してくれた。最終的にはどの生もつながっているが、ぼくの教師である彼らは、その三つの生でどのように彼らが悟りに達したのかを説明してくれた。悟りとは、人生という夢から目覚めることだといえる。本書では、そうした目覚めと、どのように目覚めに達するのかが大きなテーマになっている。

このユニークなテーマを持つ本書が三部作から独立している理由は、アーテンとパーサが彼らの二人の友人について詳しく伝えようと決めたからだ。彼らは、その二人がどのように救済にたどり着いたのか、また歴史上のある時期、二人がどのように互いを知り、助け合っていたかを説明している。その二人とはイエスとブッダのことである。彼らから二人の話を初めて聞いたときはショックだった。実はイエスもブッダも彼らの本名ではない。ブッダはゴータマ・ブッダと呼ばれることもあるが、ぼくの教師たちはそう呼んではいなかった。

本書の目的は、ここで語られている霊的(スピリチュアル)な分野や伝統を深く掘り下げて説明することではない。ただ、どのように二人の偉大なマスターがあのような存在となったのか、その過程を述べている。

● 4

ぼくの教師たちの意見だが、いちばん早く悟りに達する方法は、先にも話した『奇跡のコース』（本書では「コース」または「ACIM〈A Course in Miracles〉」と記す）という形而上学の最高傑作に書かれてある。しかし『奇跡のコース』が唯一の手段ではないが、「コース」と、イエス（三部作同様、以下Jと呼ぶ）やブッダが従って生きた教えには類似点がある。その必然ともいえる結果は目を引くもので、だからこそ本書には「コース」以外の引用も含まれている。指摘すべき大事な点は、どんな教えであっても、純粋な非二元の観点でその教えを理解してから過去を振り返ると、これまで経験してきた一つひとつの段階が、次の段階へ導かれるためには必要であったと気づく点だ。

あらゆる霊的（スピリチュアル）な道のりは、神につうじる。本書は、特定の霊的な道やアプローチをけなしたり、否定する意図はまったくない。同時に、『奇跡のコース』の妥協しない姿勢を示している点が本書の大事な特徴といえる。その姿勢がなければ、本書はほかのあらゆる書物と同じになってしまい、そもそも世に出る必要はなかっただろう。だからこそ、ぼくは本書のメッセージについて決して妥協しない。Jやブッダもそうするだろうと心から信じている。

一体性（ワンネス）、真の現実（リアリティ）、導き、真実、創造主、霊（スピリット）という言葉は、分離のレベルを超越した神の御心（マインド）レベルで語られているものである。そうでない場合は、神が唯一、実在しているものだと受け入れていないレベルについて述べており、読み進めれば、この違いが非二元と純粋な非二元の差であることがわかると思う。

本書に誤りがあったとしたら、すべてぼくの過ちであって、ぼくの教師たちによるものではないことをお約束する。ぼくは完璧ではないので、この本も完璧ではない。大切なのはメッセージの大きな部分であって、細かいことではないと信じている。実に多くの生徒が文章の細かいところに注目して小言をいい、メッセージそのものが見えずに、木を見て森を見ずの状態になっている。最終的にこの本は、悟りへのはしごを上るためのものにほかならない。Jとブッダが幻想のはしごを上るときにとおったさまざまな段階を追って、彼らの経験からどう学べるかを知り、魂の旅（スピリチュアル・ジャーニー）において何千年という年月を節約するためのものだ。

ぼくの著書の管理をしてくれているヘイハウス、妻のシンディ・ローラ・レナード、教えに従って生きる手本を喜んで示してくれている仲間の教師たち、ウェブサイトの諸々を一気に引き受けてくれているロベルタ・グレースに謝意を表したい。彼らがいなければ、本書の執筆はとても困難だっただろう。そして、感謝を込め、あらためてウィリアム・シェークスピアの名をここに記したい。また、ヘイハウスの編集者であるニコレット・サラマンカ・ヤング、貴重なアドバイスをくれ、ほんとうに頼りになってくれているコピーエディターのジェフリー・ルービンにも感謝を表明する。

最後に、何十年にもわたり全世界に『奇跡のコース』を広めるという大事な仕事をされている、カリフォルニア州ミル・ヴァレーの「内なる平和財団」とカリフォルニア州テメキュラ（現在はネバダ州ヘンダーソン）の「奇跡のコース財団」の友人たちに謝意を表するとともに、計り知れない人たちが彼らに感謝の念を抱いていると確信している。

ゲイリー・R・レナード

カリフォルニアの幻想と幻想でないところより

イエスとブッダが共に生きた生涯 ● 目次

本書の内容をよりご理解頂くために

- 「mind」と「heart」は、どちらも日本語では「心」と訳されることが多い言葉です。本書では「mind」を一貫して「心」と訳している『奇跡のコース』の日本語版に従い、「mind」を「心」と訳し、「heart」は「ハート」と訳しております。ただし、P285、P289、P349、P352、P353、P365は、それぞれの言葉を強調するために「マインド」「ハート」と表記しております。
- 「聖霊」「霊」「霊的」「一体性」など、ルビのある言葉は、段落内で最初に出てきたものにのみルビを振っておりますが、「心」については「mind」が本来持つ「頭」や「思考」の概念を強調する場合のみ「マインド」とルビを振っております。

『奇跡のコース』について著者より

「コース」の教え&「コース」とイエスとブッダとのつながり

ここでは『奇跡のコース』の核となる概念をいくつか説明しよう。「コース」を知る読者もそうでない読者も一様に、本書を理解し楽しめるよう、「コース」と非二元の関連性や、イエスとブッダのようなマスターの悟りと「コース」の関連性について話したいと思う。

本書は「コース」の代わりになるものではない。「はじめに」でも触れたが、『奇跡のコース』は一般的に「コース」や「ACIM」と呼ばれている。「コース」を忠実に非二元的に理解することは稀だが、たとえそうできても悟りにはいたらない。悟りにいたるには、毎日の生活のなかで、人間関係や体験したことやテレビで観た出来事などに教えを当てはめ、実践するしかない。このことを心に留めて、進んでいきたい。

「ACIM」は、イエスの声を聞いた心理学の研究者であり、博士でもあったヘレン・シャックマンが、イエスのメッセージを書き取ったものだ。彼女は同僚のウィリアム(ビル)・セットフォード博士から絶大な助けを受けた。ヘレンがイエスの声をノートに速記し彼に読み上げ、彼がタイプしたものが「コース」に綴られている言葉だ。当初、二人の関係はぎくしゃくしており、彼らは、ヘレン曰く「気のめいるような」環境で働いていた。ある日、ビルはヘレンに「別のやり方」があるはずだといい、ヘレンは彼に同意し、二人で一緒にそれを見つけることになった。「コース」はそんな二人の決意から生まれたものだ。

「ACIM」の誕生物語は長いが、たいへん興味深く、何冊もの本で語られている。ヘレンは、「コース」をチャネリングして七年かけて書き上げたのち、少なくとも五年ものあいだ「声」を聞き続け、それを二つのセクションとして「コース」につけ加えた。Jが彼女とのワークをやめず、このように書き取りが継続していたことから、「コース」の最初から最後までJが編集者であることは明らかだ。彼はおもに三十一章ある「テキスト」の最初の五章で、ヘレンの間違いを訂正した。約五十万語の最初から最後まで一貫しているのは、完全にJのおかげといえる〈日本語版は、『奇跡のコース 第一巻 テキスト』『奇跡のコース 第二巻 学習者のためのワークブック／教師のためのマニュアル』『奇跡の道 兄イエズスの教え』〈ともにナチュラルスピリット〉、『奇跡講座上巻〈テキスト普及版〉』『奇跡講座下巻 受講生のためのワークブック／教師のためのマニュアル〈普及版〉』〈ともに中央アート社〉がある〉。読者が本書を読んだあとに学ぶ際、便利なように、「コース」からの引用部分については註をつけた。

「コース」の歴史には、ケネス〈ケン〉・ワプニック博士とジュディ・スカッチ・ウィットソン、ボブ・スカッチという三人の主要人物がいる。ヘレンとビルとこの三人はのちに、一九七六年に「コース」を出版することとなる「内なる平和財団」を設立した。ワプニック博士は、ぼくの教師たちが最初の本である『神の使者』のなかで、「コースのもっとも偉大な教師」と述べた人物となった。

「ＡＣＩＭ」は自学自習のコースで、宗教ではない。スタディ・グループで出会った人々が教会を設立し、その教会は「ＡＣＩＭ」に基づいていると主張したりするが、結局はほかの霊性（スピリチュアリティ）と同様、「コース」は経験をもたらすためのものでしかない。その経験とは、世界そのものではなく世界を見る特定の見方のなかで見出せるもので、内側から生じてくるものである。二十四年間、「コース」を学ぶ生徒として、ぼくの役割は、生徒が「コース」の教えを実践できるよう、わかりやすく説明することだった。ぼくがそうできているのは、ひとえにぼくの教師たちのおかげでしかない。彼らの真剣な助けがなければ、ぼくは「ＡＣＩＭ」を理解していなかっただろう。

「コース」のスタイルとして、巧みな繰り返しというものがある。何度も何度も「コース」の考えに触れなければ「コース」を学ぶのは無理であり、思考体系とはそうやって学ばれるものだ。そして、その思考体系こそが「コース」独自の真の赦しを可能にさせる。本書でも繰り返し同じことが述べられているのがわかるだろう。前作と同じことが今回も多少含まれているが、意図された目的のために活用してもらえれば役立つだろう。繰り返しは、「コース」を教え、学ぶ上で、好ましいだけではなく不可欠である。「エゴ」という間違った自分を取り消すことで、自らの神性を経験する「コース」のアプローチについてはあとで話すとして、まずは真の霊性（スピリチュアリティ）と、この数十年のあいだに霊性として受け入れられてきた自己啓発運動との違いを指摘したい。

自己啓発運動の悪口をいうつもりはない。ぼくは偽善者ではないし、ぼく自身、自己啓発運動をうまく活用してきた。ただぼくは、それらと本物の違いを理解し、ぼくの教師たちが与えてくれるものこそが本物だと知っているだけの話だ。

自己啓発運動は、ほしいものを得る、世界で物事を起こす、自分の外側にあるものを自分に引き寄せる、目標を達成する、といったことのためにある。そのアプローチはほしいものを得れば幸せになれるという誤った前提に基づいたものだが、実はほしいものを得れば、少しのあいだ気分がよくなるだけで、すぐにまたほかのものがほしくなる。これはエゴがつくり出したアメとムチの手法のようだ。エゴの思考体系は、分離の概念、つまりわれわれは、源（ソース）である神や互いから分離しているという考えに基づいている。でも、幸せや安心が世界の出来事に左右されるとしたら、たいへんだ。世界というエゴの幻想のなかで頼れるものは、つねに変化し移りゆくものだからだ。そんな世界で得られるものは、いつしか消える儚（はかな）いもので、せいぜい一時的な満足しかもたらしてはくれない。

でも、世界の出来事など関係ないというのなら、どうだろうか。それはエゴにとってはとんでもないことであろうが、ほんとうにそうであるのなら、そして世界で起こることに関係なく幸せで、心強く、落ち着いていられるのなら、どうであろうか。それこそが真の力であり、ほんとうの強さであり、自由であり、真の霊性（スピリチュアリティ）なのではないだろうか。

十四年間、アメリカ四十四州、世界三十ヶ国で教え、たくさんの質問を受けてきたなかで、ぼくはあることに気づかざるを得なかった。それはほんとうに多くの人たちがいたるところで、とてつもない欠如を感じているということだ。人々はその欠如をかたちのレベルで解決しようとしている。かたちのレベルでの解決とは、映画のスクリーンのような、われわれが人生だと思っているもの、つまり人間関係や物など、欠落感を和らげてくれそうな何かを得ることで解決しようというものだが、それでは間違ったところで解決法を探していることになる。欠如は自分の外側ではなく内側にあり、通常、考えられている外側にあるものが引き起こしているのではない。『奇跡のコース』ではこう述べている。

神から分離しているという感覚だけが唯一の欠如であり、あなたが真に訂正しなければならないものである。[T-1.VI.2:1]

エゴとは間違った自分のことだとぼくはいってきたが、誰にでもほんとうの自分、つまりエゴとは違う自分があるのだ。ほんとうの自分は、この世界や肉体とは何の関係もない。肉体は神や互いからの分離を象徴しているにすぎない。ほんとうの自分とは、不死身で、傷つかず、不変で、切り離すことのできない完全なる自己のことだ。それはこの世界にある何かに傷ついたり、いかなる方法でも決して脅かされたりはしない。

「コース」は「実在するものが脅かされることはない［Introduction］」と述べてはじまっているが、その部分はこのことを指している。つまりそれが、ほんとうの自分なのだ。「コース」はこう続く。

実在しないものは存在しない。[Introduction]

これは、ほんとうの自分以外のすべてのこと、つまり朽ちることなく不変で傷つかないものとは反対のもののことを述べている。「コース」が純粋な非二元の霊性（スピリチュアリティ）であるのは、このためである。「コース」では、目に見えない神の世界と、誤って見える人の世界の二つがあり、神の世界だけが実在し、それ以外は真実ではないと述べている。

神の世界は、一時的な象徴としてときどき見える以外は、肉眼では見えない。肉体は自覚の限界を象徴しているからだ。けれども、源（ソース）との完全なる一体性（ワンネス）を体験することはできる。われわれはこの地上に肉体をつうじて現れているあいだも、ほんとうの自分を経験することはできる。霊的（スピリチュアル）な体験はとても大切で、実際、それを経験することでしか幸せにはなれない。言葉を駆使しても幸せにはなれない。ぼくの言葉だって同じだ。「コース」ではこう述べている。

言葉は象徴の象徴にすぎず、実在（リアリティ）する世界から二重に隔てられている。[M-21.1:9-10]

だとしたら、象徴の象徴を読んで、どうやって幸せになれるのか、どうすれば完全さと満ち足りた感覚を得られるのかと思うだろう。神の世界の実態を描写したものでさえも、それを読んだからといって幸せにはなれない。それも言葉にすぎないからだ。けれども、実在（リアリティ）する世界を経験し、ほんとうの自分と自分の真の居場所を経験するのなら幸せになれる。その経験は完全で、真に満ち足りた心をもたらすからだ。

グノーシス派は、この神との直接的な体験をグノーシスと呼ぶ。それは霊知を意味し、一般的な知識や情報のことではない。「コース」でも「知識（Knowledge）」という言葉を使っているが、たいていは大文字のKで、それはグノーシスと同様、神との直接的な体験や神の叡智を意味している。では、この世界のどんな経験をも吹き飛ばす神との体験には、どのようにたどり着けるのだろうか。それはエゴを解体することで到達できる。「ACIM」では簡潔にこう述べている。

救済とは取り消すことである。[T-31.VI.2:1]

これは見事なアプローチだ。間違った自分を完全に取り消せば、ほんとうの自分しか残らないからだ。ほんとうの自分に関しては何もする必要はないのだ！　ほんとうの自分はすでに完全なる存在で、源(ソース)とまったく変わらぬ存在で、その完全さを経験するには無意識に潜んでいるエゴを取り除かなければならない。つまり、この完全さを経験する妨げとなっている分離の壁を取り除くのだ。「コース」は、神から独立した個人というアイデンティティがあると誤解し信じ切っている間違った自分を取り消すプロセスへとわれわれを導く。本書でもわかることだが、これは一人ではできないことだ。

では、エゴを解体するのに、われわれには何ができるのかという疑問があがるだろう。それはある種の赦しに到達することだ。この赦しとは一般的に考えられるものとは違う。一般的な赦しでは、幻想の世界を現実(リアル)ととらえ、その幻想とエゴがそのまま保たれる。だが真の赦しでは幻想の世界を現実とはとらえないため、その幻想とエゴがそのまま保たれることはない。

「エゴと友だちになるべきだ」という人たちがいるが、彼らにいいたいことがある。エゴはわれわれと友だちになりたいどころか、われわれを殺したいのだ。われわれが傷つき殺められる存在であれば、われわれは肉体であり、われわれが肉体であれば、分離というエゴの全思考体系を完全に当てはめられる存在となるからだ。われわれがそんなエゴに対してできるのは、エゴを解体することのみである。『奇跡のコース』は、肉体と分離をとおして自らを認識している間違った自分、つまりエゴを取り消すためのものだ。ほんとうの自分は、肉体や分離とは何の関係もない。「コース」では何度もこう述べている。

わたしは肉体ではない。わたしは自由である。わたしはいまでも神が創造されたままのわたしなのだから。［W-pI.201］

そして、神はわれわれを、神ご自身とまったく同じように創造された。永遠に源（ソース）と同じく、そしていつまでも完全に一体（ワンネス）の状態であるように。

この一見、分離した存在とは、実のところは夢である。世界や宇宙が幻想だという教えは何千年も続いているものだが、「コース」はその教えを、世界こそわれわれが目覚めるべき夢だという考えへと進化させた。そして、その目覚めこそ悟りなのだ。ブッダが「わたしは悟った」といったとき、彼はこのことを意味していた。現在では多くの霊的（スピリチュアル）な生徒が、ブッダがそういったとき、彼は素晴らしく意識が覚醒し、顕現する準備ができたという意味で述べたと思っている。実際、現在のほとんどの霊性（スピリチュアリティ）において、覚醒とは悟りへ向かう際に通過するものである。けれどもブッダは夢のなかでよりいっそう目覚めたという意味ではなく、夢そのものから目覚めたという意味でそう述べたのだ。この差は小さなものではなく、すべてといえる。ブッダは、彼自身が夢ではなくて、夢を見ている人であることに気づいた。現に彼はまったく夢のなかにはいなかった。夢は彼から生じていた。彼は夢の結果ではなく、夢を引き起こしていた原因だったのだ。

「ACIM」がJとブッダと関係があるのは、そういうわけだ。夢に影響される存在から夢を見ている存在、つまり夢をつくり出していることを自覚している状態に完全に移行しなければ、悟りには到達できない。移行できれば、目覚めが可能になる。そうするには、分離という夢の状態にわれわれを閉じ込めているエゴが消えなければならない。

　われわれは、夢という体系の外からの助けがなくては、この夢から目覚めることはできない。ここで、あるたとえ話をしたい。三歳の娘がいるとしよう。彼女が夜、ベッドで眠っている。彼女のほうをちらっと見ると、悪夢を見ているのがわかる。ベッドの上でゴロゴロ動き、顔には辛そうな表情を浮かべている。こんなときどうするだろうか。彼女に近づいて、身体を揺さぶったりはしないだろう。そんなことをしたら、もっと怖がらせるだけだ。きっと本能的にベッドの横に座り、優しくささやいてあげるだろう。「夢だから、心配しなくて大丈夫。それはほんとうに起きてはいないから。あなたは自分でそれをつくったのに忘れているだけ。心（マインド）のなかで見ているだけよ」と。だとしたら、彼女は目を閉じているのだから、何を使ってその夢を見ているのだろうか。あなたはさらに、こうささやいてあげるだろう。「大丈夫だよ。ここにいて守ってあげるからね」。すると、おもしろいことが起こる。娘は夢のなかでその声が聞こえるようになるのだ。真実は夢のなかにいても聞こえる。夢のなかに真実はないが、そこにいたまま真実が聞こえるのだ。娘は、夢のなかの現実（リアリティ）のための声ではなく、ほんとうの声を聞いてリラックスしはじめる。きっと大ごとに思えていた夢が、ぜんぜん大したことではないと思いはじめるのだろう。そして怖がらずに起きる準備ができたとき、目覚め、自分がベッドから離れていなかったことに気づく。彼女はずっとそこにいたままだったのだ。それまでそう気づかなかったのは、ベッドがなかったからではなく、ベッドがあることを自覚できていなかったからである。

われわれの場合、朝、それまで見ていた夢から覚めるとき、ただ別の夢に目覚めている。『奇跡のコース』では、そのことをこう語っている。

あなたは、神の内なるわが家にいながら、そこから追放された夢を見ているが、真の現実（リアリティ）に目覚めることはまったく可能である。［T-10.1.2:1］

聖霊（ホーリースピリット）は、真の現実（リアリティ）とは異なる夢にいるわれわれを見て、夜ベッドで悪夢を見ている三歳の娘にわれわれがささやくのと同じことをささやいている。「夢だから、心配しなくて大丈夫。それはほんとうに起きてはいないから。あなたは自分でそれをつくったのに忘れているだけ。心（マインド）のなかで見ているだけよ」。「コース」はわれわれが「過ぎ去ったことを心のなかで見直している［W-pI.158.4:5］」と述べ、妥協のない次の言葉を残している。

● 18

あなたの時間はすべて、夢を見ることに費やされている。［T-18.II.5:12］

夜ベッドで見ている夢よりも、起きているときに見ている夢のほうがはるかに現実的（リアル）に見えるのは、レベルの違いによるものだ。天国にはレベルはない。天国には完全な一体性（ワンネス）があるだけで、相違が存在しない。だがエゴの世界はレベルと相違であふれている。この夢が夜ベッドで見ている夢よりもはるかに現実的なゆえに、これこそが現実（リアリティ）に違いないとわれわれが信じてしまうのも、レベルや相違という仕掛け（トリック）のせいだ。現代の多くの物理学者は、宇宙は幻想でなければ辻褄が合わず、実在しているとは考えられないというだろう。この世のすべてが疑似体験（シミュレーション）だと確信している人々さえもいる。夢や幻想や疑似体験など、どのように呼んでもいいが、事実は一つだ。地上に生まれ、奇妙な人生を送り、死を迎え、生と生のあいだの時期があり、再び地上に生まれ、延々とそれが続く夢を見ているのだ。われわれの一生は、次から次に起こる夢の連続のようなものなので、つねにわれわれは非現実的（アンリアル）な状態にあるわけだ。夢の「かたち」は変わって見えるが、「中身」はいつも同じで分離そのものだ。「コース」では、地上は実在していない状態にあり、その非現実的で混乱した状態のなか、意識していようがいまいがつねに不安があると教えている。けれども、夢の現実を語るエゴの声の代わりに霊（スピリット）の現実を告げるほんとうの声を聞く意志を持てば、リラックスできるようになる。きっとわれわれは、夢のなかでとても大事に思えていたすべては、まったく大したことではなかったと気づきはじめるのだろう。おそらく、いたるところに夢を超越した大きな現実があるのだろう。それはいま存在していないのではなく、われわれがただその存在を自覚できていないだけだ。だからこそ「コース」は「あなたが生まれながらに受け継いでいる愛の存在を自覚できなくさせている障害を取り除く［Introduction］」ことについて語っている。われわれが自然に受け継いだものとは天国の王国にほかならず、われわれはそれを手に入れる必要はない。神から贈り物として与えられているからだ。でも自分がそこにいると思うなら、それに気がつかなければならない。ぼくは「コース」のこの質問が好きだ。

喜びのない場所で、自分がそこにいるのではないと気づく以外に、どうやって喜びを見つけられるのだろうか。［T-6.II.6:1］

「コース」はとてつもなく大きな教えだ。多くの教師が表現しているような小さなものではない。聖霊（ホーリースピリット）はわれわれがよりよい個人ではなく、まさに神と一つの完全な存在となるべく目覚めるよう導いている。それは一晩では無理なので、われわれはプロセスを踏んで進んでいく。霊（スピリット）は肉体よりも高い次元の生命体なので、われわれはその高次の生命体として存在する準備ができていなければならない。そうでなければ、目覚めはあまりにも恐ろしいものになるだろう。蝶が蛹（さなぎ）の時期をすごすように、われわれもほんとうの自分に目覚めるために、そうしなければならない。この移行を手助けするのが赦しという聖霊の教えだ。「コース」ではこう述べている。

赦しは救済を貫く中心的なテーマであり、救済のあらゆる部分を意味ある関係に保ち、進むべき

救済の道筋を示すとともに、その結果を確かなものにする。[W-pI.169.12:1]

聖霊（ホーリースピリット）とともにおこなう赦しを完了させる三つの段階がある。決意してそれを実践すると、次第に「コース」でいうところのヴィジョンを得て、必然的に二元性の夢からその逆へと目覚めるよう導かれる。

われわれは、『奇跡のコース』で「サンシップ」の救済に不可欠といわれていることをはじめればいい。「サンシップ」とはいまのところ、一見、存在しているように見えるあらゆる人や物という意味で受け取っておけばよい。Jはこう述べている。

こうして、この世界のあらゆる思考が完全に逆転する。[M-28.2:2]

「コース」が教えているユニークな赦しを実践し救済への役割を果たすことが、われわれが置かれているこの混沌とした世界における、われわれの唯一の責任だ。世界を救う必要はない。それは聖霊（ホーリースピリット）の仕事だ。われわれがやるべきことは、自分が上司（ボス）であろうとする代わりに聖霊に従うことだ。もし会社を所有しているならば、自分が上司ではないとアピールする必要はないが、誰が真の指導者（リーダー）であるかを心（マインド）のなかで知ることはできる。多くの人がイエスを究極の指導者ととらえているが、ほんとうのところ彼は究極の随行者（フォロワー）だった。彼は「コース」で、たった一つの声を聞いていたと語っている。「コース」ではこの声を神の声ではなく、聖霊による「神を代弁する声」[T-5.

II.]」とうまく表現している。神は完全なる一体性（ワンネス）なので世界とはかかわらない。われわれは神がこの世界に関与していないことを喜ぶべきだ。もし関与しているとしたら、神はわれわれ同様、頭がどうかしていることになるが、神は完全なる愛なので、聖書や「コース」が語るように、われわれが帰るべき完全なるわが家を与えてくれている。

聖霊（ホーリースピリット）は夢のなかの幻想を見ることができ、しかもそれを信じることなく見ることができる。われわれは赦しという聖霊の助言に従うことで、聖霊と同じように考え、霊（スピリット）に目覚める。その最初のステップには規律が必要だ。これまでたいへんな事態になったとき選びもしなかった選択肢を選ぶには、その規律に従う自制心が求められる。

個人的な例をあげてみよう。ぼくが自分の住むこのロサンゼルスで高速道路を運転しているとき、ある男性の車が割り込んできたとしよう。車の運転で人の最悪な部分が表れることはよくあるが、割り込まれた瞬間、ぼくは目にした光景に対し、二つの解釈をすることができるだろう。そして、どちらか一方を意識的に選べるのだ。ほとんどの人がするように、エゴで考え、批判して、反応することもできるが、これは大きな間違いだ。おそらく嫌なことがあったり、何かに怒っていたりしたら、割り込んできたやつに中指を突き立てるかもしれない。そうすればありとあらゆる問題へと発展しかねない。彼が拳銃を持っていたら、どうなるか。死ぬのが悪いというわけではないが、ぼくは死ぬかもしれない。最終的には肉体が停止して死んだように見えても、心（マインド）は動いて進み続けるから、ほんとうに「死」にいたることは決してないが、まだこの地上でやり残していることがあるのなら、中指を突き立てる代わりに別の選択肢があるというわけだ。

エゴで反応する代わりに、いったんそこで立ちどまることができるのだ。この選択は物心ついたときから教えられてきたすべてに反しているので、容易に選べるものではない。特に男性には難しい。テストステロンという男性ホルモンのせいで、やられたらやり返すというふうにできているからだ。戦争をはじめるのも男性だし、人口の半数が建設的に何かをなす方法を知らないようだ。それでも、別の選択肢を選ぶことはできる。エゴで考えはじめている自分に気づいたら、そこで立ちどまることが真の赦しの最初のステップだ。この最初のステップがいちばん難しい。エゴではなく聖霊（ホーリースピリット）と一緒に物事を考える習慣をつける固い決意とそのための努力をするには、この最初のステップを繰り返しおこなわなければならない。

エゴで反応するのをやめることが身につけば、赦しの次の段階へ進める。エゴで反応しないことを習得するには、「コース」の「ワークブック」のレッスンで教えている規律と心の訓練が必要だ。次第に三つの全段階が一つに混ざり合い、手順についてあまり考えずに、習慣となっておこなえるようになる。ただ真実がわかり、それに応じて考えられるようになるのだ。これは、論理立てた説明が不可能な真実として物事を〝知る〟禅の概念のようなものだ。けれどもはじめは、自分が何をしているか、自分がどちらを選んでいるかわかるよう、この手順で練習し身につけなければならない。こうしてそれが自分の一部となり、赦していないときに赦すべきだと思えるほど、それが自分の一部となっていることがわかるようになる。赦すことで助かるのは、実は自分であるとわかるからだ。

エゴで反応するのをやめられるようになると、次の段階に進み、聖霊（ホーリースピリット）と一緒に考えられるようになる。この段階には「コース」がいう「聖なる瞬間」というものがあり、それはエゴとする思考から聖霊とする思考に切り替わる瞬間のことだ。そこで、今度こそ正しいほうを選ぶのだ。われわれは否が応でもつねに選択している。エゴと聖霊の両方と同時に考えることはできない。エゴと聖霊は相いれない二つの思考体系を表している。賢く選べば、まったく違う人生経験へと導かれ、よりよい結果になることもあるが、それは単に結果にすぎない。われわれが焦点を当てるのは原因のほうだ。原因に向き合えば、結果は必然的に対処される。エゴはずっとわれわれに、目に映るものが現実（リアル）で、肉体は実在し、実在する世界で実在する人々と対処すべき問題がほんとうにあると主張してきた。けれども聖霊の話はそれとはまったく異なり、目に映るものは真実ではないと告げている。

「コース」は目に映るものを夢と呼んでいるが、さらに、エゴの幻想の世界は無意識から生じる投影だとも述べている。われわれは無意識を見ることができないため、その投影が自分から生じていることもわからず、肉体が投影され、分離した無数のかたちがつくり出された。だが、人は肉体ではなく、神の内なるわが家にいる完全なる霊（スピリット）なのだ。ただ、そのことが忘れられてきた。「コース」はこう問う。

> この世界を幻覚と認識したなら、どうだろうか。それを自分がつくり出したとほんとうに理解したら、どうするだろうか。世界を歩み、罪を犯し、死に、攻撃し、殺害し、自らを破壊しているように見える人々がまったく実在していないと気づいたら、あなたはどうするだろうか。[T-20.VIII.7:3-5]

次第に世界に対し、これまでと同じような反応はできなくなっていくだろう。そして、聖霊（ホーリースピリット）を選び、内なる霊（スピリット）へと目覚めさせる三段階のうちの二段階目へと導かれるだろう。「コース」で『心（マインド）』という言葉は、創造エネルギーをもたらし、霊を活性化させる主体を表すために使われている［C-1.1:1］と教えているように、霊を選ぶことで、心のなかで霊を活性化させるのだ。また「コース」では、次のようにも述べている。

奇跡は癒しをもたらす。なぜなら、奇跡は肉体を使った自己認識を否定し、霊（スピリット）としての自己認識を肯定するからである。［T-1.I.29:3］

『奇跡のコース』の「奇跡」とは、ぼくが述べている赦しのことで、それは結果ではなく原因があるところから生じるものだ。犠牲者でいるのをやめ、自らの投影に責任を負いはじめたところから生じる赦しともいえる。アメリカ先住民はよく「この大いなる神秘を見よ」といったが、『奇跡のコース』は「この大いなる投影を見よ［T-22.II.10:1］」といっている。それが時空の宇宙のすべてだからだ。何千年と伝えられてきた教義にもあるように、すべて幻想なのだ。投影が生じているところは目に見えないかもしれないが、自分たちを支配している投影の結果を信じるのをやめることで、それを取り消すことはできる。

夢は自分以外の誰かが見ているのではない。実は自分の投影があるだけで、そこには誰もいないのだ。この世界の誰かや何かに自分を傷つける力があるとしたら、それは自分がそれらに力を与えているからだ。いまこそその力を取り戻し、あるべき場所の神に向けて自らの信じる力を捧げるときがきている。それがすべてを変える。「コース」では「奇跡は習慣である［T-1.I.5:1］」と述べている。心は判断の代わりに赦しをおこなうよう再び訓練されていく。

われわれは経験において、世界に傷つけられるのが不可能なところまで到達できる。「コース」では聖霊（ホーリースピリット）の赦しについてこう述べている。

それは神以外のものがあなたに影響力を持つことを否定する。それが否定のふさわしい使い方である。［T-2.II.1:11-12］

われわれは自分自身が物事の結果なのではなく原因であると受け入れることで、世界に対する考えを逆転できる。赦しはこのようにして正当なものとなる。世界のあらゆるものが実在していたら、赦しは理にかなわないが、それらが投影によるものだとすれば完全に理にかなう。世界が自分に降りかかるものではなく、自ら生じさせているものだという見方に慣れると、これまでのように世界に反応することがますますできなくなり、自分が夢を見ていることにどんどん気づけるようになる。

二〇〇三年に最初の本『神の使者』が発売されて間もなく、ぼくはYahoo!で自分の本と『奇跡のコース』のオンライン・スタディ・グループをはじめ、それはのちに世界最大の「コース」のスタディ・グループとなった。ぼくたちはそのグループ内で「赦しの機会（Forgiveness Opportunities）」

という言葉をつくり、次第に「一つの赦しの機会（Just Another Forgiveness Opportunity）」という表現の頭文字を取った「ＪＡＦＯ」という言葉をかけ合うようになった。このフレーズは、肉体をつうじて地上にいると思われるあいだは、つねに赦しの機会があるという事実から生まれたものだが、われわれはこうした赦しの機会にすら影響されなくなるところまで到達できるようになるのだ。そんなときがほんとうに霊的な道をいくなかでやってくれば、赦しの機会はずっと易しいものになり、ますます自動的に赦せて、大きな変化を体験できるようになる。

ぼくはワークショップで、「コース」が意味していることについてよく質問を受けるが、たいていは、「コース」の意味を知るいちばんの方法は「コース」がいっているとおりに進むことだと答えることにしている。そんなことはわかっていると思うかもしれないが、「コース」は人々が聞きたくないことをたくさん述べている。だから、われわれには計り知れない心理的な抵抗がある。たとえば「コース」では、「世界は存在しない！　これはこの『コース』が教えようとしている中心的な考えである［W-pI.132.6:2-3］」といっているが、ほとんどの人はそんなことは聞きたくない。世界が存在するよう誰もが求め、世界にあるさまざまなものに惹かれ、それらを求め、同時に悪いことが起こらないよう、せめて悲惨なことが起こらないようにと願っている。それなのに「コース」では、神を代弁するイエスの声が一人称でこう語っている。

わたしはかつてあなたに、あなたが持つすべてを売り、貧しい者に与え、わたしに従うようお願いした。わたしが意味していたのは、この世界のいかなるものにも投資せずにいるのなら、あなたは貧しい者に宝物がどこにあるのかを教えることができる、ということだった。貧しい者とは誤った投資をしている者にすぎず、彼らはほんとうに貧しいのである！ [T-12.Ⅲ.1:1-3]

「コース」はここで精神的な投資について話している。「コース」の教えはつねに物質的なレベルではなく、心のレベルの話である。われわれはエゴを解体することでわが家に帰る準備をし、次第に聖霊（ホーリースピリット）が心のなかで優勢な力となり、最後には唯一の力となる。

われわれがかつて信じた世界は夢であり、それ以上のものではない。ぼくの教師たちによるとウィリアム・シェークスピアは悟りを開いていたそうだが、彼は著書の『テンペスト』（『夏の世の夢・あらし』〈新潮文庫〉ほか）で、まさにそのとおりのことを述べている。

息子よ、興奮しているようだな。驚いただろうが元気を出せ。余興は終わった。前に話したが、この役者たちはみな妖精で、大気へ、薄い大気へと溶けてしまった。礎のない幻の仕組みのように、雲を頂く塔も、きらびやかな宮殿も、荘厳な寺院も、巨大な地球そのものも、地上のあらゆるものも、すべて溶けてなくなる。実体のない見せものが消え去るように、そこには一筋の雲すら残らない。われわれも夢と同じく、そのようにつくられた。この儚い人生は終始眠りに包まれている。

これらの言葉は「ＡＣＩＭ」の「テキスト」ともしっくり合う。「コース」は完全に新しいレベルの明晰な夢へと導いてくれる。次第に自分が夢を見ていることに気づくようになり、あらゆる赦しの機会においていつも同じように赦せるようになる。すると、われわれはリラックスしはじめ、真の心の安らぎが自分のものとなる。皮肉なことだが、以前より明確に考え、聖霊（ホーリースピリット）からの導きとインスピレーションを得られるようになるため、夢であるこの世界でうまく動けるようになる。

赦しの最初の段階を復習しよう。まず、エゴで考えている自分に気づいたら、それをやめることだ！　そのためには規律を守る自制心が必要だ。エゴはとても賢く、肉体こそが自分であり他者でもあり、世界のすべてが真実だと説得させる方法を数え切れないほど生み出すからだ。でも聖霊（ホーリースピリット）は、「わたしは肉体ではない。わたしは自由である。わたしはいまでも神が創造されたままのわたしなのだから［W-pI.201］」ということをわれわれが思い出すためのまったく異なったアイデンティティを保ってくれている。ちなみにこの引用は他者にも当てはまることだ。赦しの次の段階は、目に映るものがほんとうではないと理解することだ。心を変え、エゴではなく聖霊とともに考えなくてはならない。

ここまでできれば、あとは聖霊（ホーリースピリット）が、その状況や出来事に最適な「コース」の正しい考えを思い出させてくれる。あるいは、何も考えずに、ただ穏やかでいられるかもしれない。

エゴが解体されると次第に、聖霊（ホーリースピリット）が心を支配しはじめ、聖霊のメッセージやインスピレーションがはっきりと聞こえるようになる。幻想の人生をどう歩んでいくかという具体的な疑問の答えさえも受け取れるようになる。聖霊と生きる人生は、エゴと生きる人生とはまったく異なり、われわれはたとえ部屋で一人きりでいても、決して一人ではないのである。

無意識はすべてを知っている。時空の宇宙の投影が最初に生じたところなのだから、それも当然といえよう。すべてを知っているのなら、実はわれわれという一つの存在しかないことも知っているはずだ。そして一つの存在しかないと知っているのなら、世界や他者への思いは何であれ、実は自分自身に対する思いだと無意識は解釈する。この考えには少しハッとさせられる。われわれはなぜ自分が落ち込んでいるのかと考えることがあるだろう。そんなときは、これまで他者について抱いてきた思いを見つめるといい。その思いが自分に向けられていたことに気づいていただろうか。その思いが、自分で自分をどう思うかを決定づけ、最終的には自己アイデンティティを確立させていたと気づいていただろうか。われわれは選んだものを目撃し、それを自らのアイデンティティとして信じることになるのだ！　赦しの二段階目でもう一つ大事なのは、誰かを赦すとき、その人が何かをしたからではなく、実は何もしていなかったから赦すこと、そしてすべては自分でつくり出していたと理解することだ。何もしていない相手を赦すのだから、相手に罪はない。こうした赦しは、自分自身のイメージをあらためることにつながる。相手に罪があると思うなら、自分に罪があり、相手に罪がないと思うなら、自分に罪はない。それ以外はあり得ない。これはとても重要な心の法則によるもので、「ＡＣＩＭ」では次のようにはっきりと述べている。

あなたは他者を見るのと同じように、自分自身を見ている。［T-8.Ⅲ.4:2］

ここで立ちどまらずに進むことがきわめて大事だが、多くの生徒はここで立ちどまってしまう。

それから、ほとんどの人が考えもしないことだが、大事な点がもう一つある。相手を見るように自分を見て、世界や他者を幻想ととらえて生きる場合、心（マインド）は自分自身をも幻想なのだと解釈する点だ。それではすべてが虚しく無意味に思えるだろう。これは気分の落ち込みをよくいい表しているものだが、『奇跡のコース』は多くの人が気づいている以上に、そういうことを踏まえた取り組みになっている。単に世界の大部分にはびこるエゴの思考体系について述べているだけではない。エゴの思考体系を聖霊（ホーリースピリット）の思考体系に完全に置き換えるものなのだ。そして、必ず赦しの三つ目の段階を最初の二つと併せておこなわなければならない。

『奇跡のコース』の生徒だけでなく霊性（スピリチュアリティ）を学ぶ人たちが犯す最大の間違いは、赦しをおこなう際に、最後の段階まで到達しないで終わらせてしまうことだ。その場合の赦しはとても限られたものになる。そこで三つ目の段階について話そう。この最後の段階は、不安定で混沌とした状態や分離した世界ではなく、霊（スピリット）の一体性（ワンネス）に基づいている。これは霊的視覚ともいえる。聖霊（ホーリースピリット）が見るように見ることを学び、ほんとうの自分に触れる経験をする。いたるところに霊の愛と罪のなさを見る聖霊を「コース」ではこう述べている。

聖霊（ホーリースピリット）はどこを見ても、聖霊自身を見る。 [T-6.II.12:5]

三つ目の段階はぼくの教師たちが「霊的視覚」と呼ぶもので、「コース」ではヴィジョンや真の知覚と呼んでいる。われわれは経験を変え、最終的には他者に対する考え方を変えることで、自ら信じている自分のアイデンティティを変えるのだ。「コース」の「テキスト」のいちばん最後の節ではこう述べている。

もう一度、他者をどのような存在にしたいのか選び直しなさい。あなたの選択の一つひとつが、あなた自身のアイデンティティを確立させていると覚えておきなさい。あなたは選んだものを目撃し、それを自らのアイデンティティとして信じることになるのだから。[T-31.VIII.6:5]

だからこそ、聖霊（ホーリースピリット）は分離の観点では思考しないと覚えておかなくてはならない。聖霊は完全性と霊（スピリット）の一体性（ワンネス）の観点で思考する。霊的視覚はわれわれの思考の仕方にかかわる。霊的視覚で見れば、個人という概念と肉体は見すごされ、既成概念にとらわれずに考えられる。そして、相手を全体の一部ではなく、全体そのものとしてとらえられるようになる。

誰かと普通に会話をしながらも、相手の真の姿、つまり相手が神と完全に一つの存在であると心（マインド）で認識することができる。相手がほんとうにいる場所は天国という完全なる一体性（ワンネス）で、そんなふうにまわりの人について、十分にたびたび考えられるようになると、ほんとうの自分と自分の真の居場所を経験できるようになる。心はそのように機能している。イエスもそのように自身の神性に触れ、ブッダもそのように夢から目覚めた。本書に出てくるほかのマスターたちも、違うかたちではあるが分離に覆われた向こう側には真の現実（リアリティ）という一体性があり、それだけが真実であるという同じ概念を用いて思考していた。まさに非二元である。彼らは原因という立場を取ることで、夢の犠牲者ではなく、夢のつくり手として存在していた。だから赦しの全レッスンを終了し、エゴを解体するプロセスが完了し、心にあった罪悪感がなくなると、最後には肉体を脇に置き、目覚め、神の内なるわが家で永遠の現実（リアリティ）という、時間を超越した状態にとどまるときがやってくる。

それが正しくおこなわれると、赦しによって自動的に愛へと導かれる。それがほんとうの自分だからだ。そして、愛は平和へと導く。十分な人たちがこれを実践すれば、いずれ本人たちの悟りだけではなく世界平和へとつながる。われわれ一人ひとりは、集団思考を癒す上で、それぞれの役割を担えばよい。

世界は誤った場所で世界平和を目指してきたが、正しい場所にフォーカスすれば、世界平和に到達するときがやってくる。われわれが生きているうちは無理だろうが、それは問題ではない。ただ自分の役割を果たせば、目覚めてわが家へ帰れるのだ。

『神の使者』で、ぼくの教師たちは「人々の心が平和にならなければ、世界が平和に暮らせる日は決してこない」といった。あのとき、世界平和の可能性について彼らと話したのは、われわれが人生という名の画面上で見るものが、実は「内なる状態が外側に映し出されたもの［T-21.in.1:5］」だと「コース」が教えているからだ。実際、幻想の世界は、隠れている大きな一つの心（マインド）、あるいはカール・ユングが名づけた「集合的無意識」と呼ばれるもののなかを映し出した象徴にすぎない。見ているものが心の内側を反映させたものだとしたら、心のなかに葛藤がある限り、世界にはつねに戦争、殺害、犯罪、テロリズム、暴力、論争といった対立がはびこることになる。ただ十分な人々がエゴを解体する赦しをおこない、心の平和を手に入れる日がくれば、すべてが変わるだろう。

『奇跡のコース』を出版した人たちが自らを「内なる平和財団」と名づけたのはとてもふさわしいと思う。人類は何千年という歴史のなかで世界平和を目指してきた。外交関係を築こうとして、うまくいかなければ交渉し、交渉がうまくいかなければ戦争で解決しようとしてきた。だが数年も経てば戦争にうんざりし、国際連盟に頼り、それもうまくいかなくてまた戦争し、今度は国際連合に頼って一時的に平和になったように見えているが、これはほんとうの平和ではない。「コース」ではこのことをこう述べている。

休戦を平和と勘違いしてはならない。［T-23.III.6:1］

誰も争いが収まるところを知らないのは、原因に対処してこなかったからだ。しかし、世界中で十分な人たちが心の平和に達すれば、ウィリアム・シェークスピア曰く「夜のあとに昼が訪れるように」文字どおり外側の世界平和は起こるだろう。

われわれには、赦しをおこない心の平和に到達することで、無意識の癒しと世界の癒しに真に貢献する機会が与えられている。歴史学者はわれわれを教科書には載せないだろうが、それが何だというのだろう。歴史の教科書に載っているのはたいてい、戦争を生み出す人たちだが、われわれは平和を生み出す人たちなのだから。不朽の功績を誇るガンジーは「あなたがこの世で目にしたいと思う変化に、あなた自身がなりなさい」といったが、おそらくそういったのはガンジーが初めてではないだろう。少なくともブッダまで、さらにはもっと昔まで遡ってもいいかもしれないが、とにかくガンジーはそれが真実だと知り、そのとおりに生きたのだ。悟りと神の平和に達しようとほんとうに決意すれば、われわれにも同じことができる。昔の偉人たちに怖気づく必要はない。「コース」でもイエスがこう説明している。

わたしにできることで、あなたに達成できないものはない。［T-1.II.3:10］

メリー・ベーカー・エディ（一八二一年、米、ニューハンプシャー州生まれ。一八七九年にクリスチャン・サイエンス教会を設立）と「コース」は次のように同じことを述べている。

あらゆる者が呼びかけられるが、耳を傾ける選択をする者はわずかである。［T-3.IV.7:12］

果たして、われわれにはほんとうに聞く意志があるのだろうか。「コース」の「テキスト」の最後にある「もう一度、選び直しなさい」という節に、ぼくの大好きな箇所があるが、そこではこう忠告している。

世界の救世主に加わりたいのか、地獄に残り兄弟たちをそこにつなぎとめておきたいのか、もう一度選び直しなさい。［T-31.VIII.1:5］

地獄に墜ちるという考えを恐れる人は多いが、彼らはすでに地獄にいることに気づいていない。「コース」の妥協のない教えによれば、天国から離れている状態が地獄なのである。けれども次第に、かたちのない高次の生命体の体験へと移行し、肉体の経験から霊(スピリット)の一体性(ワンネス)へと向かうことができる。

世界は赦しの機会であふれているが、われわれがそれを利用しようとすればの話である。ほんとうに信じ、忍耐力があれば、われわれもJの次のような姿勢を身につけられる。

この世界を歩み、神の贈り物を再び自分たちのものとして認識できる状況を見る機会が数多く見出せることを喜ぼう! こうして、地獄の痕跡と秘密の罪と隠れた憎しみが消え去る。そして、それらが隠していたあらゆる美が天国の芝生のように目前に広がり、キリストが現れる以前にわたしたちが歩んでいた茨の道からわたしたちを引き上げ、高みへと連れていく。[T-31.VIII.9:1-3]

われわれはそれぞれの役割を果たして、本物の平和をわれわれのみならず、宇宙という夢にももたらすことができる。最終的に宇宙は、われわれが目覚める夢と同じように消滅する。赦しを実践し、霊的視覚で見ることで、これを達成できる。それがわれわれの唯一の重要な責任ともいえる。それこそが、悟りへのはしごを上るあらゆる者が生まれながらに受け継いでいる仕事なのだ。われわれはそこに参加するよう招かれている。参加したその先は、聖霊(ホーリースピリット)が取り持ってくれる。

『奇跡のコース』（原題 “A Course in Miracles”）の概要

『奇跡のコース』は 1965 年 10 月 21 日にニューヨーク、コロンビア大学臨床心理学教授ヘレン・シャックマンが内なる声を聞いて書き取りをはじめた、真の自己を生きるための独習書。書き取りは実に 7 年に及び、1976 年に「テキスト」「学習者のためのワークブック」「教師のためのマニュアル」の三部作からなる初版が「内なる平和財団」（FIP：Foundation for Inner Peace）から出版されました。その後、「精神療法（サイコセラピー）」「祈りの歌」の二部が追加で書き取られ、2007 年にすべてをまとめた第三版が刊行されています。

『奇跡のコース』日本語版について

日本語版は『奇跡のコース 第一巻 テキスト』『奇跡のコース 第二巻 学習者のためのワークブック／教師のためのマニュアル』（大内博訳）『奇跡の道 兄イエズスの教え』（田中百合子訳）（ともにナチュラルスピリット）、『奇跡講座上巻（テキスト普及版）』『奇跡講座下巻　受講生のためのワークブック／教師のためのマニュアル（普及版）』（加藤三代子、澤井美子訳）（ともに中央アート社）も刊行されています。

本書に収められている「コース」引用文は、すべて本書オリジナルの翻訳文となっています。なお p275 掲載の引用文訳は、『愛は誰も忘れていない』p97 掲載の引用文訳から変更しております。詳しくは訳者あとがきをご覧ください。

本書の引用表記について

本書では『奇跡のコース』原書版での引用部を明記しています。抜粋箇所の表記は次のとおりです。

Preface = 前書き
Introduction= 序文
T = Text（テキスト）
W = Workbook for Students（学習者のためのワークブック）
w-pI = 学習者のためのワークブックの第一部
w-pII = 学習者のためのワークブックの第二部
M = Manual for Teachers（教師のためのマニュアル）
C = Clarification of Terms（用語の解説）
P = Psychotherapy: Purpose, Process and Practice（精神療法（サイコセラピー）：その目的、プロセス、実践）
S = The Song of Prayer（祈りの歌）

〈例〉T-20.VIII.7:3-5 = Text Chapter 20, Section VIII, Paragraph 7, Sentence 3-5
テキスト、第 20 章、第 8 節、7 段落目、3 番目から 5 番目の文章

第一部

紀元前

第一章 悟りへのはしご

生きとし生けるものには三つの大きな謎がある。鳥には空が、魚には水が、人類にとっては自分たちそのものが謎である。

ブッダ

教師のアーテンとパーサにまだ聞いていない質問がたくさんあった。彼らが現れるたび、彼らの存在にあっけに取られ、聞きたかったことを忘れていた。彼らの訪問は数十回にも上っていたが、彼らと会う体験はいまだに夢のようだった。たとえば、こんなことを聞きたいと思っていた。イエスはどのようにイエスになったのか。彼はイエスになる前にどんな過去生を送ったのか。ブッダはどのようにブッダになったのか。彼らはどんな経験を経て、またどんな教義を学び、他者より先に目覚めを体験し、悟りに達したのか。

過去生は連続した夢のようなものだと教師たちは教えてくれていた。実は、ぼくたちは肉体に生まれ変わっているのではない。肉体であったことは、これまでも、これから先も決してないのだ。ぼくたちが体験しているのはエゴの仕掛け（トリック）で、巧みなごまかしと視覚的幻想で、アインシュタインはこれを「意識における視覚的妄想」と呼んだ。ぼくたちは自分が肉体だと信じているため、実は心で見ているのに、肉眼で宇宙を見ていると信じている。そして、ぼくたちが見ているものは肉体を含め、夢である宇宙のあらゆるものと同様、すべてが投影の一部にすぎない。まさに映画館の映写機のような、物質を伴わない投影だ。

二〇一三年の秋、最後に教師たちと会ってから約九ヶ月が経ち、ぼくは彼らがいつきてもおかしくないと感じていた。彼らがいつごろ訪問するか、ぼくの直感は的中するようになっていた。以前よりも霊（スピリット）と触れ合えるようになり、アーテンとパーサは人のかたちをして現れて交信する聖霊（ホーリースピリット）だと学んでいたからだろう。聖霊がかたちを持たなければ、ぼくたちは彼らの話を聞いたりできず、永遠に幻想に縛られているだろう。聖霊が現れるもっとも一般的な方法は、ぼくたちの心のなかに浮かぶアイディアだ。アイディアにはかたちがある。聖霊は場合によってさまざまなかたちを取り、その人にとって最善なつながり方をしてくれるので、他人の経験と比較するべきではない。聖霊は、一人ひとりにとって何がベストなのかを知っている。

教師たちの訪問を待っているあいだは、彼らとの最後の対話に基づいた『愛は誰も忘れていない』を出版したばかりで、やることでいっぱいだった。妻のシンディは彼女の意志で素晴らしい教師になっていた。そんなふうにぼくらがすごしているあいだに、アジアで「コース」への関心が高まっていたことには驚いた。ぼくたちは突然、日本、台湾、韓国に招待された。さらに驚いたのは、中国本土でも教えるよう招待されたことだった。実際、中国の団体からは、年に二回、二週間のツアーを今後五年間続けるよう誘いを受けた。「コース」が新しい地で独り歩きをし、極東の人々の心（マインド）に入っていく様子をその国へいって見られるのだから、これは嬉しいニュースだった。ツァオリン・カバーンという女性が『奇跡のコース』を台湾の伝統的な中国語に翻訳していた。彼女は本土の簡体字にも翻訳したのだが、「コース」を本土で出版するにあたり、何年にもわたる努力を続けなければならなかったそうだ。中国共産党は、「コース」が彼らの政権を転覆するようなものでないことを確認しなければならなかった。ツァオリンは、「D.U.」（原題は『The Disappearance of the Universe』）として知られる『神の使者』も両中国語に翻訳していた。「コース」が本土で認められてから「D.U.」が出版されるまでそう長くはかからなかった。ぼくにとっては完璧なタイミングだった。ぼくは中国系アメリカ人のツァオリンの次に、現地でもっとも知られる「コース」の初のアメリカ人教師になった。

中国本土は何年ものあいだに急速に変化し、中国共産党は社会の不満を回避すべく、資本主義が定着するのを認めた。いまでは上海へいくのは東京へいくのとほぼ変わらないと聞いていたが、唯一、中国でしてはいけないことがあった。それは政党の権力について批判や問題を口にすることで、もしそうすれば致命的となる。事実、一九八九年に天安門広場で民主化を求めた学生たちが政府軍に虐殺された事件も、外国に留学していた勇気ある中国人学生たちによって伝えられたが、本土で語られることはなかった。

中国の国民は、インターネットの使用をほぼ禁止され、Google、Facebook、Twitter、YouTubeといったサイトの利用は許可されていなかった。でも、大勢の人々がほしい情報を入手するのを阻止することはできず、みなソフトウェアを使って政府の検閲をごまかし、あたかも外国からアクセスしているかのよう見せかけていた。人々が「コース」やぼくの本に触れることができたのも、まさにそのおかげだ。特に仏教徒や心理療法士（サイコセラピスト）は、「コース」という新しい教えと古代叡智に対する深い解釈に沸き立っていた。

それから本土では、ダライ・ラマを支持するようなことをいってはならなかった。彼には軍隊すらないというのに、政党は彼の影響力とチベット奪還を恐れていた。西洋では多くの人が、彼がチベットを奪還することを望んでいたが、何も変わらず、その見込みはなさそうだった。ともかく、中国で風変わりな「コース」への関心が高まり、その地へいけて、「コース」と聖霊（ホーリースピリット）の赦しによる奇跡を目撃できたことが嬉しかった。

最後に教師たちに会って以来、もう一つ驚いた出来事といえば、子猫に恋をしたことだ。ぼくはずっと犬派だった。十五年も同じ犬を飼っていて、犬のひたむきなところが大好きで、猫はちょっと冷めていると思っていた。でも、シンディが可愛らしい三ヶ月のみなしごの子猫をオンラインで見つけたとき、ぼくも彼女もその子猫を助けたいと思った。ルナと名づけたその猫はぼくたちの大きな喜びとなった。ルナは信じられないほど可愛くて、飛びまわる猿のようにすばしっこく、見ていて楽しい。犬と猫を飼って、双方の考え方の違いがわかった。

犬の考え方：わあ！　この人たちは素晴らしい。ぼくを愛してくれて、餌をくれて、世話までしてくれる。ぼくに何でも与えてくれる彼らは、神に違いない！

猫の考え方：わあ！　この人たちは素晴らしい。わたしを愛してくれて、餌をくれて、世話までしてくれる。わたしに何でも与えてくれるなんて、わたしは神に違いない！

夏のあいだ、シンディとぼくはほぼ毎年やっているように、ハワイのリトリートでレクチャーをおこなった。ある夜、二人で部屋に戻ろうと歩いていたとき、これまでにない経験をした。

空を見上げると、雲と雲のあいだに二つの半円形の物体があった。二つを合わせればちょうど円形になりそうなその二つは、互いから離れ、それほど高くないところにあった。おそらく千フィート（約三百メートル）くらいだっただろうか。光が両物体を貫いていて、まるでこちらにシグナルを送っているみたいだった。ぼくたちには理解できない言語と光を使って交信しようとしているのがはっきりと感じられたが、シンディもぼくもぜんぜん怖くなかった。ぼくは直感的に何光年も離れたところからきた宇宙船だとわかり、アーテンとパーサが宇宙旅行に連れていってくれたときに会ったプレアデス星人ではないかと思った。それは一分くらいの出来事だったが、とても鮮明で、しかも近距離だったのでぼくたちは驚いた。宇宙船はもともとそこにいなかったかのように一瞬にして消えた。彼らが何を伝えていたのかはわからなかったが、ポジティブに語りかけていたことは確信できた。ぼくはこの出来事の意味がわかるときまで、そっとしておこうと思った。

ぼくたちはシンディの姉妹のジャッキーと、ジャッキーの夫のマークと頻繁に会っていた。霊性（スピリチュアリティ）、宇宙人、サウンドヒーリング、陰謀説、世界を支配する隠れた勢力など、現実離れした話題でいつも盛り上がっていた。ぼくたちにとっては普通の話題だが、もし誰かに聞かれたら、「いったい何の話をしているんだ？」といわれそうだとよく思ったものだ。もちろん、「コース」の話もよくした。ぼくたちの会話は、初心者には超過激と感じられるだろうが、上級者には完全に受け入れてもらえるものだった。

ある朝、コーヒーを飲みながら過去を振り返っていた。以前は一日にコーヒーを六杯も飲み、タバコを三十本も吸っていた時期があったことを思い出し驚いた。やることがたくさんあるというのに、そんなことのために時間を割いていたとは！　いまではコーヒーは一日に一杯だけで、タバコはまったく吸っていないが、それでもやりたいことを全部するには時間が足りなかった。おかしな幻想だと思っていると、仰々しい登場シーンもなく、突然、教師たちが黒皮のカウチに座っていた。

アーテン　やあ、兄弟。この一年、忙しかったな。新しい本の出版、おめでとう。

ゲイリー　ありがとう。でもさ、ぼくがあんたがたに「おめでとう」っていうべきだよな。だって、いちばんいい箇所は、あんたがたが話した部分だし。

アーテン　さあ、どうだか。きみの読者が手紙に書いていたように、きみはもうわれわれの使いっぱしりじゃあない。

ゲイリー　パーサは相変わらず美しくて、なかなかぼくのものにならないけど、元気かい？

パーサ　いまでも、あなたのものにはならないわよ。さあ、本題に入るけど、準備はいい？

ゲイリー　深刻そうだな。何か緊急かい？

パーサ　そうではないけど、こうしてあなたを訪問し続けるのは、あなたたちのエゴの解体プロセスを助けて、早めるためだと強調しておきたいの。エゴの解体には時間がかかるわ。みんな、ありとあらゆる方法ですぐに気を散らしてしまうから。その辺をいくつか指摘しておきたいの。

アーテン　そのためには、これまでの内容と新しいアイディアの導入が必要だから、新旧両方を聞けるはずだ。さて、批評家を赦すほうは、どうなってるかい？

ゲイリー　順調だよ。それに、批評家が何ていわれているか知ってるだろう？

アーテン　いいや、ゲイリー。何といわれてるんだい？

ゲイリー　批評家は、ハーレムにいる去勢された男たちみたいだってさ。彼らは毎晩、他人のセックスを見てるのに、自分たちはセックスできないんだ。

パーサ　アーテンはそういう意味で「赦し」といったんじゃないけど、あなたのユーモアには感謝するわ。

ゲイリー　この前ウィルシャー通りで、シンディと一緒にサンタモニカ大学を卒業したジョンとシンディとぼくの三人でランチをしたんだ。インターネットは怒りに満ちたネガティブな人間でいっぱいだという話題になったとき、彼が忘れられないことをいったんだよね。彼は「ゲイリー、きみのまわりには二種類の人間がいる。きみを支持する人間と、そうでない人間さ。きみを支持しない人に返事をしたり、彼らのことを考えたりして、どうして時間とエネルギーを無駄にするんだい？　放っておけよ。彼らは準備ができるまで、心変わりしないんだから。支持してくれる人のために時間とエネルギーを使うべきだよ。そうすれば、きみの努力はいつも報われる」といったんだ。これにはとてもうなづけたよ。もちろん、赦しはもっと深いものだけどね。

パーサ　じゃあ、兄弟、今回の一連の訪問ではさらに掘り下げていくわよ。あなたがずっと待っていた方法でいくわ。

ゲイリー　やっぱり、そうか！　イエスがどうやってイエスになったのか、ぼくが知りたがっていたのを知ってたんだね。もちろん、彼をＪと呼ぶよ。ついでだから聞くけど、ブッダはどうやってブッダになったの？　イエスとブッダは、ぼくらの知る人物になる前、どんな夢の生を繰り返したの？　二人はどうやって学んで実践したの？　〝一オンスの実践が一パウンドの知識に値する〟のはわかってるけどさ。

パーサ　確かにそうね。いい質問だわ。Ｊのようなマスターが最後の生で戻ってくるとき、学ぶことがたくさんあるわけじゃないの。彼は悟りに達するために知るべきことは全部知っていたわ。Ｊが十二歳のときにラビたちに神殿で教えた話はほんとうよ。ラビたちはＪを先生という意味の「ラビ」と呼んだくらいだから、Ｊはすべてを知っていたわ。ただその生涯のあいだに、教えて学ぶべき大きなレッスンがいくつかあっただけ。もちろん、磔刑もその一つね。

アーテン　それから、マスターが最後の生で戻ってくるもう一つの理由は、他者のためなんだ。正しい方向を教えてもらわなければならない人たちが大勢いる。マスターは生徒の代わりに生徒の精神的ワークをおこなうことはできなくて、それは生徒自身がやらなければならない。生徒のなかにはマスターと一緒にいるだけで悟れるよう願う者もいるが、そうはならない。だがマスターは進路を示すことはできる。

叡智の教師Ｊが二千年前にこの世に現れておこなったのは、人々を正しい方向に導くことだけで、宗教をはじめることではなかった。きみは覚えているかもしれないが、われわれは以前、彼のことを子供たちを天国の王国というわが家へ導く光だといった。

パーサ　彼がいま『奇跡のコース』でしているのも、まさに同じといえるわね。まるでこういっているみたいね。「わたしはこの方法でうまくいったのだから、きみたちも試してみるべきだ。きっと千年を節約できるだろう」ってね。あなたも知っているように、彼の「コース」を教えるスタイルは、強引なところがあるわよね。容赦なく妥協しないから。

ゲイリー　気づいてたよ。でも、みんなよく「コース」で妥協しようとしてるよ。

アーテン　それに影響されないようにしないとな。ただの夢なんだから。覚えてるかい？　これは誰の夢でもなく、きみの夢だ。ほかには誰もいないんだよ。

パーサ　あなたがJとブッダについて質問したのはおもしろいわね。あなたが思っている以上にね。

ゲイリー　へえ、つき合うよ。どうして？

パーサ　彼らはいくつかの生で知り合いで、それぞれの道を歩む上で助け合っていたといったら、どうかしら。

ゲイリー　冗談はやめてくれよ。二人はまったく別々に存在していたと思ってた。だって、文化がぜんぜん違うだろう。

アーテン　彼らの相違点は文化だけだったと、あとでわかるだろう。最終的には、われわれは一つなんだ。それから、いくつかサプライズがあるぞ。

ゲイリー　いまとなってはサプライズがなかったら、逆に驚くよ。でも、教えてほしいんだけど、彼らはどうやって助け合ったの？

アーテン　それは徐々に説明していく。幻想のなかでは悟りは段階を経てやってくるものなんだ。Jとブッダでさえ、いちばん下からはじめたんだ。ただ彼らには、誰よりも早くわが家に帰れると保証された大きな強みがあった。

ゲイリー　教えてよ。

アーテン　彼らは、みなが夢を信じたようには信じていなかったんだ。そう、最初は信じていたが、それほどではなかった。夢に実体があるのか最初から疑っていた。こんな狂気の世界は狂った神にしかつくれないと感じながらも、神は狂っていないと気づいていて、何かがおかしいと思っていた。

パーサ　その強みはシンプルだけど大きかったわ。彼らでなくても学べることだけど、彼らはすでに気づいていたから、誰よりも先に学べたの。

アーテン　そのとおりだが、それでも彼らは悟りへのはしごを上り直さなければならなかった。

ゲイリー　「コース」で、はしごについて述べている箇所をあまり覚えていないんだけど。

アーテン　数カ所あるぞ。たとえば、こうだ。

救済の向こう側にある完璧な確かさのなかで何が待ち受けているかは、わたしたちの関心事ではない。なぜなら、あなたは分離によって下りたはしごを、上に向かって不確かな足取りでやっと上りはじめたところだからである。［T-28.III.1:1-2］

この地上にいると思っている誰もが、分離という幻想のはしごを下りたんだ。事実、それが源(ソース)である神からの分離の体験だ。問題はそこだ。分離がどうやって起きたかは、以前何度か話したからここでは繰り返さないが、きみたちが自分自身を見つけようと真摯に霊的(スピリチュアル)な探求をはじめるのは、そのはしごのいちばん下の段で、そこは二元の状態に染まっている。二元とは、自分の外側にある世界を信じていることを意味する。つまり、主体と客体を信じ、自分と世界があると思っているんだ。でも、そのはしごを下りる前は完全な一体性(ワンネス)しかなかった。つまり神しかいなかったのに、いまでは自分と神がある状態で立ち往生している。神を信じている人でさえもそうだし、信じていないなら、なおさらそこには自分と世界があるだけというわけだ。どちらにしても分離を信じているんだよ。「信じる」という言葉はとても重要で、前回の一連の訪問でも強調したが、世界に自分を脅かす力を与えてしまっているのは、世界に対する信念があるからだ。きみたちの信念が、きみたちを世界に影響され得る立場に追いやっている。そうやって世界の影響にさらされる立場にいるなら、世界は自分に対して影響力を持つことになる。一方、Jとブッダは、ほかの人たちほど世界を信じていなかった。

パーサ　みんな、どこかではじめなくてはならないの。世界の九十九パーセントの人たちが二元の状態にあるわ。霊的(スピリチュアル)な道を歩んでいる人たちもね。でもあなたも知っているように、『奇跡のコース』は二元的体系でもただの非二元でもなくて、純粋な非二元の教えよ。このことはあとで話すけど、だからこそ「コース」ではこういってるわ。

神と神の王国のためだけに警戒していなさい。［T-6.V.C.2:8］

でも、これはちょっと難題よね。だから「コース」のほとんどの生徒は、何らかの二元的な苦境に陥って、最後までたどり着かないの。「コース」には神以外の出口なんてないのに、あると信じている人たちも同じよ。

Jとブッダには強みがあったけど、それでもほかのみんなと同じように、この世で歩むために肉体を持って現れなければならなかったのよ。彼らがこの世でどう歩んだのか教えてあげるわ。誰よりも有利なスタートを切った彼らは、たいていの人が犯す間違いはしなかったの。

ゲイリー　どんな間違い？

パーサ　歴史的に見ても、霊的(スピリチュアル)な生徒がよく犯す間違いの一つは、マスターが教えていることを理解していないのに、理解していると思ってしまうことよ。たとえば、老子のもとで学んでいても、老子が肉体を離れたあと「これが彼のいったことだ、これが彼の意味していたことだ」と主張するのよ。必ずそういう生徒は、マスターが高次の意識状態で話していたことを二元性にとどまったまま話し出すの。あとで話すけど、高次の意識状態は一つだけではないし、はしごには何段階もあるわ。でも生徒のほとんどは、生徒でいるより教師になりたがるの。誰かについていくより指導者(リーダー)でいるほうが特別に感じるのね。

宗教はそうやってはじまったの。人々はブッダを理解していると思い込んで、仏教ができたのよ。でも、ブッダは宗教なんてはじめたくなかったわ。彼は「あなたは何ですか」と聞かれれば、「わたしは悟った」と答えるだけでしょうね。彼は人々にもそうなってほしかったのよ。何百という儀式に従うんじゃなくてね。彼は叡智の教師だったわ。

もちろん、みんながJが話すことを理解していると思っていたし、Jと反対のことをいわなくてはいけないと思い込んでいる人たちもたくさんいたわ。そうやって、彼について語る宗教ができていくの。ブッダと一緒で、Jも宗教には興味がなくて、彼も叡智の教師だったわ。

アーテン　だから西洋では、ほとんどの人がJを究極の指導者（リーダー）ととらえているが、そうではないんだ！　彼は究極の指導者ではなくて、究極の随行者（フォロワー）だったんだ。なぜって？　彼は聖霊（ホーリースピリット）のいうことを聞いたからだよ。指導者は彼自身ではなくて、聖霊だったんだ。そして彼は聖霊のいうことだけを聞くようになり、神と神の王国のためだけに警戒するようになった。彼が同じことを「コース」でいっているのも、このためだよ。

ゲイリー　じゃあ、二元はだいたい宗教とか団体に発展して、そういうものは、会員たちが設立者に対して抱いた誤った思いの上に築かれているんだな。きっと本人は設立者になんかなりたくなかったのに。

パーサ　よくいったわ。あともう少しね。

アーテン　誰もが物事を実在させようとするのを忘れちゃだめだ。人々は自分の外側にあると思っている神に祈った瞬間、二元を実在させている。彼らは気づきもせず、分離の概念を永続させようとするから、悟りはプロセスなんだ。

はしごの段階やレベルについてはこれからもっと話していくから、いまは、そのいちばん下には主体と客体があって、すべて実在して見えるとだけ覚えておくように。

パーサ　次に戻ってきたときは、Jとブッダの話や、彼らがどう知り合ったのかを話すわね。彼らの生はそんなに多くはなかったけれど、二人が進化するにはそれらの生はとても大切だったの。以前、心(マインド)は互いの軌道に触れると教えたのを忘れないで。たとえば二人の人間が離れていくように見えても、互いの軌道が触れるから、そこでまた二人は出会う運命なの。

ゲイリー　まるでラルフ・ウォルドー・エマーソン（一八〇三年、米、マサチューセッツ州生まれ。思想家、哲学者、作家、詩人、エッセイスト）が「われわれのあいだにつながりがあるのなら、われわれは出会うはずだろう」といったみたいだな。

パーサ　なかなかいいわよ。それから、この人生で受ける赦しのレッスンは、ほかの生で受けたレッスンと同じなの。だから「コース」では「肉体の一連の冒険［T-27.VIII.3:1］」といっているの。レッスンはどれも同じに見えないし、五百年前といまでは状況もすっかり違うけど、「意味」は同じなのよ。だから、この一生ですべての赦しのレッスンを終えれば、同時に全部の生の赦しのレッスンを終えるのよ。いい知らせでしょ。

ゲイリー　わあ！　時間を節約する『奇跡のコース』のそういう特徴は、ほかのどこでも見られないね。

アーテン　そうだな。きみがこの人生で赦しのワークをすると、聖霊（ホーリースピリット）がその赦しを受け取って、きみが気づいていない全部の生の赦しに光を放つんだ。「コース」はこう正しく述べている。

試練は、学び損ねたレッスンがもう一度、現れているにすぎない。したがって、以前、誤った選択をしたところで、あなたはいま、よりよい選択ができるゆえ、以前の選択がもたらしたあらゆる苦痛から逃れられるのである。［T-31.VIII.3:1］

これは一つの生だけでなく、すべての生においていえることだ。

ところで、ハワイでＵＦＯを見て、びっくりしたようだな。

ゲイリー　そうなんだよ！　交信しているとはっきり感じたんだよね。

アーテン　そのとおりだ。

ゲイリー　あれはプレアデス星人？

アーテン　正解。彼らはちょうど小さな宇宙船で近くにいて、きみたちに気づいて挨拶したんだ。きみが以前、彼らの大きな宇宙船を訪れたとき、彼らは心穏やかなきみを見て、友だちだと思ったのさ。

ゲイリー　ぼくは彼らの仲間入りしたのかな？　だったら、プレアデス星人とぼくの軌道はまたいつか出会って、ぼくらは再会するってこと？

アーテン　そのとおりだよ。ただ、いまは明らかに言葉の壁があるから、あまり期待しないほうがいいだろう。彼らは英語を理解できるが、話すのは得意じゃない。だからいまは、彼らは遠い親戚だと思っていればいい。

パーサ　またくるわね。

そういって、彼らは消えた。彼らの次の訪問が楽しみになった。Jとブッダが一緒にいたとは、ぼくが理解できる範囲を越えていた。

彼らとの会話で、時間を節約する『奇跡のコース』の特徴について触れたが、そのおかげで「ACIM」のある箇所を思い出した。「コース」の「小さな狂った考え」という有名なフレーズを使う人は多いが、その前後の文に触れる人は少ない。ぼくは落ち着きを取り戻し、これらの言葉について考えていた。

夢見る者が手放した夢を、彼自身に返そう。夢見る者は、夢は自分から分離しているもので、自分に降りかかるものだと知覚している。すべてが一つである永遠のなかに、小さな狂った考えが一つ忍び込んだとき、神の子は笑うことを忘れてしまった。彼が忘れたとき、その考えは深刻なものとなり、達成することと、影響をもたらすことが可能となった。わたしたちは一緒にいれば、それらを笑い飛ばすことができ、時間が永遠のなかには入り込めないことが理解できる。時間が永遠を迂回して経過し続けることができると思うのは冗談にすぎない。永遠とは時間が存在していないという意味なのだから。[T-27.VIII.6:1-5]

第二章　神道から老子まで　初期の至高体験

欲望と不満は不幸へと導く。世俗的なものを求めるのは愚かである。豊かな者とは、ありのままで満たされる者のことである。

老子道徳経

ぼくは古代の伝統的で相対的な宗教を学んでいなかった。そういうことにはあまり興味がなく、そんな自分を変えようとも思っていなかった。でも、アーテンとパーサがイエスとブッダが知り合いだった時代について話してくれるなら、宿題をしておくべきだとも考えたが、やはり何もしなかった。ぼくはよく、あまり読書をしないといって人を驚かせている。おそらくこれまで読んだなかで、ぼくの人生に影響を与えた本は二十冊くらいだろう。ほんとうのことをいえば、いまでも本を読むよりは、映画を観にいきたいほうである。

それでも二十一歳のとき、初めて霊性（スピリチュアリティ）に興味を持った。ぼくが霊的（スピリチュアル）な道を歩みはじめる七年以上も前のことだった。友人が「これを読まなきゃだめだ」といってヘルマン・ヘッセの『シッダールタ』（新潮文庫ほか）を貸してくれ、読んでみたら素晴らしくて圧倒された。それをきっかけに霊的なものに興味を持つようになったが、それまでのぼくは人生を憎み、人を嫌い、神を憎んでいた。『シッダールタ』を読んだあともそれは変わらず、そもそもそのころ、きちんと人生を生きようとしていればの話だが、鬱状態で世の中に嫌気が差していた。ぼくがやっと変わりはじめたのは、もっと年を取ってからだった。そして、いまでは心から神を愛しているといえるようになった。

『シッダールタ』を読んだとき、ヒンズー教の専門用語がぜんぜんわからなかったが、話は理解できた。自由になりたかった若い男性についてよく理解できたし、彼は裕福なのに、すべてが無意味に思えてしまい、救いを求めて旅に出たところも共感できた。ただぼくがどれほど霊性（スピリチュアリティ）の分野で未熟だったかを伝えるためにいうが、ぼくは本を読み終えても、それがブッダの話だったとは気づかず、ようやく知ったのはあとになってからのことだった。

そのころ聖霊（ホーリースピリット）について考えたことはなかったが、いまになって、あのどうかしていた二十代を振り返ると、聖霊がつねに一緒にいて、ぼくの人生を救おうとしてくれていたことがわかる。聖霊は、ぼくたちが気づいていようがいまいが、一人ひとりといつも一緒にワークしてくれている。いまだから、二十七歳のときに聖霊が正しい方向に背中を押してくれていたことがわかる。ぼくが友人のダンのアドバイスを聞いて、エアハード・セミナー・トレーニング（ｅｓｔ）という自己啓発セミナーへいくよう導いてくれていた。詳細は避けるが、ｅｓｔはまさにそのとき、ぼくが必要としていたものだった。もう存在はしていないが、約百万人もの参加者のうち少なくとも十万人ほどが『奇跡のコース』に流れたといわれても驚きはしない。あらかじめ学んでおくものとしては素晴らしいものだった。

誰もが、聖霊（ホーリースピリット）が宿る正しい心と、エゴと分離の思考が牛耳る間違った心を持っている。どちらの心に支配されるかは、心の三つ目の部分によって決まる。そこは観察をして選択する部分だ。そこにぼくたちのほんとうの力、つまり決断力が備わっている。ぼくたちはその部分を使い、他者をどう思うかを決定している。

「コース」を理解し実践している生徒と、そうでない生徒はすぐにわかる。理解している人は、他者を判断してとがめる必要がなく、万が一そうしたとしても、すぐにそんな自分に気づいてそれをやめ、心を変える。一方、「コース」のメッセージに抵抗し実践を拒む生徒は、他者のエゴを指摘するのがとてもうまい。それに関してはエキスパートで、「ああ、彼はエゴの状態ね」というのがお気に入りの見解だ。だが、それは赦しではない。『奇跡のコース』は誰かのエゴを見つけるためのものではない。誰もいないということを認識するためのものだ。そして、他人の嫌なところは、実は「コース」がいう、自分自身に対して抱いている「秘密の罪と隠れた憎しみ［T-31.VIII.9:2］」であり、投影の力学によって他者のなかでそれを見ようと選んでいたことに気づくためにある。だから、一見そこにいる人を赦すとき、実は自分自身を赦しているのだ。Jとブッダは彼らの初期の霊的体験時に、すでにこういうアイディアに心を開いていたのだろうかとぼくは考えていた。

その答えを見つけるのに長く待つ必要はなかった。カリフォルニアの典型的な晴れた暖かい一月のある日、用事を済ませて家に帰り、ドアを閉めて振り向くと、教師たちがカウチに座っていて仰天した。あまりに驚いて「こういうのはやめてくれよ！」といった。彼らは優しい笑顔を浮かべてぼくを見ていた。

パーサ　この完璧な天気に飽きることはないの？

ゲイリー　ないね。雨不足で困るとき以外はね。といっても、もう二年も干ばつが続いてるらしい（この会話は二〇一四年一月におこなわれた）。ぼくの知る限り、ここにいる六年間、ずっと干ばつだよ。そうじゃなかったのは二週間くらいかな。地球温暖化だろう？

パーサ　それもあるわね。でも、歴史を遡っても、干ばつは世界中でつねにあったわ。人々は水と食料を求めて移動しなくてはならなくて、文明が終わるほどひどいときもあったの。マヤ族やカホキアでもそうだったわ。

ゲイリー　じゃあ、ぼくらはほんとうにひどい目に遭うまで、自然の恵みに感謝しないってことか。でも、地球温暖化はあるだろう？

パーサ　ええ。この干ばつは長いわね。大きな問題は一年や二年で解決するものじゃないし。でも、わたしたちはそのことを話すためにきたんじゃないのよ。

アーテン　今回の訪問では、二人のマスターが出会って知り合い、互いに助け合ったいくつかの生について話そう。彼らに共通するほかの生についても順に話していこう。彼らはたびたび知識と観察で助け合い、他者にも赦しの機会を与えていた。

ゲイリー　ああ、赦しの機会って好きだよ。その悩ましいところがね。

アーテン　人々はそれぞれの軌道にいて、繰り返し出会うんだ。幻想の全仕組み上、だいたい数百年ごとに肉体を持って現れるが、長生きできなかった場合はもっと早く現れ、必然的に数百年先を待たずして、別の一生を夢見る時間がある。

　歴史で近代と呼ばれる時代はいまから五千年くらい前までと考えられるが、それは歴史のサイクルにすぎない。それ以前のことはあまり知らないだろう。まあ、その五千年のことですらよく知っているわけではないが、いずれにせよ、まずは紀元前七〇〇年ごろの日本について話しておきたい。なぜかはあとで話そう。

　実は、Ｊやブッダや老子がほんとうに存在していたという物的証拠はないんだ。彼らはつくられた架空の人物だと信じている人もいるが、そうではない。彼らはみなと同じように確かに夢のなかで存在していた。歴史学者は彼らが存在していた時期について論争しているが、生きていたことを証明できていないのだから、おかしなもんだな。では、彼らが地上にいたころの話をしていこう。

　彼らはその前にも出会ってはいたが、最初に大切な関係を築いたのは、いま話した紀元前七〇〇年ごろだった。神道は世界でもっとも古い宗教の一つだが、宗教というよりは伝統といったほうがいいのかもしれない。神道は日本でとりわけ盛んだった。現在も日本では、約八十パーセントの人が自らを神道信仰者ととらえている。どんな国や宗教でもそうだが、より敬虔な信者というのがいるものだ。

ゲイリー　Jとブッダも神道を信仰していたの？

パーサ　ええ。その時代、Jの名前はサカ、ブッダの名前はヒロジだったわ。少し名前を略してはいるけれど。紀元前七〇〇年まで、神道は世代から世代へと語り継がれていて、古事記という神道の聖書のような書物は、わたしたちがこれから話す時代よりもっとあとの紀元後八世紀ごろに書かれたの。サカとヒロジは信仰深くて、二人とも当時の天皇（大王（おおきみ））に忠誠を尽くしていた同志だったの。その時代、天皇に忠誠を尽くしていなかったら、たいへんだったでしょうけどね。というのも、天皇は全国民を所有していたから。あらゆる趣旨と目的において、天皇は神だったのよ。日本の人々は第二次世界大戦直後までそう信じていたわ。

ゲイリー　だったら、あの城の大きさは納得だね。あんたがたも知ってると思うけど、ぼくは六年前に日本にいったとき、城のまわりを一周するのに車で二十分もかかったんだ！

パーサ　神道の神社をたくさん見たのよね。

ゲイリー　ああ、仏教のもね。仏教を悪くいうつもりはまったくないけど、ぼくは仏教の茶色がかった赤いお寺より、神道のオレンジっぽい神社が好きだなあ。金色のもあって綺麗だったよ。話がそれたね。サカとヒロジはどんな人たちだったの？

アーテン　われわれが彼らのその時代について話すのは、当時サカとヒロジでさえも二元の状態からスタートしたことを知ってもらいたいからなんだ。きみたちだって彼らのように完全に夢を信じていなかったとしても、夢が現実(リアル)に感じるときもあれば、そうでないときもあったり、また現実に思えたり、そんなふうにいったりきたりするだろう。

ゲイリー　身に覚えがあるよ。

アーテン　神道はいまも昔も儀式が好きで、この世で何をしたかをとても重視する。いつどこで何をしたかは重要ではないなどとは決していわない。そんなことをいうなんて、彼らにとっては狂気の沙汰なんだ。しかし、いつどこで何をしたかがほんとうに実在していればの話だ。

パーサ　古事記には、さまざまな歌と詩が儀式と先祖の話と一緒にまとめられているの。古代はるか昔と人々をつないでいるわ。神道では先祖を敬うことは、もっとも神聖なことことされているのよ。

ゲイリー　ハワイにいる日本人が、先祖を称えるために紙でつくった小さなボートのようなものに火を灯して海に流していたのをテレビで観たよ。とても綺麗だったな。

アーテン　彼らにとってはとても大事なことなんだ。

ゲイリー　さっき語り継ぐといってたけど、起源や儀式の話を聞くと、ポリネシア人のいい伝えを思い出すよ。ハワイでよく聞いたんだ。彼らの歴史は、本じゃなくて彼らのハート（胸）に刻まれているんだ。

パーサ　そのとおりよ。彼らの自然とのつながりも、本じゃなくて、彼らのハート（胸）に刻まれているわ。神道は必ずしも自然とのつながりを一体性（ワンネス）だとは考えていないけど、確かにつながりの感覚というものはあるわ。ハワイの自然の神々と島の起源の伝説には類似点があるの。それらはシャーマニズムとも似ているわ。

当時のほとんどの日本人は一体性（ワンネス）という観点で物事を考えることはなかったけど、われらが友のサカとヒロジはそのころ、ときどき一体性を体験していたわ。彼らの神秘体験は一時的だったけれど、たいていの神秘主義者と同じように宗教という枠にとらわれない至高体験をしていたわ。実際、サカは自然との一体感を体験したの。ちょうどあなたが熱帯雨林で経験したことと似ているわね。

註：シンディとぼくはその前年の六月に、ハワイ島のリトリートでレクチャーをしていた。海に近いヒロの熱帯雨林にあるカラニ・リゾートでおこなったが、ぼくたちが寝泊まりしたところは、網で囲われていただけで、ほとんど森のなかで眠っているのと同じくらい開放されていた。真夜中近く、森と島がぼくに語りかけてきているのを感じた。アマガエルの鳴き声、海から聞こえる波の音、木々が揺れる音、赤道に向かって吹く風の音が聞こえた。あともう一つ、何の音だかわからなかったが、すべてを結びつけているように感じられる音が聞こえた。その全部が相まって、まるでぼく自身がそれらの音と一つになり、音のなかに消えていくように感じられた。そこには言語があり、森がぼくに語りかけていた。何をいっているのか、あともう少しでわかりそうだった。ほんとうにあともう少しだった。プレアデス星人と会ったときのように、何をいっているのか理解したくてもできなかったが、森は確かに語りかけていた。それぞれの音ではなく、すべての音を一つの音として聞くと、確かにそれは森の声だった。理解しようとするのをやめると、理解できた気がした。地球の生命体にこれほど近づいたように感じたことはそれまでなかったが、それは地上を超越した体験だった。

アーテン　これから少し、Jとブッダが中国で老子と一緒に体験した、初期の至高体験について話そう。でも、その前に述べておくべき大事なことがある。道教の「道（タオ）」は神道の考えとは違い、かたちを持たない。サカとヒロジはのちの生で道教を信仰し、神秘体験をした。そのときの二人の名前はあとでいおう。神秘体験から覚めると、またもとの夢の生に戻るわけだが、二人はそのときの戻り方が神道を信仰していた生で経験した戻り方と違うと思ったんだ。これは自覚のレベルが異なっていたからだ。

ところで自覚といえば、一つ覚えておくべきことがある。あらゆる人は、きみの好き嫌いにかかわらず、それぞれの自覚レベルで最善を尽くしているということだ。

ゲイリー　先に進む前に、ちょっと質問。ムハンマド（モハメッド）の話が出ないね。ゾロアスターについてはずっと前に一度話してくれたと思うけど、Jとブッダは彼らと出会ったの？

アーテン　いや、出会わなかった。彼らがムハンマドに出会わなかったのには、理由がちゃんとある。ムハンマドはJとブッダの最後の生の六百年後に現れた。ということは、トマスとタダイが亡くなった六百年後ということだ。われわれはムハンマドに異議があるわけではなく、ただ彼とはかたちのレベルで接点がなかっただけだ。何度も述べているが、最終的にはわれわれはみなつながっている。ゾロアスターについては、いま話している日本の時代よりも千年も前のことだ。そのころ、Jとブッダは知り合っていなかった。ところでわれわれは前に、きみはムスリムのスーフィー教徒だったといったな。

ゲイリー　ああ、でもそれはムハンマドのあとだった。ゾロアスターはイランにいたんじゃなかったっけ？

アーテン　いたさ。ただ、当時はイランではなく、ペルシャと呼ばれていた。

パーサ　話を戻すと、サカとヒロジは二人とも同じ女性に興味があったの。彼女の名はメグミだったわ。

ゲイリー　いいぞ。おもしろそうだな。詳しく聞かせて。

パーサ　最初に理解しておいてほしいのが、人々はとても深いレベルで感じているということ。そう見えても、見えなくてもね。落ち着いて見える人でも、たいていはとても深い感情が渦巻いているものよ。もちろん、その感情が完全に否定されて無意識に追いやられて、本人が何も感じていなければ別だけど。でもそういうことはめったにないわ。寡黙な人でさえもね。

ゲイリー　静かな川は深いってやつか。

パーサ　そうよ。二人の友が当時どんなだったかを知るために、彼らがどういうことに注意していたかを知らなくちゃね。思考を監視するべきだ、というのはいろんな教えで幾度となく聞いてきたわね。葛藤、悲観、判断、非難をしていないか自分の思考を見張るべきなのは確かだけど、ほとんどの教師も気づいていないのは、感情を監視することも同じくらい大切だということ。なぜって？　あなたたちは何よりも感情に従って行動しがちだからよ。

もちろん、ほとんどの人は、そうした感情が長いあいだ繰り返し考えていることの結果として生まれているとは気づいていないわ。最初に思考があって、それが感情をつくるの。サカとヒロジは本来の自分たちを見失わずに、それに気づいたの。彼らは友人として、長い時間話して多くのことに気づいたのよ。

二人の観察力は素晴らしかったわ。着実に霊的(スピリチュアル)な道を歩む人の多くが素晴らしい観察力を持っているものだけど、彼らはたいていの人が注意しないことによく気づいたし、物事を疑問視していたわ。「いったいどんな神がこんな世界をつくるんだ？」ってね。

サカとヒロジは、当時のいろんな教えを習得したの。たとえば、呼吸の重要性とかね。彼らは、つねに深呼吸することが習慣になってたわ。

ゲイリー　ぼくもつねづね深呼吸すると気分がよくなるのは感じてるよ。そうなるまで随分かかったけど。だって、ナイトクラブやらダンスパーティーでギターを弾いてたころは、公共の建物で喫煙できたから、タバコの煙が舞台まで上がってきて、深呼吸しようなんて思わなかったからね。でも、メイン州に引っ越してから、瞑想しているときも、そうでないときも、深呼吸するようになった。

パーサ　そうね。瞑想といえば、サカとヒロジもとてもうまかったわ。それがのちの生で彼らを助けることになるんだけど。

ゲイリー　じゃあ、彼らはたくさんのことを習得したんだな。結局はあんたがたがいうように、それも二元的だけどさ。

アーテン　そうだ。サカとヒロジがほかの人と大きく違った点は、彼らは二元的な道を歩んでいても、人生というものの妥当性をすでに疑っていたことだ。彼らは人生が幻想だとすでに感じていたんだ。二人ともそれについては、次の生で出会うまで深く追求しなかったが、動物とのコミュニケーション法など、ほかにもいろんな発見をしていた。

ゲイリー　彼らは動物と話したの？

アーテン　いいや。動物は言葉を使って考えない。もちろん、少しの言葉なら何度も繰り返せば理解はするだろうが、それは動物の思考の仕方ではない。彼らはイメージを思い浮かべて考えるんだ。だから動物と話したいなら、心(マインド)のなかで彼らにイメージを送る練習をしなくてはならない。練習してうまくなれば、驚くことになるかもしれないぞ。心がつながっているのはきみも「コース」で知ってるだろ。動物同士のあいだでも、動物と人間のあいだでもそれは変わらない。たった一つの心（マインド）があるだけだからだよ。だからこそ、動物の言語であるイメージで動物にメッセージを送るといい。

ルナはシンディが用事で出かけると、いつも怒るだろう？

ゲイリー　そうなんだよ。ぼくが出かけても平気なのに、シンディがいなくなると、ものすごく怒るんだ。

パーサ　次にシンディが出かけて、あなたしかいないときにルナが怒ったら、心（マインド）のなかでルナにイメージを送るといいわ。シンディがドアを開けて帰ってきて、ルナを抱き上げてキスするイメージを送るのよ。シンディはいつも必ず帰ってくるし、ルナを愛しているから、今回も帰ってくると思い出させてあげるの。練習してごらんなさい。ルナもわかるわよ。

註：次にシンディが出かけ、ルナが鳴きはじめたとき、このテクニックを試してみると、ルナはすぐに落ち着いた。

アーテン　ルナが自分よりもシンディのほうを好きに思えても気にするんじゃないぞ。ルナを助けたその日から、ルナにとってはシンディがママなんだ。赤ん坊だろうが子猫だろうが、子供にとっては母親がすべてなんだよ。母親は神なんだ。ルナにとって、シンディはこの世の愛を象徴するすべてなのさ。

ゲイリー　じゃあ、ぼくは何なんだよ。役立たずかい？

パーサ　違うわよ。動物は自分を群れの一部だと考えるの。野生でもペットでも同じよ。あなたはこの家の男性エネルギーなのよ。ルナもそれを感じているわ。だから、守ってくれる存在としてあなたを頼りにしているのよ。何かあったら、あなたのところにくるわよ。

ゲイリー　そういえば、そんなときがあったな。マグニチュード五～六の地震があったとき、横揺れだったのに、家全体が上下に揺れはじめたんだ。二十秒くらいだったけど、すごかったんだよ。地震がやんだ途端、ルナがぼくのほうに駆け寄ってきた。

パーサ　ほらね。ルナから見れば、あなたは役立たずなんかじゃないのよ。だから、いますべきことは、猫がどう思っているか気にする必要があるのかと自問することよ。

ゲイリー　そうだな。ぼくが現実（リアル）にしてたんだね。人生は辛いことだらけだな。でも、サカとヒロジはその方法で動物とうまくコミュニケーションしてたんだな？

パーサ　そうよ。サカとヒロジのようにその分野で熟練した人でないといけないから、決してお勧めはしないけど、野生の動物とも話せるのよ。これからもっと、ペットや野生動物と話をする人のニュースを聞くようになるでしょうね。徐々にそれが普通になるときがやってくるわ。

ゲイリー　Jとブッダが野生動物と話したときの話をしてくれる？

パーサ　悪いわね、それはできないわ。みんなに彼らがやったことを試してほしくないから。同じことをやろうとする人がいるのは、あなたも知ってるでしょ。こうして彼らが日本にいたときのことを話しているのは、あらゆる霊的(スピリチュアル)な生徒が同じ段階を踏んで、その全段階が無事完了されなければならないといいたいからよ。でもね、結局、どの段階も最大の前進を遂げる段階へとつうじているの。そうしなければならないときがきたら、みんなその大きな一歩を踏み出すところへたどり着くのよ。

　われらが友の二人に関していえば、彼らはより強力な方法で心を使おうと全力で取り組んでいたわ。二元的な最初の段階を含め、霊性(スピリチュアリティ)のはしごの一段一段を習得していかなくてはならないの。一歩ずつ進むしかないんだけど、みんな一段階を終えるのに必要なワークをするのが嫌で、最後の段階にスキップしたいのよね。「自分は悟っている」といえば終わると思ってるのよ。そんなに簡単だったらいいけど、そうはいかないわ。エゴを解体しなくちゃいけないんですもの。

アーテン　それから、きみたちがよく犯す間違いは、何かを頭で理解していれば、それを知っていると思ってしまうことだ。でも、そうじゃない！　情報として知っているだけでは十分じゃないんだ。実践しなくてはならない。

ゲイリー　そういえば、ジャッキー（シンディの姉妹、ぼくの義理の姉妹）がそんなことといってたな。実に多くの「コース」の生徒が「また一つ赦しの機会があった」というとね。そんなとき彼女は「それでちゃんと赦したの？」と聞き返すんだって。

アーテン　そのとおりだ。赦しを知っていても理解していても十分ではない。それに赦しを理解することはめったにない。でもいったん理解したら、いつも赦す習慣を身につけなくてはならない。はしごのどの段階でも同じだ。それぞれの段階を学ぶときに実践しなくてならない。行動しないなら、それを学んでいないことになる。

われらが友の二人について話したことからもわかるように、二元の状態でもかなり前進することはできる。サカとヒロジは霊的に著しい進歩を遂げ、その生涯を終えるころにはさらなる前進への準備ができていた。

ゲイリー　あ、そうだ。そのかわいこちゃんはどうなったの？　名前はメグミだったっけ？

パーサ　ええ、彼女とサカとヒロジは同じ地元で育った幼馴染だったけれど、十代になると、サカとヒロジはメグミに愛情を抱くようになったの。でも、彼らの文化では彼女と親しくなるのは難しかったのよ。

ゲイリー　万国共通だな。ぼくも隣に住んでたバーバラに恋をしたけど、片思いは辛いよな。大きな赦しの機会だけどさ。

パーサ　そうね。ちゃんと赦したの？

ゲイリー　ああ、三十年後にね。

パーサ　サカとヒロジは、いつかメグミと結婚することを夢見ていたけど、残念なことに、それを実現させるには数々の障害があったわ。当時は天皇が国民を所有していたといったでしょ。だから、天皇家が縁談を決めるのは珍しいことじゃなかったし、メグミ一家を知る天皇家の人たちが、メグミが一度も会ったことのない男性と彼女の縁談をまとめたの。彼女はサカを愛していたけど、サカは知らなかった。でも、彼女には選択の余地はなかったのよ。天皇家の意向に従うしかなかった。結婚式が執りおこなわれて、それから三人が会うことはなかったの。三人とも深く落ち込んだわ。

ゲイリー　三人とも立ち直れたの？

パーサ　メグミはぜんぜん幸せじゃなかったけど、義務を果たして、子供を産んで、人生をまっとうしたわ。彼女自身にとっても、夫の家族から見ても立派にね。当時は約束や栄誉を守ることがとても大事だったの。

もう一つ大事だったのが輪廻転生よ。神道ではとっても重要で、それは肉体が実在しているという信念からくるものだったの。「コース」の生徒なら、輪廻転生が夢だというのは知ってるわよね。あなたたちが肉体に宿っているなんてことは決してないの。目の錯覚よ。でも、神道を信仰するほとんどの人がそう信じていた。メグミもその一人で、よりよいカルマを願っていたわ。カルマを信じるのは、道教や仏教よりも前からあったことで、さらに古いヒンズー教にもつうじる考えよ。

とにかく、サカとヒロジはとっても落ち込んで、どちらもメグミと一緒にはなれなかったのに、二人とも彼女に対して同じ気持ちを抱いていたから、お互いに変な嫉妬心を持つようになってしまったの！　ほんとうにエゴには油断ならないわね。二人の友情は壊れかけたわ。実際、何年もあとになるまで彼らは会わなかったの。

アーテン　幸運なことに二人とも直感が鋭く、人生や日常生活のあらゆる出来事を霊的（スピリチュアル）なレッスンとして見るようになっていった。実践に移すことはまだ身についていなかったが、互いを赦さなければならないと感じていた。二人は最善の努力をしたよ。それ以来、二人はその人生でもほかの生でも、必要があればいつでもすぐに互いを赦すようになったんだ。素早く赦せるのは、霊的に成長している印だ。彼らは二元的な状態にあったが、霊的な進歩には赦しが欠かせないと気づいたんだ。そして生死のサイクル全体とその論理について疑問を持ちはじめた。二人がそれらについて学んだのはずっとあとのことだったが。

パーサ　彼らにとって、神道を信仰して、ともに生きたその生涯のあらゆる経験が、次に二人が再会した人生でとても役立ったのよ。その次の人生では、老子というマスターを知ることになるの。彼は『老子道徳経』〈『老子』〈岩波文庫〉ほか〉を書いた一人でもあるわ。

アーテン　Jとのちのブッダが老子の弟子だったのは、紀元前六〇〇年ごろのことだ。それはブッダが生まれる二百年前で、孔子が生まれる五十年前のことだった。この情報は確かなものだが、歴史学者がこれに同意するとは思わないように。ところで孔子は哲学者で、教義や宗教を持っていなかった。一方、老子には道教の教義があった。

ゲイリー　老子は非二元を信じていたの？

アーテン　ああ、完全に信じていたよ。彼はかたちあるものは幻想だと理解していた。だが、「道（タオ）」にはかたちがない。これについては追って話していこう。われわれが話す教師たちは全員、非二元を信じていたし、一体性（ワンネス）が真実で、それ以外は偽りだとわかっていた。これはよくあることだが、彼らの生徒や弟子のなかには彼らの教えを二元に退化させる者がいた。そうやって真実がつくり変えられると、それは真実じゃないものとして夢の世界で伝えられるんだ。そういうことが何千年も繰り返されてきた。エゴが生き残る上で、真実はあまりにも脅威なんだ。

エゴの特別性が真実を変えてしまう。ヴェーダーンタでも老子でも、ブッダでも『奇跡のコース』でも、それは同じだ。九十年代からきみにいってきたその唯一の解決法があるだろ。エゴを解体しなければ、エゴはいつまでも真実を覆すというやつだ。エゴはそうするしかないんだよ。サバイバル・マシーンみたいに。もちろん、教師や生徒は自分たちが真実を変えているとは気づかない。投影と同じように、彼らは自分たちがそうしているのがわからないんだ。自分は正しいと思っているのさ。

ゲイリー　その原因は、無意識で真実に抵抗しているから？

アーテン　そうだ。ほとんどの人は「道（タオ）」は「自らの道」という意味だと思っているが、老子にとって「道」は、二つのレベルで理解されるべきことだった。世界のレベルでは「自らの道」だが、マクロのレベルでは真実、つまり幻想を超越した一体性（ワンネス）だった。

ゲイリー　彼はそれを「神」と呼んだの？

アーテン　いや。きみも中国を訪れて知ってるように、中国人は神というものがあまり好きじゃない。だから道教を信仰する者にとって真実とは、単にかたちのない真実を指している。『奇跡のコース』や純粋な非二元が登場するまで、神との完全な一体性(ワンネス)が唯一の現実(リアル)、究極の真実だと認められていなかった。もちろん、究極の真実を知っていたマスターはところどころでいたが、彼らは有名ではなく、ほとんどが有名になることなど気にもしていなかった。

ゲイリー　それについていつも考えていたんだけど、世界が夢で、自分が夢を見ているっていう体験をほんとうにしているなら、自分が悟ったことを人に知ってもらうことなど気にするだろうか。

パーサ　いいとこ突くわね。でも教えるためには、自分の体験を伝えるのが適していることもあるのよ。

ゲイリー　ブッダが「わたしは悟った」といったみたいにか。

パーサ　ええ。ブッダといえば、彼と老子の教えはとても似ていたの。ブッダの言葉とされているもので、実は老子が最初にいったものもあるし、のちにブッダがいったことで、老子のものとして引用されているものもある。いずれにしても、ブッダは老子のアプローチから徐々にそれていったわ。

ゲイリー　どんなふうに？

パーサ　ブッダについてはあとでもっと話すけど、彼と老子の違いを一つ話しておくわね。Jとブッダが老子との生で経験したことの説明にもなるから。老子はある意味ちょっと変わっていて、非二元を理解してはいたけれど、禁欲主義者でもあったのよ。弟子たちにも禁欲主義を貫くよう要求したの。だから、彼の弟子たちは非二元というよりも半二元に導かれていったわ。だって、世俗的な快楽を否定しなければならないと信じるなんて、幻想に抵抗することによって幻想を実在させているようなものでしょ。

ゲイリー　何かを諦めなければならないと思うのは、それを求めているときと同じくらい実在させてるってことか。

パーサ　そのとおりよ。でも、欲望が苦悩に導くと最初に説いたのは老子だったの。彼は弟子が世界を諦めることで、欲望を手放す助けになると考えたのね。彼は世俗的なかかわりに反論することをたくさんいったわ。「賢者は何もしないからこそ何も台無しにしない」とかね。

ゲイリー　怠けるには打ってつけのいい訳だ。

パーサ　ブッダは老子とヴェーダーンタの両方に影響されて、二百年後もまったく同じことを信じていたわ。でも、信念に従って生きて、大きな啓示を体験したの。彼は欲望を放棄することで苦悩から逃れたいのなら――これは道教と仏教のおもな目標の一つともいえるけど――無理に頑張って生きてもたいていは明晰さを妨げることになると気づいたの。それに頑張って生きても、結局満たされないのよ。彼はついに「中道」を生きることにして、禁欲主義をやめたの。彼も彼についてきていた人たちも、それまで何年も禁欲的な生活をしていたけれど、ブッダは世界が実在していないなら、それを手放す必要もないと説明したわ。同時に、世俗的な快楽や乱痴気騒ぎのようなものを許容できるものにするために、必死になってそういう経験をしなくてもいいといったわ。つまりは、普通でいなさいってことよ！　目撃している幻想に真実をいちばんよく活かせるのは、いつもいる環境でしょ。だって、より的確に考えられるし、そこには教えを活かせる「普通の状況」があるんですもの。わたしが「楽な状況」といわずに、「普通の状況」といったのに気づいてほしいわ。人生には愛する人の死などたいへんな状況もあるけれど、そんな状況でも普通でいなさいといっているの。悲しむ時間が必要なら、十分に時間を取って悲しめばいい。空腹なら食べればいいし、病気なら薬や身体によいと思うものを試せばいい。

心のレベルと夢のレベルがあるのよ。この二つは比べようがないわ。夢の世界を変える必要はないの。見ているままでいいのよ。原因の立場を取るか、結果の立場を取るかの違いね。あなたたちがやらなければならないのは、原因に向き合って対処すること。そうすれば、結果はおのずと何とかなるから。

アーテン　老子はつねに完璧に教えていたわけではないが、素晴らしい自制心の持ち主だった。だから、彼がエゴの策略を理解していたことははっきりさせておこう。たとえば若いころは、すべてが初めてに見えて、ほんとうにそうだと信じているだろう。忘却のベールは分厚くて、すべてを新しいものに見せるんだ。そして何かに惹かれ、夢中になるかもしれない。そうやって何かが重要に思えて、それに引き寄せられるのも、エゴの仕掛け（トリック）なんだ。もちろん、のちに「コース」がいったように脚本は書かれているが、そのときは気づかずに、それがほんとうに実在する素晴らしいものに思えるんだよ。

ゲイリー　そうだな。三歳のころ、いとこの家にいったとき、ガラス戸つきの棚があって、そのなかに真っ青な風船があったんだ。ぼくはそれに夢中になって、どうしてもそれがほしいと思ったんだよね。

アーテン　シンプルなものにそこまで思い入れを抱けるって、すごくないかい？　そして、それはずっとやまないんだよ。どんどん複雑になって、ただの趣味でさえとても重要に思えてくる。

ゲイリー　そうだね。七歳のころ初めて父がフェンウェイ・パーク球場に兄弟のポールと連れていってくれたときもそうだった。ぼくらはちょうどニューハンプシャー州に住んでいて、何年も白黒テレビでレッドソックスの試合を観てたから、ぼくはそのときまで生で試合を観たことはなかった。球場のランウェイを下りて、最初にフェンウェイを見たとき、芝生や壁の緑色に感動して魅了されたよ。もう全部が色鮮やかで、夢中になったね。それから何年もかよって、百回はいったと思うな。いまもボストンに住んでいたら、もっといってただろうな。

アーテン　生涯にわたって何かに夢中になるのも、最初から全部、準備されていたことなんだよ、ゲイリー。偶然なんかじゃない。じゃあ、そこで問題なのは、それが何のためかってことだ。

ゲイリー　そうだな、レッドソックスはぼくが彼らを赦すまで、一九一八年以降、一度もワールドシリーズで優勝しなかったもんな。

アーテン　彼らの優勝をきみの手柄にできるかはわからないぞ。まあ、マクロのレベルでは別だがな。ともかく、きみは彼らを赦したことで得たものがあったんだな。

パーサ　ベールのせいで、ときどきそうやって新鮮な経験に思えることはよくあるの。年を取ったとしてもね。初めて子供を持った人たちは、実はそれが初めてじゃないと気づかずに、ほんとうに初めてのように振舞っているわね。単に忘れてしまっているのよ。何千年にもわたるさまざまな夢の生で一緒だった家族の記憶が遮断されているの。

ゲイリー　だからエゴはぼくらに、特別な関係が必要だと思わせたいんだな。たいてい、家族は特別な関係ではじまるけど、そのあと家族以外からもどんどんそういう関係が押し寄せてくる。

パーサ　まさにそうよ。Jとブッダは、わたしたちがいま話している生では子供のころからつき合いがあったの。でも二人とも普通の子供じゃなかったわ。前世で神道の教義を学んでいたから、見えないものには興味のない普通の人たちよりも、二人の心は進化していて、いわば霊能者（サイキック）で透視ができたのよ。

ゲイリー　ぼくは子供のころ透視ができると思ったことはないけど、いま考えるとできていたんじゃないかなと思う。

パーサ　さっきもいったように、Jとブッダは特別というよりはユニークな子供だったわ。時間を節約する類稀な能力を持っていた。だから然るべきときに然る場所にいることになったの。

ゲイリー　ちょっと待って。先へいく前に一つ質問。彼らはいくつの生で知り合いだったの？

パーサ　四十くらいよ。二人とも毎回、男性だったわけじゃないの。そのうちもっとも重要な六つの生について話すわ。

ゲイリー　四十！　それって随分多くない？

アーテン　ぜんぜん多くないさ。きみにだって、何千年にもわたるさまざまな夢の生で、何百回も知り合いだった人たちがいるんだぞ。Jとブッダの生がきみほど多くないのは、二人には必要なかったからだ。きみが彼らの関係が重要だと思うのは、彼らが有名なマスターたちを知っていたからだ。彼らがマスターたちに知り合えたもっともな理由があるのさ。いいかい、彼らはほかの人たちほど夢を信じていなかった。だから、教える準備の整っている人たちと一緒にいる準備ができていたんだ。

ゲイリー　生徒の準備ができたとき、教師が現れるってやつだな。

アーテン　そうだ。その逆もまた然りだ。

パーサ　当時の中国の生活は、あなたが考えるよりもずっと多種多様だったのよ。大国だったというのもあるわね。歴史の本で読めることは実際のほんの一部で、そんなことを話しても仕方ないわ。

わたしたちの目的で大事なのは真実と、その真実を夢から目覚めるために使うことよ。
　これからブッダについて話すとき、たまに略してBと呼ぶわ。これから話す時代では、JとBはシャオリーという女性とウォサンという男性だったの。彼らは近所に住んでいて、二人とも霊能者(サイキック)としての能力を見せていたわ。両家にとっては自分たちの子供が変わっていて笑い者にされたり、ひどいことが起きたりしないかと心配で、決して嬉しいことではなかったの。でも子供たちのことが評判になって、裕福な家庭の人たちがアドバイスを求めにくるようになったことで、彼らの考えも変わったのよ。裕福な家庭の人たちは金貨で支払ったけど、そうでない親たちも二人に会えたわ。二人の子供たちは決して知り得ないことを話すものだから、みんなは二人の能力が本物だとわかったのよ。シャオリーとウォサンは、みながそれぞれほしいものを手に入れるためにすべきことを教えてあげたの。

ゲイリー　じゃあ、シャオリーがのちのJで、ウォサンがのちのBだったの？

パーサ　そうよ。人々は二千六百年ものあいだ、ぜんぜん変わっていないわ。変わったのは景色だけね。二人を訪れる人たちがほしかったのは、お金と成功と名声と特別な愛だったわ。シャオリーとウォサンは人々をそういうものに導くのが実にうまくて、もし二人が望めば、残りの人生を一生安泰なものにできたはずよ。
　でも、話はそれで終わらなくて、二人は十代のとき恋に落ちて、自分たちが持っている以上のものを手にしたいと思ったのよ。彼らの両親は比較的、幸せだったけれど、二人は違ったのね。学ぶべきことや経験すべきことがもっとあって、物質世界が提供する以上の大切な何かがあると知っていたの。彼らは数ヶ月かけてそこから出る計画を立てて、ある晩、金貨など持てるものを持って逃げたのよ。最終的にはかなり遠くまでね。

二人は結婚し、あちこちを移動し続けたわ。はじめは勝手がわからないながらも、恐る恐る慎重に旅して、たどり着いた町に溶け込もうとしたの。でもその一年後くらいに、ある教師について耳にして喜んだわ。その教師は「人生の秘密」を知っていて、人々を救済に導ける人物だったの。二人は持ち前の優れた直感で、その人のところへいって、彼から学ぶべきだと思ったのね。

その教師が老子だったの。当時の伝統やほとんどの教師は女性の弟子を受け入れていなかったけれど、老子は違ったわ。彼はシャオリーとウォサンという二人の新米をそばに呼んで、彼らと話したのよ。老子は二人に、彼についていくには、世俗的な所有物や古い信念への執着を手放さなくてはならないと伝えたの。そして、ゆくゆくは欲望を手放しなさいといったわ。それで二人はそういう生き方を受け入れる準備ができていたかって？

できていたわ。彼らは生まれながらに授かった叡智を信じていたわ。ただそういう生き方がずっと続くものかどうかはわからなかった。老子は二人が自分の教えに専念してくれることを期待していたけど、彼らは老子の生き方がほんとうに探していたものかどうかを知りたくて試していたという感じだったわ。老子の教えがうまくいなかった場合は、次へいこうとね。結局、何年も不満を抱えてすごし、やめることに決めたの。でも、彼らは真剣に取り組んでいたわ。道で物乞いをしている人たちにこっそり金貨をあげたり、騒ぎや暴動が起こらないよう物乞いの人たちを道の端へ連れていって、そっと金貨を渡したりしていたの。

アーテン　禁欲主義に慣れるには時間がかかる。普通に食べていた人だったら、最初の空腹感はきついだろう。シャオリーとウォサンははじめ、豊かさや美味しい食事、そしてお金で手に入るさまざまな便利さを恋しがった。でも、マスターは世界の本質、つまり世界は完全に幻想で、すべてはエゴの策略の結果だという事実を率直に伝えた。

たまに老子は二人のどちらかを呼んで話したんだ。この機会を得た弟子たちは誰もがそれを特権ととらえた。次は、老子がシャオリーと交わした会話の一例で、英語に翻訳されたものだ。老子の発言のいくつかは『老子道徳経』にもある。もちろん、『老子道徳経』はほかの伝統や教えと同じように何度も再解釈され、修正されてきた。

〰

老子　人間が見ているものは、われわれ自身、つまり心から生じている。われわれが見ているもので、他者に対しておこなわれているものは何もない。だが人々はたいてい、そのように経験している。ほとんどの人が自らを、自分の外側にある世界の犠牲者だととらえている。確かに世界が自分の外側にあるのなら、われわれは犠牲者になるだろう。だが多種多様な世界に対する考えは、われわれわれの外側ではなく内側にあるのだ。それなのに外側にあるものだと思っている。考えが心を離れることはない。考えはつねに心のなかにとどまっている。考えが変わるのも、問題に真に取り組めるのも、心のなかでしかない。

真実は「道（タオ）」であり、「道」は一なるものである。真実には部分がない。真実はほかのものと対立したり騒ぎ立てたりしない。真実はただそこにある。ただそこになくてはならない。きみもただそこにいなくてはならない。

シャオリー　マスター、なぜ幻想は真実でないのに、現実（リアル）に見えるのですか？

老子　確かに現実（リアル）に見えるが、夜、見ている夢も同じだろう。現実に見えるからといって、それがほんとうに現実かい？　違うね。幻想を現実にしているのは、幻想に対するきみの忠誠心だ。エゴの策略に対するきみの揺ぎない信念だ。それが偽りの人生を生んでいる。あらゆる者の時間は一体性（ワンネス）へと回帰するが、きみ自身が一体性の状態に到達するまでは、きみは一体性にとどまることはできない。

一体性（ワンネス）とは空っぽでありながら、すべてを含んでいる状態のことだ。言葉では描写できない。自分の内側で探すがよい。欲を持たぬ者には答えが待ち受けている。

シャオリー　でもマスター、どうすれば欲を持たずにいられるのですか？

老子　〝でも〟は慎みなさい。欲に対するきみの信念がなければ、世界はきみを欲で誘惑することはできない。自制する練習をしなさい。そうすれば、信念が変わっていくのがわかるだろう。

シャオリー　では、すべては心のなかにあるのなら、なぜ行動を変えなくてはならないのですか？なぜ心を変えるだけではだめなのですか？

老子　素晴らしい質問だ。きみは賢い。だが、賢くありすぎることには気をつけなさい。心を変えるだけではいけないのかという質問だが、規律なしにはそうはできない。行動を律することで、心を律することが楽にできるようになる。正しい習慣を身につけなくてはならない。行動をとおして世界を諦めることが、世界への信念を手放す助けとなり、次に欲と苦しみから解放される手助けとなる。苦しみから解放されると、心穏やかでいられるようになる。一体性（ワンネス）は平和そのものだ。きみは一体性につながる準備をさらに整えていく。世界や世界の対立という幻想が、きみに対して力を持つことはなくなる。

〜

アーテン　老子の論理はこれでわかるだろう。彼は弟子たちに、解放されるには世界の物事を諦めなければならないと考える段階を経験させようとしたんだ。ところが何かを諦めなければならないと思うときこそ、それを心のなかで実在させてしまい、信念を放棄する妨げとなってしまう。

ゲイリー　だからブッダはのちに、世俗的すぎず、いろんなことを断念するわけでもない中道を勧めたのかい？

アーテン　そのとおりだ。それにきみだって、世界を完全に諦めるのは楽じゃないと知ってるだろう。

ゲイリー　楽じゃないね。でも、安上がりだろうな。

アーテン　いずれにせよ、目標は世界に対する精神的な執着を徐々に手放すことだ。老子によれば、物質的に手放すことは足掛かりにすぎない。そんな彼の功績を認めようじゃないか。老子はブッダや、道教のあとに生まれたあらゆるものに大きな影響を与えたんだ。われらが友のウォサンから、仏教、プラトン哲学、J、グノーシス、キリスト教にいたるまで多少なりとも影響を与えたんだ。キリスト教がローマの茶番に変わるまでだったがな。老子は非二元を理解して教えていたよ。みんなはそれに気づいていなかったが。

パーサ　老子自身も『老子道徳経』の一部も道徳を強調していたわ。でも、それはエゴを大人しくさせるためだったと理解されるべきなの。そして、彼は謙虚であることが真の道理の基本と考えたのよ。

次は、老子とウォサンの会話よ。

〰

老子　きみは子供に頭を垂れる謙虚さを持たなくてはならない。尊敬されようとするのをやめなさい。そんなものは必要ない。何かが必要と考えるのはやめなさい。何かを必要とするのは、それにとらわれていることになる。何も求めないことが豊かであることだ。きみはすでに必要なものをすべて持っているのだから。

ウォサン　では、自分がするべきことをどうやって知るのですか？

老子　何もする必要はない。「道（タオ）」は空っぽな状態のことだ。幻想の人生ではそれは計画がない状態を指す。幻想は無意味だ。無意味なものに対し、なぜやるべきことを持とうとするのだ？

ウォサン　では、なぜ幻想から解放されようとするのか、といったほうがよいのでしょうか？

老子　そのとおりだ。

〜

ゲイリー　ちょっとした公案だな。

アーテン　ああ、公案は禅と呼ばれるものの前にあった。老子には弟子たちがさまざまな段階を一時的にとおることがわかっていた。きみのこの夢の人生だけでも多くの段階があっただろう。どれも長く続いたかい？

ゲイリー　いや。ぼくの経験では、各段階は六ヶ月から九ヶ月だね。一年半以上続くことはめったにないし、二年は絶対ないね。いい段階もあれば、楽しい段階もあるし、辛い段階もある。

アーテン　いいぞ。シャオリーとウォサンはその生涯で二、三の段階を経て、至高体験と呼ばれるものをいくつか経験した。きみもそういう体験をしただろう？

ゲイリー　ああ、ぼくのは早すぎたけどね。

パーサ　老子の弟子にとって、瞑想は日々の訓練の一部だったわ。心の完全な静寂に達して、最後にはどんな邪念も持たないようにするためにね。そうして心はより平和になるのよ。

ゲイリー　ぼくは瞑想だけでは悟れないと理解してるんだけど、合ってる？

アーテン　合っているが、先走らないように。瞑想は心を鎮めるのに役立つし、訓練に備えて心の準備を整えるのに有効だ。しかし、もっとも大切な訓練は思考体系をとおしておこなわれる。老子の思考体系はいいものだったが、ほかのほとんどの体系と同じように最後までたどり着かなかった。思考体系を持つ重要性についてはあとで詳しく話そう。

パーサ　ある日、ウォサンが丘の上で瞑想していたの。あなたも知っているように、中国は丘が多いでしょ。アメリカのように豊富な農地がないわ。

ゲイリー　だから彼らは何でも食べるんだろうな。ぼくも鶏の足とか鴨の舌とか豚の血を食べたよ。何でも試すほうだけど、猿の脳みそは無理だった。一応、ぼくにも道徳観があるからね。

パーサ　ウォサンは肉体の感覚がなくなりはじめて、彼自身が消えて見えなくなったの。彼の意識は広がっていったわ。それまでいたスペースに制限されずに世界を眺められるようになって、自分よりも大きな存在に思えるものが何もないように感じられたの。その感覚は彼に訪れたものではなくて、彼自身から生じていた。彼は肉体ではなく心だったの。そして、肉眼じゃなくて心を使って見ていたのよ。重力を感じないし、それは恍惚とした体験だった。彼はどんどん広がり続けてわかったの。これが本来の自分に近い状態なんだとね。彼が自分を小さく感じていたのは、肉体こそ自分だと信じていたからよ。でも、もう肉体が自分だと信じることはないと彼は気づいたの。

ゲイリー　それは素晴らしい体験だね。言葉で語るのはたいへんだったと思うけど。

アーテン　そのとおりだ。至高体験は言葉を超越している。真実が言葉を超越しているのと同じだ。でも、至高体験と真実は区別しておきたい。これから見ていくが、実在する真実はウォサンの体験とはまったく違うレベルだからだよ。しかし、彼の体験は正しい方向への一歩といえる。

パーサ　ウォサンはその体験をシャオリーと老子に精一杯伝えたわ。彼らはウォサンの誠実さを感じ取って、彼のために嬉しく思ったのよ。シャオリーとウォサンはとても愛し合って、どんなときもお互いを励まし合っていたわ。

ゲイリー　二人はセックスしたの？

パーサ　ええ、彼らの関係は普通だったわ。でも、セックスにこだわっていなかったわ。彼らにとってセックスは愛を表現するものだったの。ただ、そのことを老子に秘密にしておかなければならなかったわ。彼は自分についてくる弟子たちに禁欲生活を求めていたから。

アーテン　ウォサンはほかにも至高体験をしたし、シャオリーも至高体験をしたよ。二人が星空のもと、外で寝ていたとき、シャオリーが起きて空を見上げると、彼女は暗闇のあらゆる音や月や星を包み込んでいった。彼女は宇宙のあらゆるものから自分が離れておらず、自分が宇宙になったように感じていた。彼女はあらゆるところにいたんだ。そして時空の限界を打ち破って、そこにある一体性(ワンネス)を感じた。そこには固定されたものはなく、すべてが自由に入れ替わってもその状態は変わらなかった。彼女はそれ以降、宇宙について以前と同じようには考えられなくなった。

パーサ　探求者の誰もがどこかの生でこうした体験を必ずするわ。いま探求の道を歩んでいたとしても、至高体験をするのは今世ではないかもしれないし、すでに別の生でこうした体験をしていて、今世ではその体験を繰り返さずに規律を学ぶことになっているかもしれない。だから自分と人の体験を比べるべきではないの。どんな段階も経験も偶然ではないし、経験しないこと自体も偶然ではないのよ。

ゲイリー　ぼくらの二人の友はその後の人生を老子と一緒にすごしたの?

アーテン　いや、すごさなかったよ。彼らは六年間、老子についていったが、よく考えた結果、彼から去ることにした。彼らは勇気を奮って、老子に伝えたよ。彼らは逃げるようなことはしたくなかったんだ。老子に感謝していたし、彼にきちんと礼をいったよ。二人は短いあいだに多くを学び、自分たちでさらに前進できると感じたんだ。老子のおかげで非二元を知り、それを伝えていく準備ができたんだな。それから彼らは子供がほしいと思うようにもなった。

ゲイリー　できたの?

アーテン　ああ、四人。そのうち一人は赤ん坊のうちに亡くなったが。

パーサ　われらが二人の友は、神道の半二元から道教の非二元へと歩んだわけだけど、それはきわめて困難だったのよ。あらゆるものが赦されなければならないし、人類が繰り返している経験は、繰り返して学ぶ教室が設定されているにすぎないの。何度も何度も出会う人たちを完全に赦すためにね。

のちにJが余すところなく赦しを教えることになるけど、当時はほとんどの人が彼のいうことを理解していなかったわ。いまでは多くの人が彼の詳細な説明を理解しているけどね。

アーテン　また引き続き、非二元について話していこう。そのあとに、純粋な非二元についても話そう。それまできみがJと心で会話し、彼から学び続けると信じているぞ。彼と親密な関係を築いているんだろう？

ゲイリー　ああ。イエスがいなかったら、ぼくには崇める人はいなかっただろうな。

パーサ　次の訪問では、JとBがヒンズー教徒として知り合いだった生の話をするわね。ヒンズー教は非二元が二元に退化した典型例よ。まあ、ヒンズー教から学んで、何よりもそれを応用することで、わが家へ戻る道を見つけた人もいるけど。元気でね。ところでルナはお利口さんだったわね。ご褒美をあげて、かまってあげるのを忘れないでね。

そういって、彼らは姿を消した。決していなくなったわけではないのだが。

第二章 ヒンズー教徒としての生

永遠に続く二つの道がある。一つは光の、もう一つは暗闇の道である。前者は生死の繰り返しからの解放へとつうじ、後者はまた再びこの地上へとつうじている。実在するものが存在しないことは決してなく、実在しないものが存在することも決してない。

バガヴァッド・ギーター

何年も前のことだが、この『バガヴァッド・ギーター』の引用をスピリチュアルなカンファレンスで初めて聞いたとき、選択肢はたくさんあるのではなく二つしかないといわれていると気づかざるを得なかった。二つの道しかなく、それぞれが特定の結果へと導く。そのシンプルさが好きだった。古代ヒンズー教のアドヴァイタ・ヴェーダーンタは、「知識の終わり」という意味だと聞いた。とても粋だなと思った。西洋のアプローチの多くは知識をふんだんに持つことを誇るが、こちらは知識の終わりをよきこととしていた！　興味を惹かれた。

それがいわゆる二元と関連していると知ったのは何年もあとのことだった。霊的な旅（スピリチュアル・ジャーニー）をはじめたころは、それが何かも知らなかった。

老子の言葉で、以前シンディが「わたしには何もすることはないけれど、あるべきすべてを持っている」といったことを思い出した。それを聞いて見事だと思った。でも、必ずしもそれは何もしないということではないといったのはシンディが初めてだっただろう。「コース」では「何もする必要はない［T-18.VII.5:7］」といっている箇所があるが、多くの生徒が誤解して、「何もすべきではない」という意味で受け取っている。これが「コース」のいう「レベルの混乱」だ。大事なのは、何かをする「必要」はないという点だ。確かにその必要はないのだが、必要があると思うなら、それは肉体による自己認識を伴っている。全引用は文脈のなかでとらえられなければならない。そして、「コース」では欠かせない、赦しをおこなって時間を節約するという特徴を考慮しなければならない。

誘惑と闘い、罪に屈すまいと闘う者たちにようやく平和が訪れるとき、または黙想する心（マインド）にようやく光が差し込むとき、あるいは目標が誰かによってついに達成されるとき、それはつねに「わたしは何もする必要はない」という嬉しい気づきとともにやってくる。

ここに、誰もがいつかはそれぞれの方法とタイミングで見出す究極の解放がある。あなたにその時間は必要ない。あなたとあなたの兄弟がともにあるから、その時間があなたのために節約されている。これは「コース」が用いる特別な手段である。他者のために役立った手段を用いることにこだわり、自分のためにつくられたものを無視するならば、あなたはこの「コース」を活用していないことになる。この準備だけで、ほかのことは何もしない練習をして、わたしのために時間を節約しなさい。「わたしは何もする必要はない」とは、忠誠を表す声明であり、揺るぎない忠義を示している。ほんの一瞬でも、これを信じなさい。そうすれば、あなたは一世紀にわたる黙想や、誘惑との闘いで与えられる以上のものをなし遂げる。

何かをするには肉体を伴う。何もする必要がないと認識するのなら、あなたは自分の心（マインド）から肉体の価値を退けたことになる。ここに、数世紀分もの努力をあっという間にとおり抜け、即座に時間から脱出できる開かれた扉がある。[T-18.VII.5:7-7:3]

それからこう続く。


何もしないとは休息することであり、肉体の活動が注目を要求しなくなる場所を、あなたの内側につくることである。聖霊（ホーリースピリット）はそこに現れてとどまる。あなたが忘れ、肉体の活動が再びあなたの意識を占めるようになっても、聖霊はそこにとどまっている。

そんなときでも、あなたが戻れるその休息の場所はつねにそこに存在している。あなたは荒れ狂う嵐よりも、その中心にあるこの静かな場所をより自覚できるようになる。この静かな中心こそが、あなたが何もしない場所である。そこはあなたとともにあり続け、あなたが任されたあらゆる忙しい活動の真っただ中で、あなたに休息をもたらす。[T-18.VII.7:7-8:3]

老子も理解していた非二元の状態では、幻想のいかなる部分でも真の現実（リアリティ）と調和しているところはない。その上、真実にはいかなる幻想も含まれていない。真実と幻想は相互に排他的だが、多くの人はここでわからなくなる。ぼくの教師たちがいうように、人々はつねに幻想を、少なくともその一部を、真実に変えようとする。そして、それを神の責任にすることで、創造主や宇宙の創造主と考えられる存在を幻想に持ち込もうとする。

ニューエイジのもっとも一般的な信念の一つに、神が神ご自身を経験できるよう二元性の宇宙を創造したというのがあるが、この考えがどれほどおかしなものか疑問視されることはほとんどない。まるでセックスのオーガズムを体験し、楽しみ、味わうために、それと比較できる二元的な体験を持てるよう、銃で自分のお腹を撃たなければならないといっているようなものだ。だが神は狂ってはいない。真実とは絶えず続く状態のことだ。「コース」でも聖書でもいっているように、神は完全なる愛だ。この夢の世界は完全さとは対極だが、神の現実（リアリティ）がぼくたちの帰るべき完全なるわが家をもたらしてくれている。でも、わが家というほんとうの世界に戻るには、夢の世界から目覚めなければならない。ほんとうの世界は二つもない。非二元の数学は実にシンプルで、いつも答えは一なのだ。

二〇一三年の秋に三冊目の『愛は誰も忘れていない』が出版されて以来、「コース」を教えに世界中をまわり続けた。そのほとんどにシンディも講演者として同行した。ぼくは夜ベッドで見る夢のおもしろい現象に気づいた。あらゆる心はつながっていると「ACIM」でいっているのは知っていた。最終的には一つの心（マインド）しかないのだから、それは当然ともいえる。われわれのうちの一人しかここにはいないというわけだ。だからこそ、心霊現象も起こり得るのだろう。いい霊能者（サイキック）や霊媒師は、一見切り離された心の一部に入り込み、メッセージや情報を受け取る能力を持っている。

　ぼくは何年も旅を続けるにつれ、夜見る自分の夢がその地域の人々に影響されることに気づいた。アイオワ州のシーダーラピッズのような静かな場所にいると、近くにいる人が激しい葛藤状態にあるなどの珍しい場合を除いて、だいたい平穏で落ち着いた夢を見た。一方、中国の広州のような千三百万人もいる大都市にいると、慌ただしく混沌とした夢や、ときには暴力的な夢を見たりした。実際、眠っているあいだ、ぼくの心(マインド)はその地域の人々の心の波長に同調していた。

　心はつながっているので、一人の心が穏やかで、聖霊(ホーリースピリット)とともにある正しい考えを持っていれば、まわりの人たちに何らかのいい影響を与えずにはいられないのは当然だ。「コース」は、神の教師はそこにいるだけでそれを思い出させる存在だといっている。どこかのレベルでぼくたちは、気づいていようがいまいが、人々の心につうじている。これは誰かのために赦しのワークをしてあげられるという意味ではない。それぞれが自らの役割を果たさなくてはならないが、人々を正しい方向に導くことはできるという意味だ。

　古今をつうじて多くの生徒が、マスターと一緒にいれば悟ることができると考えてきた。どういうわけかウィルスか何かに感染するかのように、マスターの悟りが自分たちの一部になっていくと考えているのだ。そうだったらいいだろうが、残念なことに二千六百年前もいまもそんなふうにはうまくはいかない。エゴが解体されなければならない。それには規律が必要だ。

　次にアセンデッド・フレンドたちが現れたとき、ぼくはちょうどCNNとMSNBCのニュース番組を観ながら、観たものを赦そうとしていた。そのニュースはほとんど漫画のように滑稽だったので助かったが、人生という名の幻想映画には恐ろしい惨事があるものだ。でも、それが悲痛なものになるのは、それを実在させているからだ。アーテンが話しはじめた。

アーテン　ニュースを観て楽しんでいたようだな。それが何のためか覚えていれば構わないが、結局はみんなサーカス好きなんだな。

ゲイリー　そうだよな。ドナルド・トランプがうまくやってるなんて、信じられないよ。

アーテン　じゃあ、信じるんじゃない。

ゲイリー　ああ、もちろんだね。

パーサ　今日はJとBがヒンズー教徒として一緒にすごした興味深い時期を垣間見せてあげるわ。彼らにとっては大きな飛躍の時期だったの。彼らはのちに仏教ができる直前にも、そのもととなった非二元の教えを信じる者として知り合うのよ。仏教はヒンズー教から神々を省いたようなものだと気づくべきね。一つの神しか存在していないと信じる一神教は、ユダヤ教、キリスト教、イスラム教が普及するまでは広まらなかったの。ちなみにこの三つにはアブラハムの神という同じ神がいるのよ。この三つの宗教の前までは、少なくとも目的ごとにいくつかの神が存在したわ。

ゲイリー　ギリシャ神話の神々みたいにか。

パーサ　そうよ。おそらくいちばん神が多いのは、ヒンズー教徒とギリシャ人じゃないかしら。仏教は心(マインド)に重点を置いたの。ところで、あとで仏教について少し話すけど、仏教は最初、ヒンズー教の一部と考えられていたわ。派閥みたいなものね。もともとキリスト教がユダヤ教の一部と考えられていたみたいに、別々のものではなかったのよ。でも、仏教はインドではあまり受け入れられなかったわ。普及し出したのは中国に広まってからよ。

ゲイリー　ああ、大当たりするのって難しいんだな。

アーテン　ヒンズー教とその歴史について確かにいえるのは、複雑だってことだ。だからさまざまな書物や宗派については話さないが、ヒンズー教徒はクリシュナを含むたくさんの神々を信じていた。少なくとも三千二百年ほど前まで遡る。確認はできないが、そう信じられている。アドヴァイタ・ヴェーダーンタの一部は有史以前まで遡る。ずっと前にわれわれが話したのを覚えているかもしれないが、ヒンズー教のもともとの考えは非二元的だったが、シャンカラについていた人たちが間違った解釈をして、ヒンズー教徒の大部分がそっちのほうを信じるようになってしまった。よくあることだな。ところで、きみはシャンカラが誤った解釈をしたといったが、それは違うよ。彼から学んでいた人たちのなかに勘違いして伝えた人たちがいたんだ。

これから、JとBが紀元前五〇〇年ごろに一緒だった生について少し話そう。彼らが老子と生きた時代から約百年後のことだ。二人の名前はハリシュとパドマジュだった。フルネームをいう必要はないね。彼らはいとこ同士で、まあまあ大きな村の近所に住んでいた。彼らは敬虔なヒンズー教徒になるよう育てられていたが、ハリシュは世俗的な経験がしたいと思っていた。

ここで気づいてほしいのが、人々はエゴによって、ある特定のあり方でいるよう強いられている点だ。あらかじめ設定された経験をするために、そうなるべくしてそう生きているんだ。でもすべて無意識だから、本人はなぜだかわからない。

たとえば、きみがいまの時代にカナダで生まれたとしよう。そして六歳のとき、アイスホッケーをはじめる。もちろん、きみはなぜかわからないが、それが好きなんだ。年月を経て、将来プロになれるほど上達する。アイスホッケーほど興味を惹かれるものはほかにはない。そう、きみには私生活があり、夢中になっているのはスポーツにすぎないが、そうなるべくして、そうなっているんだ。これはあらゆる人についてもいえることだ。職業やもっとも興味のあることなどにね。人々は脚本に書かれてあることを生きる運命になっているんだ。それをとめられるものは何もない。

パーサ　十二歳のころ友だちの家にいったとき、彼が彼の父親の部屋にあなたを連れていって、拳銃が入っているケースを開けたのを覚えてる？

ゲイリー　うわ、長いあいだそのことは考えたことがなかったな。

パーサ　拳銃を見たとき、どう思ったの？

ゲイリー　怖かったよ。ほんとうに怖かった。拳銃で何かしたいなんて思わなかったね。その友だちの名前は控えるけど、彼はきっとぼくが彼みたいに興味を持って、銃で遊びたがると思ったんだろうね。でも即行、逃げたね。

パーサ　どうしてそのときそう思ったと思う？

ゲイリー　さあね。無意識なのかな。

パーサ　そのとおりよ。そのことで二つ、あなたが知っておくべきことがあるわ。一つは前世という夢で、あなたは第二次世界大戦で戦って殺されたから、戦争の恐ろしさが無意識に深く刻まれているの。だから拳銃はあなたがいちばん見たくないものだった。それからもう一つは、前世での経験があったから、あなたは今世で戦争へいかなくて済んだの。戦争は、あなたがすぐにまた経験すべきことではなかったのね。

ゲイリー　だからぼくが十九歳のとき、徴兵が抽選に変わったの？　ぼくの番号は上の方で、ベトナムに徴兵されなかったんだ。

パーサ　そうよ。そういえば、この人生で銃を撃ったことある？

ゲイリー　一度もないよ。

パーサ　あなたは今後も銃を撃ったりしないわ。この人生でそうするようにはなっていないから。あなたに武器を見せた友だちは拳銃に魅了されて、時間があれば撃つ練習をして、結局、入隊したわ。でもベトナムで殺されてしまったの。

ゲイリー　知らなかったよ。あのあと連絡を取らなかったし。

パーサ　取らないことになっていたのよ。あなたはこれまで選んできた生き方のおかげで、これから徐々に第二次世界大戦で殺されたことを思い出していくわ。きちんと赦すことができて、その経験から解放されるわよ。

ゲイリー　出来事はあらかじめ定められている。でもぼくには心のレベルで赦しを実践する力があるから、いろんな出来事での不快な感情から解放されるってことかな。

パーサ　うまいわね。赦しの目的は脚本を変えることじゃなくて、その結果から解放されることなの。でも、定められた運命のなかで聖霊(ホーリースピリット)があなたのために時空を調整することはあるのよ。そうなると、違う経験をすることになるかもしれないわ。でもそれは聖霊が決めることで、あなたがやるべきことは赦しのワークよ。聖霊は時間の次元を変えるのが、あなたにとって適切かどうかを知っているの。

アーテン　こうした話をしているのは、ハリシュがなぜそういう性格だったのか、そしてなぜ危険な状況に引き寄せられたのか、また、いとこのパドマジュはどうして彼とは違ったのか、ということを理解してもらうためだ。パドマジュは一時的な世界での経験には興味がなく、悟りを得たいと思っていた。

二人を引き離すというエゴの計画があったから、彼らはそうなるべくしてそう生まれたんだ。彼らはすでに過去生で多くを学んでいたから、エゴは無意識レベルで脅威を感じ、彼らを引き離す計画を立てた。ハリシュは一人で行動できる年になると、村から徒歩で一時間ほどの町へいくようになった。彼はそこでお酒を飲んだり、ギャンブルをしたり、女性たちといちゃついたりして、楽しい時間をすごすのが好きだった。彼はいつもパドマジュを誘った。パドマジュは楽しむことやギャンブルにはあまり興味がなかったが、ハリシュはいとこであり、唯一の友だちだったから、置いていかれて寂しい思いをするよりは、彼と一緒にいたいと思っていた。つまりその幻想には、神聖でいようとするパドマジュと、世俗的でいようとするハリシュという二元性があったんだ。さらに複雑なのが、二人は幼いころに学んだことや、老子との経験から学んだことで、基本的な真実をすでに知っていた点だ。

彼らはアドヴァイタ・ヴェーダーンタを信じていたヒンズー教徒のように、ブラフマンと呼ばれた絶対的現実（リアリティ）を、物質的な世界とはかかわりのないものとして考えていた。だから、彼らは魂という意味のアートマン（真我）を、幻想と実在するものの二とおりで理解していた。幻想のアートマンは個々の魂のことで、それは一見、あらゆる人や物質から分離しているものだ。それからブラフマンと同一のアートマンがあって、その絶対的現実は一体性（ワンネス）でしかないというものだ。しかし多くの東洋の思考家は、現象的な世界が幻想であると考えつつも、同時にそれが神々を反映させた存在であるというふうにとらえていた。これが、神あるいは神々が幻想をつくり出したのに、完全なる存在は幻想とは一切関係ないという、おかしな混乱が続くのを助長させてしまった！　多種多様な宇宙の投影は、個別性と分離の概念に基づいたエゴの産物だ。

ゲイリー　映画『マトリックス』での表現が好きだったな。きみが見ている世界はきみの目をくらませて、ほんとうの世界を見ないようにさせるための幻想だってやつ。

アーテン　ああ、だが彼らが話しているほんとうの世界は、神とは何の関係もない。まあ、それでも映画でいっていることは、正しい方向への一歩ではある。

ゲイリー　そういえば、シャンカラについて間違ってごめん。

アーテン　大丈夫だ、兄弟。きみに伝えている情報量を思えば、間違いは少ないほうだ。小さなミスがいくつかあるくらいだからな。たとえば、二冊の本で同じ冗談をいってるぞ。マイキーが指摘しただろ。

註：「走れマイキー」の異名を持つマイク・レミュはぼくのいい友人で、おそらくぼく以上にぼくの本についてよく知っている。彼は『Dude, Where's my Jesus Fish?（おい、オレのジーザス・フィッシュはどこだ?）』（未邦訳）の著者で、ぼくのFacebookのファンページを管理し、素晴らしい見解をたくさん書いてくれている。

ゲイリー　ほかにはどんな間違いがあった?

アーテン　『神の使者』で一九六〇年代の中国の地震で五十万人以上の死者が出たとわれわれがいったとあったが、正しくは一九七〇年代だ。大したことはない。そのころレコーディングを許可していたが、はっきり聞こえなかったんだろう。きみは当時、われわれが訪問していないときにうまくわれわれとチャネリングできなかったしな。それと『神の使者』では、Jとマグダラのマリアが十五年間結婚していたと正しく書いていたが、彼らが結婚した年齢について『愛は誰も忘れていない』で間違っていたぞ。ノートを取りながら聞いていたからだろうが、きみは彼らが二十代のときに結婚したと書いた。でも、Jが十八歳でマリアが十五歳のときだったから、正しくは十代だ。致命的なミスではないが。

パーサ　ハリシュとパドマジュの話に戻るけど、代々受け継がれた古文書の勉強に関しては、彼らは入念に取り組んでいたわ。わたしたちがいま話しているようなことを彼らは頭で理解していたの。でも、それを体験していなかったのよ。心の訓練をするための規律を、その人生で確立していなかったの。

　ある晩、二人は賭博場に出かけて、賭けでまあまあな大金を当てて、お酒を飲んで楽しい夜をすごしていたの。そしたら、賭けで負けた酔っ払いの男が、ハリシュが不正をしているといい出したの。彼はそんなことをしていなかったけど、彼にしたら受け入れ難いひどいいいがかりだったのね。声を荒げてすぐに喧嘩になったの。パドマジュが彼を助けにきて、喧嘩の最中にナイフで腹部を刺されてしまい、ハリシュは恐怖で震え上がって、すぐに気づいたの。自分の愚かな行動のせいで、親友が死ぬかもしれないとね。

　幸い、そこで働いていた人たちが喧嘩をとめて、ハリシュと数名のギャンブラーがパドマジュを近くの医者へ連れていったわ。いまだとアーユルヴェーダ療法といわれるものを施す医者だったの。

傷はそんなに深くなく、その医者もどう処置をすればいいかわかっていて、パドマジュは数週間で回復したわ。

ただこのことはハリシュにとっては目が覚めるような衝撃的な警告になったわ。彼は自分の生き方を罪とは思っていなかったし、パドマジュのことがあってもそうは思わなかったけれど、時間を無駄にしていると気づいたの。もっとひどいことになっていたかもと思ったのね。ここで思い出してほしいんだけど、偶然なんてものはないのよ。サバルというその医者は、パドマジュの治療で彼らの村を数週間ほど訪れていたあいだに二人と話をして、彼らが訪れるべき聖人について教えたの。するとまだパドマジュが完全に治る前だったのに、二人はその聖人のところへいって、彼から学ぶべきものがあるのか見極めようと決めたの。

二人はその男を探しに村を出たわ。サバルによると、その聖人には名前がなくて、以前、サバルに名を持つことは自分を人間という存在に限定してしまうといっていたそうよ。そもそも彼は自分を人間とは思っていなかったのだけれどね。興味を持ったハリシュとパドマジュは、その名なしの男がいると教えられたところへいったのよ。

そこへいく途中、二人は別の聖人がいるグループに出会って、一緒にテントに泊まらないかと誘われたの。いまでいうカルトね。二人は食べ物を少しもらって、グループのセレモニーに参加しないかといわれたわ。悪い感じはしなかったから、彼らは同意したの。

セレモニーでは、リーダーからまわってくるボウルの液を飲むの。それはいまのアヤワスカにとても似ているわ。二人はそれを飲むのはセレモニーの一環でつき合いだと思ったけど、それを飲んだ人たちの様子がおかしくなっていくのを見たのよ。よくいえば最初は「浄化」で、要するに「嘔吐」で、それから幻覚ね。

ゲイリー　ここ数年、アヤワスカでおもしろい体験をしたと教えてくれた人が何人かいたけど、なかにはアヤワスカを「草」って呼んでた人もいたな。あんたがたはぼくのしていることをいつも見ているから知ってると思うけど、ぼくは試してないよ。ただ彼らのなかには、子供時代について直感で得たことを話したり、貴重な霊的（スピリチュアル）な気づきがあったりした人もいたらしいけど、アヤワスカみたいなものについて、どう思う？

アーテン　ゲイリー、アヤワスカを飲んで、ためになる体験をしたという人たちもいるかもしれないが、結局は幻覚剤という薬物について話しているのを忘れちゃだめだ。幻覚剤に誰がどんな反応をするかなんて、わからないんだよ。エゴの意識も脳もそれぞれ違う。もっともエゴは反応するしかないが、なかには悪い反応が出る人もいるし、いままでとは変わってしまう人もいる。アヤワスカについていいことを聞いたかもしれないが、われわれは薬物の摂取は勧めないね。

パーサ　幻覚剤の影響で体験していることは実在していないことを忘れないで。もちろん、ここにあるすべてが実在していないじゃないかと議論したくなるかもしれないし、確かにそれは正しいわ。でも、アヤワスカを飲んで得た気づきとまったく同じ気づきを薬物なしでも得られるのよ。わたしたちはそっちのほうを勧めるわ。

アーテン　われらが友は確かにその夜、貴重な体験をした。ハリシュはどれほど深く両親を愛していたか気づいたんだ。それは彼がすっかり忘れていたことだった。長いあいだ彼はそんな経験をしていなかった。パドマジュは老子を思い出し、突然彼から学んだすべてが意識に戻ってきた。二人は朝を迎えるころには、そこを発って、引き続き満ち足りた感覚を求めに、次に進もうと新たな情熱を感じるようになっていた。植物の苦い果汁を飲むのもいいが、人生のあり方としては彼らの心を打つものではなかったんだ。

そのグループで聖人とされていた人物は二人に残ってほしいと思い、自分の道に勝るものはないと伝えた。住居をともにし、瞑想し、彼の教えを学び、あの液体を飲んで、たくさんの経験ができると説明したが、二人はそこがとどまるべき場所ではないと感じた。グループにいた数名が脅すような表情をしていたが、二人はそこから去ったんだ。

数週間、歩いたのち、ハリシュとパドマジュは探していた人物に出会えた。名なしの男を見つけ、近づいて自己紹介をした。

ゲイリー　なるほど。話がわからなくなる前に確認させて。BとJは神道を信仰していたときは二元の状態だったよね。とはいっても、ほかの人たちほど夢を受け入れていなかったから、二元から進化した半二元の状態だった。それでも、彼らにとってはその状態が現実(リアル)だったから、ある意味まだ二元の状態だった。特に輪廻転生や先祖を敬うことは、彼らの文化ではとても大きな部分だった。何かが現実的(リアル)に見えるなら、それは自分の外側にあるということで、主体と客体があることになる。意識が向けられた何かがそこにあるということだ。それは非二元の一体性(ワンネス)ではない。

老子は非二元を教えたが、JとBのその生での経験はいわば半二元に近かった。禁欲主義者として教わった世界への抵抗が、彼らの心(マインド)と経験において世界を実在させていた。

これから、あんたがたは名なしの教師について話すだろ。何となく薄々感じてるんだけど、われらが友の二人は、幻想には実在するものはないという理論だけじゃなくて、ほんとうにそう感じるようになったんじゃないのかなあ。

パーサ　うまくまとめたわね。でも、彼らがその生でつねに非二元を体験できていたとはいえないわ。生徒たちは異なる学びのレベルを最初はいったりきたり、前進したり後退したりするのよ。一体性(ワンネス)の体験で圧倒されるんだけど、また二元性に戻るの。だから新しいレベルに慣れることが大事で、そのレベルにずっといられるようになるには、エゴの解体プロセスを踏むしかないのよ。われらが友が出会った教師は、まずその方法とプロセスを早める方法を教えたの。

アーテン　名なしの男をOと呼ぶが、ハリシュとパドマジュがOに自己紹介した際、彼は二人にグループの後ろのほうで座って話を聞くよう伝え、彼の教えに興味を惹かれるか確かめてよいといった。二人はいつでも自由に去れると思ったが、二人がOと話せるタイミングは、Oのほうから知らせると告げられた。

Oが二人に会うと伝えるまで三ヶ月かかり、それまで彼らはグループとともにいた。Oはそのあいだに二人にたくさんのことを教えた。自分の人生だと思い込んでいる物語に登場するもっとも大事な肉体たちが、いかにまったく実在していないかを説明した。ほんとうは両親すら存在せず、そうしたものは、エゴが多種多様な幻想にわれわれを引きずり込むためにつくった偽りのイメージにすぎない。われわれもわれわれの両親もほんとうは生まれていない。みんな存在しておらず、すべてが捏造されている。肉体は存在せず、すべては偽りで、人生も偽りだと。そして子供を持てば、それも偽りであるといった。目に映るかたちあるものはすべて真実ではないからだ。

Oは二人に、上空を浮遊しながら下にいる人間たちの肉体を見ているところを想像するようにいった。そして、生まれたいと夢見ている者たちが肉体を持てるよう、そのうちの何万という肉体が毎日消えてなくなっているところを想像するように伝えた。肉体はベールにすぎず、それは価値を見出されるべきものではないんだ。

ゲイリー　それで思い出したけど、「コース」ではこういってたよね。

死ぬように見えるものは、誤って知覚され、幻想に持ち込まれたものにすぎない。[M-27.7:3]

アーテン　そうだ。われらが友の二人はすでに非二元の体験を何度かしていた。Oは二人と話した際、教えたとおりに二人がつねに考えられるよう、ある心（マインド）の規律を実践するときだと告げた。彼は二人に毎日、偽りのイメージにすぎない肉体ではなく、ベールの向こうの一体性（ワンネス）として人々のことを考える練習をするよう伝えた。そして、もし世界にあるものを心のなかで実在させているのに気づいたら、すぐにそれをやめ、肉体とあらゆるものを薄いベールに包まれたブラフマンの一体性と考えるように諭した。

パーサ もし誰かが嫌なことをしたら、その人を大目に見なさいとOはいったの。その理由はその人がほんとうに何かをしたからではなく、実は何もしていないからよね。

アーテン きみもわかっているように、これは彼らにとってある種の赦しへの導入となった。彼らがのちに学ぶさらに高度な赦しに向けて、大事なことがそこには含まれていた。でもあとで話すが、肝心な部分が抜けていたんだ。それでも彼らがOとともに学んだことは、霊的（スピリチュアル）な進歩を遂げるためには欠かせないものだった。

パーサ 二人の生徒はとても熱心だったわ。二人は多様な世界を超越した一体性（ワンネス）という真実を取り消すのではなく、多様な世界を信じさせるあらゆるものを心（マインド）のなかで取り消すと固く決意したの。何年もかけて彼らは見たものや記憶しているすべてを解釈し直して、大きく前進したのよ。

ハリシュとパドマジュは長生きしなかったわ。世界や肉体を実在させないと決意したせいで、自分たちの身体を大事にしなかったの。これは霊的な生徒が犯す典型的な間違いで、レベルの混乱から生じるものなの。世界が実在しないからといって、世界で存在しているように生きないという意味ではないし、肉体が実在しないからといって、健康であるために必要なことをしなくていいという意味ではないわ。車だってオイルチェンジをするでしょ。もしそうしなければ壊れるものね。だから、ＪやＢのように優れたマスターで、世界を完全に克服するための心の使い方を知らない限り、身体に必要なものを与えなければ、身体は壊れるのよ。わたしたちの友はあまり食べなかったの。いい飲み水もなかったし。それもエゴが書いた脚本の一部だったのよ。二人とも二十七歳くらいまで生きたわ。のちにシェイクスピアが『お気に召すまま』（新潮文庫ほか）でこんなふうに書いているわ。

この世はすべて、一つの舞台である。
あらゆる男女は役者にほかならない。
彼らには退場と登場があり、
一生のあいだにさまざまな役を演じる。

アーテン　ハリシュとパドマジュにとってよかったのは、多くを学んだだけでなく実践したことだ。二人の心には大きな癒しが起こり、エゴの解体作業を終える可能性を広げた。まわりの者たちよりも早くね。

パーサ　次の訪問では哲学そのものと、哲学を心で実践することの違いについて話すわね。哲学はそれ自体でよいものだけれど、それを実践することが肝心よ。赦しを続けてね。またすぐにくるわ。

ぼくはハリシュとパドマジュの話を聞けて嬉しかった。彼らと彼らの短くも意義深い生涯と、自分自身を重ねていた。JとBについてもっと聞けるのが待ち遠しかった。ぼくたちが彼らの歩んだ道をたどる上で、彼らを手本にできることに勇気づけられた。

第四章 プラトンと二人の友

わたしの意見だが、われわれは、つねに存在し生成しないものと、つねに生成し存在していないものを区別するところからはじめなければならない。
プラトン

次の数週間、訪問者たちがJとBの学びの冒険物語について教えてくれたことを振り返っていた。ヒンズー教に関するぼくの知識はほとんどないに等しかった。非二元についてアーテンとパーサがいったことは理解できたが、宗教用語がわからなかった。ぼくの教師たちはすでに世界が幻想だという考えにはあまり価値はないと教えてくれていた。というのも、そこでやめておかなくては、心の働きによって、自分自身も幻想だと考え、虚しさだけが残り、すべてが無意味に思えてしまうからだ。何か別の考えでそれを置き換えなくてはならない。ぼくは客観的に見て、インドの霊性(スピリチュアリティ)は幻想を重視しすぎて、幻想に取って代わるべき現実(リアリティ)にあまり目を向けていないように感じた。もちろん、これもぼく自身の極端な判断ではないかと考えていた。

ぼくはアメリカでヒンズー教の教師に夢中になっている人々に出会い、彼らを尊敬していた。以前、本にも書いたが、八十年代にぼくの人生に大きな影響を与えたカイロプラクターのブルースは、ババジをたいへん信じていた。ババジとは、クリヤ・ヨガを進化させたものを世にもたらしたインドの不老不死の聖者だ。ブルースは毎年息子を連れてインドへいき、彼と一緒に学んで訓練をしていた。

シンディとぼくはレイク・シュラインが好きだった。パラマハンサ・ヨガナンダが設立したセルフ・リアライゼーション・フェローシップ（SRF）がある美しいところだ。ぼくたちが住んでいるところから十五分ほどでいけるので、散歩や瞑想にぴったりな場所だった。静かな池に白鳥やアヒルがいて、見ていて楽しい。近くにいれば、エンシニータスにあるヨガナンダのもう一つのSRFに立ち寄るのも好きだった。その美しい土地を歩いていると、インドにしかない木々や花々があるため、南アジアにいる気分になる。ヨガナンダの著書『あるヨギの自叙伝』（森北出版）を読もうとしたが長すぎて、またいつか読みたいと思っていた。ヨガナンダの施設があるところを歩いていると、なぜか自分がヒンズー教徒のように感じられた。きっとぼくの無意識にある古代の記憶が関係しているのだろうが、はっきりと突きとめられていなかった。

ある日、シンディとロサンゼルスのショッピングモールを歩いていると、一人の男性がぼくに気づいて近づいてきた。彼はぼくの本の読者で、ヨガナンダの孫でもあった（ヨガナンダには子供がいなかったと信じられているので、それがほんとうかは議論の争点ではあるが）。ぼくは彼と友だちになるのがわかった。霊的（スピリチュアル）な道を歩む上で、他者との出会いにはいつも心踊らされる。

彼のほかにヒンズー教との唯一の接点として、一九七〇年代にマサチューセッツ州にいたころ、いとこのボビーがくれたラム・ダスの『ビー・ヒア・ナウ――心の扉をひらく本』（平河出版社）という本があった。その本のぶしつけなスタイルや哲学を楽しんだが、それはまだ霊的（スピリチュアル）な道を歩みはじめる数年前のことだった。それでも、その本や『シッダールタ』には興味を惹かれた。ハリシュとパドマジュがはじめはエゴに支配されて生きていたが、それでも霊的（スピリチュアル）な道を歩み続け、多くを学んでいったと知って衝撃を受けた。しかも彼らは長生きしなかったというのだ。ぼくはこれまで自分が経験したあらゆる段階と住んでいた地域社会のさまざまな変化について振り返っていた。

十八歳のある週末、ぼくはミュージシャンとしてウッドストックにいくことになっていたが、バンドの演奏があっていけなかった。演奏がいつも最優先で、ガールフレンドでさえもあとまわしだった。「彼女は今日だけここにあり、バンドは続けるためにここにあり」というのがぼくらのスローガンだった。もちろん、その後、妻たちが登場し、バンドは宇宙トップの座を保てはしなかったが。

一九六九年の夏から一九七一年の春までの約二年間で広まったウッドストックの精神についてはよく覚えている。ぼくや友人や仲間のミュージシャンにとって、すべてが平和と愛と音楽のためにあった時期だ。みんなが兄弟であり姉妹であり、お金は重要じゃなかった。暴力に訴えずに権力に抵抗し、世界を愛で変えようとしていた。

だが七一年の春には何かが変わってしまったと感じた。その年の五月、スピリットとシャ・ナ・ナが出演したセーラム州立大学のコンサートにいったのを覚えている。一万人もの観客のなかには動物のように振舞う者たちが大勢いた。グループの誰かが飲み終えたワインボトルを宙に投げるのも珍しくはなく、ボトルが誰かの頭に命中することなど、これっぽっちも考えていないようだった。その場にいた仲間のミュージシャンが「ウッドストックの精神は終わったな」といったのを覚えている。彼は正しかった。

平和の精神が退化し出したのは、ウッドストックからたったの三ヶ月後、カリフォルニア州のオルタモントで何十万という観客を集めた、暴れん坊のローリング・ストーンズ主催のコンサートでのことだった。警備員として雇われたバイク集団のヘルズ・エンジェルスのメンバーが、観客の一人を刺し殺した。その様子はカメラにとらえられ、ドキュメンタリー映画『ギミー・シェルター』で上映された。殺されたその青年は銃を持ち、ミック・ジャガーのほうに銃口を向けていたように見えた。エゴにかかると何事もシンプルにはいかない。

一九七〇年の夏はまだ、素晴らしい雰囲気が漂っていた。映画『ウッドストック』が公開されたからでもあった。映画は間もなくアルバムとしても発売され、古典アルバムとなったわけだが、ウッドストックの精神がエゴに取って代わられるのは時間の問題だった。

ぼくは一九六〇年半ばにアメリカでおこなわれたローリング・ストーンズの初期のコンサートを観にいったことがある。マサチューセッツ州リンにあるマニングボウルと呼ばれたフットボール・スタジアムでおこなわれたそのコンサートは暴動と化して終わった。ストーンズの初期のころは、それがちょっとしたお決まりだった。試合がないのにスタジアムのゴールポストが倒れ、そのうちの一本はストーンズが乗っていた帰りのリムジンを壊すために使われた。人々は怯え動揺した。

それから五十年後の二〇一三年、ロサンゼルスのステイプルズ・センターで再びストーンズを観ることになるなど思いもしなかった。六十年代半ば、やせ細った子供だったころ、誰かにそういわれても、ぼくは驚くだけだっただろう。まず六十二歳になっていること自体、想像できず、なりたいとも思っていなかっただろう。きっとカリフォルニアも火星ほど遠くに感じていたと思う。でも、それは起こった。ぼくは「コース」のおかげで、「コース」を学びはじめた二十三年前から一日も年を取っていないかのように自分は若いと感じていた。それにストーンズも、いまだにコンサートを祝いの場にするために素晴らしい演奏をしていた。ミック・ジャガーはまるで時間を知らないかのように動きまわって歌っていた。

ウッドストックの精神は聖霊（ホーリースピリット）からインスピレーションを受けたものだった。そのときエゴは、いつものように己の存在を主張していた。一九七一年の春、音楽が金儲けの手段になるところが目撃された。ビル・グレアム（複音伝道師のビリー・グラハムと混乱のないように）は、所有していたサンフランシスコのフィルモアとニューヨークのフィルモア・イーストという二つのコンサート会場を閉店しなくてはならなくなった。これはバンドが収支をやりくりするのに、彼に多額な請求をしはじめたからだ。誰もが大儲けしようとしていた。利己主義が勝利を収め、平和は身を潜めた。しかし、「宗教的ではなく霊的（スピリチュアル）であろう」という考えに基づいた意識の高い目的を掲げる新たなムーブメントが待ち構えていた。そのころは予想もしていなかったが、七十年代後半になるころには、ぼくも何百万というほかの探求者と同じように私的で霊的な道のりを歩みはじめていた。

リオデジャネイロで「ＡＣＩＭ」の週末ワークショップをして、シンディと戻ったばかりだった。ワークショップは中身が濃く、温かさに満ち、案内をしてくれたナジャのようなフレンドリーな人々であふれていた。有名なコルコバードのキリスト像からの眺めには息を呑んだ。家に帰って素晴らしかった旅を思い出して楽しんでいると、アーテンとパーサが突然そこにいた。

アーテン　やあ、ゲイリー。早速、用件に入るがいいかい？　これまで話したことからも、ＪとＢが経験した二元と半二元の個人的体験についてはきみもよくわかったね。もちろん、きみ自身もそういう体験をしている。それにわれわれが、ほかの訪問時に教えたこともある。最初の一連の訪問のときに説明した四つの学びの姿勢などだ。復習として、九十年代に最初の二段階をどう説明したか覚えてるかな？

ゲイリー　あったりまえに決まっ……いや、悪い言葉使いはやめるよ。これまで話してきたように、最初の姿勢、あるいは最初の段階は二元だ。九十九・九パーセントの人が二元的思考をして、エゴに支配された意識で物事を体験し、そんな世界が当然だと思っている。意識を持つには何か対象が必要だから、その状態は霊（スピリット）の一体性（ワンネス）ではない。ぼくらは世界が自分の外側にあると思っていて、それが実在していると思っている。ニューエイジの人たちは意識を重視して、意識を霊化しようとするけど、意識は霊ではない。ほんとうの霊とは、完全な一体性のことだ。でも、ぼくらは心の訓練の仕方を学べるし、エゴの代わりに聖霊（ホーリースピリット）と一緒に選択するために意識を用いることができる。

次に二元からゆっくり離れ、霊（スピリット）へと移行する半二元の段階がある。そういえば、みんな自分が一時的な段階にいることすら気づいていないといっておくべきだな。みんな物事はただそうなっていて、そのすべてに関する自分の解釈が正しいと思っているけど、半二元の姿勢ではより穏やかな信念が生まれる。神は愛だ、みたいな概念が生まれたりするんだ。そういう概念によって、いろいろ考えさせられるし、疑問も生まれてくる。サカとヒロジが二元から半二元へ移行したときもそうだった。たとえば、神がほんとうに愛なら、同時に憎悪でもあり得るのか、とかね。答えは〝ノー〟だと薄々思うかもしれないだろう。それから、無意識に潜む神への恐れに気づいていなかったとしても、その恐れはなくなっていくだろう。

パーサ　いいわね。それに、いろんな霊的（スピリチュアル）な道にいたとしても、進歩を遂げたまま逆戻りしないでいるには何世紀もかかるわ。

ゲイリー　謎めいた美女さん、それは何で？

パーサ　なぜか知ってるはずよ、ゲイリー。無意識には真実に対する大きな抵抗が潜んでいるからよ。エゴは誕生したときから終わるときまで、あなたを真実から遠ざけるためには何だってするわ。真実は一体性（ワンネス）であって、エゴが育てた分離ではないの。まさにこれはエゴの終焉のはじまりで、エゴはそれを感じているのよ。

アーテン　プラトンと彼の仲間たちについて少し話したい。

ゲイリー　その時代では、ＪとＢは非二元をずっと体験できたの？　シャオリーとウォサン、ハリシュとパドマジュだったときは一時的だったけど。

アーテン　いや、できなかったが、一体性（ワンネス）へ向かうには欠かせない段階だったから、大事な学びの時期だった。あとでわかるが、彼らは重要な結論にいたったんだ。

ＪとＢはこれから話す彼らの幻想の生で、アテネのプラトンの学園で彼の生徒になったんだ。

ゲイリー　やっぱり、そうか！　気づくべきだったよ。ぼくがアリストテレスと遊んでたのも、知ってた？

アーテン　彼と遊んでいなかったと、どうやってわかるんだ？　友よ、きみはたいていの人よりは記憶にアクセスできるほうだが、それでも全部は覚えていないんだぞ。いいかい、真面目な話だ。その学園ではＪがタキスという名の生徒で、Ｂがイカロスという名の生徒だった。二人とも優秀な若者で、何らかのリーダー的役割を担うだろうと期待されていた。当時、初の高等教育機関だったその学園の理念は、倫理面で生徒たちを鍛え、高い志を持ったクラスを提供し、生徒たちの知性を養い、よりよい世界を生み出すというものだった。プラトンはほんとうによりよい世界をつくりたいと考えていた。いろいろな意見はあるだろうが、彼は偉大な哲学書の著者でもあった。古代のほかの教師たちとは違い、彼のほとんどの書き物が残ったのはよかったな。

ゲイリー　ずっと前、あんたがたと彼の洞窟のたとえ話について話したのを覚えているよ。あれはほんとうによかったなあ。

パーサ　あなたのお母さんは、子供だったあなたにその話を読み聞かせて、あなたの心(マインド)に種を植えつけていたのね。その話からも明らかだけど、プラトンはこの世で見ているものが実在していないと理解していたの。洞窟の囚人たちは、頭を動かして違う方向を見られないほど、きつく鎖につながれていたわ。あまりに長くそこにいたから、現実(リアリティ)がどんなものかも忘れてしまって、目の前の壁に映る影が現実だと思っていた。影が洞窟の外を歩く者たちのものとは理解していなかったわ。ついに一人の囚人が脱走し、再び光を目にして、影がどこからきていたのかを見たのよね。彼は洞窟に戻って、囚人たちに真実を伝えようとするのだけど、そんなことを聞きたがる者は一人もいなかった。彼らはずっとその状態で、それがあたりまえだったから。しまいには、その戻ってきた囚人はみんなに嫌われてしまったわ。

アーテン　「コース」でも似たようなことをいっている箇所がある。この引用はまさにプラトンへの褒め言葉だな。

何年ものあいだ重い鎖につながれた囚人たちは、飢え、やせ衰え、弱々しく、疲れ果て、あまりにも長く暗闇で目を伏せていたため、光を覚えておらず、自由になった瞬間、その喜びに心躍らせることもない。彼らが自由とは何かを理解するには、しばらく時間がかかる。[T-20.III.9:1-2]

ほとんどの人は真実への準備ができていない。彼らは牢獄のなかが心地よく、最初は真実を歓迎しない。人生をよりよくすることにとらわれて、最後には誰もが同じところへいき着くことや、エゴが見せる安っぽい偽物ではなく永遠のものを土台にして人生を築くほうが賢明であることを忘れている。それでも、彼らはそれしか知らないのだから、彼らを責めることはできない。真実とは「コース」みたいなものだな、ゲイリー。シンプルだが、簡単にはいかない。

プラトンはこう書いていた。「暗闇を恐れる子供のことは簡単に赦せる。人生のほんとうの悲劇は大人が光を恐れることだ」とね。

ゲイリー　メイン州のスタディグループにチャタニャという仲のいい友人がいたが、彼はよく「真実はわれわれを解放させてくれるが、最初はわれわれを怒らせる」といってたな。

アーテン　もっともだな。ところで、その脱走した囚人の話は、プラトンにもっとも影響を与えた彼の教師ソクラテスの教えに基づいていたんだ。プラトンの対話篇にはソクラテスが誘導尋問をしている箇所がある。いまではソクラテス式問答法として知られているそのテクニックは、彼らが師弟関係にあったころにソクラテスがプラトンに対しておこなったものだ。プラトンは著書の『国家』（岩波文庫）やほかの対話篇で、そのメソッドを用いて自身の哲学を伝えている。実際、教えるかたちで対話を用いたのは彼が最初だった。

ゲイリー　プラトニックという言葉は、プラトンが由来じゃなかったっけ？

パーサ　いいえ、それはあとになって彼の生徒と彼が書いたものを読んだ人たちがつくったものよ。もともとは物質世界の現実（リアリティ）を否定する意味の言葉だったけど、その後、セックスを否定するプラトニックな関係という意味で使われはじめたの。ただその背景には、プラトンが「善」と呼んだあらゆるものの源（ソース）とは異なる現実を否定する、プラトン自身の考えがあったの。

ゲイリー　じゃあ、プラトンは非二元的な考え方をしてたの？

パーサ　いいえ、それについては、タキスとイカロスがプラトンのクラスのあとに交わした次の短い会話でわかるわ。

ゲイリー　その二人はJとB？

パーサ　そうよ。彼らが知り合った詳細は省くわね。魚が海で群れをなして泳ぐように、人々もいろんな夢の生を一緒に旅するものなの。彼らは何度も出会う運命にあったのよ。次はそんな二人の会話のほんの一部分で、もちろん、これは翻訳されたものよ。これまでのほかの会話もそうだけど、彼らは当時、英語を話していなかったから。

≀

タキス　プラトンはジレンマを抱えている。彼の哲学ではあらゆるものは善から生まれる。物質的な宇宙のすべては考えを象徴したもので、洞窟の話のような囚人たちが見ていたイメージは何かの象徴や影にすぎず実在しないといってるが、ここでジレンマだよ。すべては善から生まれているのに、なぜ善が実在しないものをつくり出すのか、プラトンは解き明かせずに妥協している。それで見ているものは実在していないが、そのもととなる考えは実在しているという結論にいたった。つまり幻想をつくっている源（ソース）があるわけだから、彼は結局、二元に陥っている。源が何かほかのものとかかわっているなら、それは二元だよ。

イカロス　そうだね。プラトンは素晴らしい哲学者だが、ほんとうのところは目に映る象徴も、そのもとになっている考えも実在していない。それらは幻想から生まれている。つまり一見、分離している心から生まれたものだ。そうした心はほんとうの生命（いのち）の源（ソース）ではなく模倣にすぎない。

～

アーテン　プラトンの学園では、識者たちが集まり議論するのを認めていた。われらが友の二人もプラトンから学びつつ、それまでの経験と併せて自分たちで考えることができた。二人はクラスでの議論ではプラトンへの敬意のみを示していたが、実は別の結論にいたっていた。彼らは最後の二つの生でその結論を再び思い出し、影響を受けることになる。

～

イカロス　この人生はごまかしだ。すべてはわれわれを真実の経験やほんとうの生命（いのち）を知ることから遠ざけるための妨げにすぎない。哲学的考察をするのは構わないが、それでどこへたどり着く？
　われわれは妥協が一切ないところへたどり着かねばならない。そこでこそ、現実（リアル）か非現実（アンリアル）か確固たる決断を下し、信念を持ってその決意を強化できる。

タキス　だから、われわれは両方の道をいくことはできないんだ。真実だけが真実で、それ以外のものは真実ではない。われわれはいま一度きっぱりと選ばなければならない。ごまかしのすぐ向こうに、かたちなき一体性(ワンネス)がある。それは非二元で完全で、その完全さだけが真実だ。われわれはそれを見事に垣間見たが、その手前の障害を取り払って、つねに完全さを経験していられる方法があるはずだ。

～

パーサ　あなたもわかっているように、彼らは救済あるいは悟りを知る段階までたどり着いていたわ。救済と呼ぶか、悟りと呼ぶかは人それぞれだけど、どちらも妥協のない決断を拠り所としているわ。プラトンは論理を信じていたし、知性の発達が自己実現につうじると考えていたけれど、タキスとイカロスは、個であることは悟りとは何の関係もないことだと経験からわかっていたわ。実際、悟りとは、物理的じゃなくて精神的に個を放棄することですもの。それがほんとうの自己実現につうじるし、そういう自己実現は一体性(ワンネス)のなかでしか見出せないわ。

　プラトンの体系は完璧ではなかったけれど、彼の教えや書き物のおかげで大勢が心(マインド)を発達させ、よりよい決断ができるようになったことは忘れないで。プラトンは彼らにとって大切なステップだったのね。

ゲイリー　プラトンはどの時代にいたの？

パーサ　それについてはいろいろ議論があるけれど、実際は紀元前五〇〇年から四五〇年よ。

ゲイリー　ちょっと待って、Wikipediaで調べさせて。（少し間を置いて）えーっと、「プラトンが生まれた正確な時期や場所は不明だが、名門貴族の生まれであったことは確かである」だってさ。

アーテン　彼は生活するために働く必要はなかったとでもいっておこう。

ゲイリー　アトランティスについて最初に話したのがプラトンだっけ？

パーサ　そうよ。プラトンはソクラテスからアトランティスのことを聞いて、のちに『ティマイオス』（白澤社）の対話篇で、ソロンというエジプト人がクリティアスという人に語った話としてアトランティスについて書いたわ。そういったことはどうでもいいけど、対話の内容はほんとうよ。確かにアトランティスは夢のなかで存在していたし、プラトンの学園に集まった人たちもアトランティスで一緒だったの。だから、ソクラテスはアトランティスについて覚えていたのよ。ソクラテスや彼の弟子のプラトンや、プラトンの生徒のアリストテレスやタキスもイカロスもアトランティスにいたのよ。みんなアトランティスの時代に知り合いだったの。プラトンの時代から数百年後に彼の書き物で学んだプロティノスもアトランティスにいたわ。あなたも思い出すかもしれないけど、プラトンの「善」という源が一つだと考え出したのはプロティノスだったのよ。

ゲイリー　そうだったね。「善は一つ」だなんて、いやあ、彼らはなかなかいい人生を生きたんだね。

アーテン　いいときもあれば、そうでないときもある。それが二元的な夢というものさ。アトランティスは暴力と悲劇で終わりを迎えた。結局、それほどいい生ではなかったのさ。
いまのカナリア諸島がアトランティスの残存の一部だ。ハワイに似ているから、きみもきっと好きだろう。そのほかにもアトランティスの残存はバミューダトライアングルにまで広がる。プラトンは、アトランティスはヘラクレスの柱の外側にあったと書いたが、いまでいうとジブラルタル海峡の外側に当たる。

ゲイリー　実際、アトランティスはどうなったの？

アーテン　アトランティスにはきわめて知的な社会が存在していた。もともとこの惑星外からきた先祖たちがつくったんだ。当時の人々はきみたちの文明がいま犯しているのと同じ間違いを犯した。霊的で教養のある人たちは少数派で、大半は霊の純粋な非二元ではなく、物質的な二元を選んだ。知的で技術が発達していたからといって、必ずしも彼らが霊的な進歩を遂げていたわけではないことを忘れないでほしい。

ゲイリー　知性があるからといって、必ずしも賢いというわけではないんだな。ぼくも知的っぽく聞こえる言葉を使う博士に何人か会ったけど、彼らはそんなに優秀じゃないもんなあ。ぼくはアインシュタインの「愚者と天才の違いは、天才には限界があることだ」という言葉が好きなんだ。

アーテン　残念だが、幻想の意味においてはそれは正しい。とにかく、アトランティスについて長々と話すのはやめにして、大事な点は――これは今回の一連の訪問の要点でもあるが――大半の人たちは非二元、特に純粋な非二元に忠実でいることなどできないと思ってしまう点だ。それはいまの『奇跡のコース』でも見られることだ。「コース」のメッセージに忠実であればより幸せになれるのに、まるでそうしないためには何でもするかのように振舞っている。そんな彼らにとって、これは肩を叩いて思い出させてくれるものなんだよ。

アトランティスに関していえば、無限の自由エネルギーをつくり出した権力者たちは、それをよきことのために使うこともできたが、気の狂ったやつらがそれを武器にする方法を見つけたんだ。そうすればあらゆる権力が手に入ると考えたんだ。

ゲイリー　ぼくらが原子力エネルギーでやってるみたいに？

パーサ　そうよ。よきことのために使う代わりに、人類の狂気のさらなる証とするために使ったのね。この惑星を破壊できる武器をつくるためにそれを使ったんですもの。いまもそうよ。

ゲイリー　予言してるのかい？

パーサ　いいえ、予言はしないわ。次のは例外だけど。これは九十年代にあなたにいったことよ。エゴが描く未来の脚本は同じようなことの繰り返しだけど、より大きく、より早く、より恐ろしいものになるといったわね。もう大きくなるしかないのよ。それがエゴが何よりもほしがっているものだし、これまでよりすごいものに見えないとだめなのよね。だから、そういうものにあなたたちはだまされて信じてしまうの。あなたが信じなければ、エゴは無なのよ！　ＪとＢ、プラトン時代のイカロスとタキスのような人たちが多くの人たちと違ったのは、彼らは外見にだまされなかったという点よ。彼らは外見をごまかしととらえて、その奥を見ていたわ。

アトランティスは、無知と欲とその結果生まれた暴力で滅びたの。エゴがいき着く先はつねに殺害よね。何でだと思う？　傷ついて滅びれば、それは肉体であって、それが肉体であれば、エゴの全思考体系が真実になるからよ。それに一見、別の肉体に生まれ変わったとしても、またその肉体が自分だと思うのよ！　お先真っ暗なサイクルよね。取り消してやり直す以外に、このサイクルは終わらないわ。

ゲイリー　忘れる前にちょっと質問。三冊目の本のとき、九・一一の陰謀について話してくれただろ。世界貿易センターに突入した旅客機は実は無人で、ビルは爆破されたって話。あれ以来、旅客機に乗っていたとされる人たちは、どうなったのかとみんなに聞かれるんだよ。

パーサ　まずもともとの旅客機には、いつもほど大勢は乗っていなかったわ。一機はミネアポリスに着陸するのが目撃されたわ。一部の乗客はあらかじめ選ばれた人たちで、その人たちは全員、数百万ドルをオファーされて証人保護プログラムを受けたわ。そのオファーを喜んで受けた人もいれば、そうじゃなかった人もいたけど、脅迫されて暴力を振るわれて、オファーを受けるのが得策だと説得されたの。最終的に大部分の人たちが受け入れたけど、約二十パーセントの人たちは速やかに連れ去られて消えていったわ。上品ないい方をしているだけよ。いまとなってはだいぶ前のことね。真相を話そうとした数人は消されたわ。そのほかの人たちは時間をかけて確実に殺されていった。彼らは贅沢な暮らしが長くできると考えたけれど、ＣＩＡと黒幕の権力者たちがそんな危険を冒すはずはないわ。

ゲイリー　じゃあ、いまは全員亡くなったの？

パーサ　ええ。ＪＦＫの暗殺のとき、ほとんどの目撃者が数日以内に亡くなったのを覚えてるでしよ？

ゲイリー　もちろんだよ。

パーサ　同じよ。

アーテン　これからの数週間は、妥協をしないイカロスとタキスがプラトンのような偉大な哲学者と一緒にいても、自分たちの本質をどう示していたかを考えてほしい。それは彼らにとって大事な真実となった。彼らは信念を置くべきところ、つまり外見ではないところに信念を置こうと決意した。きみも長年われわれと「コース」を学んで、容赦なく妥協しない「コース」の姿勢はわかっているだろう。

友よ、元気でな。シンディによろしく。彼女は「コース」に打ち込んでいて素晴らしい。

ゲイリー　もう一つ聞いてもいい？

だが、彼らはいってしまった。ぼくの教師たちはたとえぼくが知らなくても、何がぼくにとって最善なのかを知っていたのだと気づいた。彼らは戻ってくるべきときに必ず戻ってくる。そして、ぼくは聖霊（ホーリースピリット）がぼくに質問してほしいことを彼らに聞く。それはぼくのためだけではなく、彼らの教えに助けられるみんなのために。

その後、カリフォルニアの素晴らしい快晴のある日曜日、シンディとぼくは海岸沿いを一日ドライブすることにした。ハンティントンビーチ、レドンドビーチ、ハモサビーチ、マンハッタンビーチなど、いろんなビーチと街をまわった。すべてがうまくいっていた完璧な一日だった。出会う人々、天気、景色、体験、すべてが完璧だった。最高の気分だった。

家に帰る途中、ぼくたちはマリナ・デル・レイに寄って、海沿いの素敵なレストランでディナーをした。少し早かったので、幸運にも夕日が見られる海側のテーブルに案内され、食事を注文して景色を楽しんでいた。すると、シンディがなぜか留守番電話のメッセージをチェックした。

彼女はメッセージを聞いた途端、それまでの笑顔から怯えた表情に変わった。シンディの義理の兄弟のジェフが交通事故で亡くなったという知らせだった。シンディは彼と一緒に成長し、たいへん仲がよかった。シンディが父親と義理の母アリスに連絡を取ろうとしているあいだ、まるで人生がとまったかのようだった。愛する人の死に直面するというのは絶望的で、胸がえぐられる思いがするものだ。

振り返ると、その日はまさに二元性の強烈なレッスンそのものだった。素晴らしい一日を楽しんでいたかと思ったら、次の瞬間には死というエゴの夢が襲ってくる。その状況で可能なすべてをやってはいたが、十分とは思えなかった。ただ精一杯できることをしていた。

ぼくにとっては、これからジェフのことを知ろうとしていた矢先の出来事だった。彼のことをもっとよく知りたいと心から思っていたので、こんなにも早く彼が逝ってしまうのは奇妙だった。ジエフもぼくもギタリストだった。おそらく彼はラスベガスでもっとも引っ張りだこのギター奏者だっただろう。ぼくは彼とジャムセッションをするのを楽しみにしていた。

ジェフとぼくが出会ってから、ぼくたち全員を驚かせる嬉しいことがあった。ジェフがぼくの最初の本を読んで、「コース」を勉強しはじめたのだ。ジェフの母アリスが、彼と一緒にぼくたちを訪れたあと電話をくれて、感激しながらぼくに感謝の気持ちを伝えてくれた。彼女はそんなに穏やかなジェフを見たことがなかったそうだ。母は子をよく知っている。彼に起きていた変化に、彼女は気づいていたのだ。

ぼくはこの大きな二元性のレッスンに衝撃を受けていた。レッスンはネガティブな部分だけではなかった。ジェフの死から数週間が経ち、ラスベガスで彼の追悼コンサートがおこなわれた。ぼくたちも参加した。ラスベガスのエンターテイメント界のほとんどの人たちが集まり、演奏という彼らにできる最善のことをして追悼を捧げた。それはおそらくその年で最高のコンサートの一つだっただろう。シンディはメインシンガーとして歌い、ジェフとの子供時代について感動的なスピーチをした。参加した演奏者の多くが、この追悼はラスベガスのエンターテイメント界の人たちにとって最高の出来事だったと話していた。そのコンサートで、何年も話をしていなかった人たちが仲直りをして友情を取り戻したり、初めて知り合った人同士が友だちになったりしていた。長年、話をしていなかったジェフの家族の何人かも、その日はハグをし合っていた。ジェフの肉体はそこにはなかったが、彼は亡くなったあとも友人や家族を助けているようだった。

それから約一年後、ぼくが自分の両親と経験した同じことが、ジェフと彼の友人や家族のあいだでも繰り返されていたと気づいた。そう、ぼくたちは悲しむし、悲しむべきなのだ。普通であるべきときは、普通でいるのがいちばんだ。だが同時に別の何かがそこにはある。

失ってしまった人を思う胸の痛みはいずれ消えるが、愛はなくならない。愛はつねにそこにあり続ける。愛は実在するが、胸の痛みは実在しない。人生でもっとも確かなものが目に見えないとは興味深いではないか。愛を見ることはできない。人の行動に愛を見出せても、そこにある愛そのものを見ることはできない。

天国の王国も同じであるといえる。それは肉眼では見えないが、実在しているいちばん確かなものだ。地上にいるあいだは、見えない世界を一時的にしか経験できないが、ぼくたちはその見えない世界へと戻っていく。そうして永遠の経験が訪れる。そこにはたった一つの現実(リアリティ)しかない。つまり永続する一体性(ワンネス)の意識と、唯一実在している愛だけがあるのだった。

第五章
シッダールタとその息子

空には東西の区別はない。人々はそれぞれの心のなかで境界を生み出し、それが真実であると信じている。

ブッダ

一九八〇年代、ユニティ教会で仏教の僧侶の話を聞いたとき、「他者に怒りを持つことは、自分で毒を飲み、誰かが死ぬのを待っているようなものだ」という彼の言葉が気になった。彼は知っていたのだ。われわれは一つだから、どんな思いも自分に向けられたものであるということを。その後、ぼくの教師たちもこの考えを繰り返していたので、さらに深いレベルでそれを理解するようになった。エゴの解体とはそのようになされるものだ。でも、八十年代のころのぼくはまだ、いろいろなアプローチで霊的（スピリチュアル）なことを学び、数年経ってようやく非二元に関する手がかりを見つけたところだった。もちろん、非二元をどのように体験するかなど見当もつかないまま、ただその考えに惹かれていた。

アーテンとパーサは最初の一連の訪問のとき、「ヴェーダーンタというのは非二元の霊的（スピリチュアル）な文書で、存在するのは真のブラフマンだけであとはすべて幻想――偽り、無、ゼロ――だと教えている。哲学者のシャンカラはヴェーダーンタを賢明にも『不二一元論』と解釈した」といっていた。いい換えれば、真の現実(リアリティ)とは現象的世界や宇宙とはまったく関係のないものである。

ぼくの教師たちはこのことを二回目の訪問時に教えてくれた。ちょうどぼくが『奇跡のコース』の本を初めて買う直前のことだった。その後すぐにぼくは、「コース」に書かれてある神がエゴの世界や宇宙とは一切関係のないものだと学んだ。もっとあとで学ぶことになる別の非二元があったわけだが、そのときはただ現実(リアル)と非現実(アンリアル)の区別を心から信じはじめていたところだった。

それから何年もあとの二〇一四年六月のある暖かい夜、シンディとぼくはハリウッドのグリフィスパーク天文台近くの美しいグリークシアターへ、シンディの大好きなミュージシャン、サラ・マクラクランを観にいっていた。「ザ・グリーク」は音響が素晴らしい野外ステージで、夏のコンサートにはぴったりの場所だった。ぼくたちは休憩のあいだ歩きまわり、席に戻ろうとしたそのとき何と目の前にマリアン・ウィリアムソン（一九五二年、米、テキサス州生まれ。作家、講演者、「コース」の教師）が立っていた。彼女が挨拶をしにこちらへきてくれたのが嬉しかった。コンサートが再開するところだったため、「いいコンサートだね」など、わずかしか言葉を交わさなかったが、ぼくたちはハグをし合い、ひとときを共有した。

おもしろいことに、ぼくたちはその三日前の連邦議会議員選挙でマリアンに投票していた。彼女はぼくたちの地区で立候補し、当選はしなかったが、ぼくは彼女の立候補は意義あることだと思っている。彼女は無党派として立候補した。民主党員として立候補していれば、もっとよい結果になったのではないかと思えたが、それは彼女が決めることだ。それに、勝つことだけが人生ではない。シンディはときどきぼくより早く寝るが、その夜もそうだった。相変わらず夜型生活のぼくとは違い、彼女は普通に生活をしていた。ぼくがテレビの前の椅子に座り、うとうとしながら目を開けると、アーテンとパーサがカウチに座っていて仰天した。二人は会話をはじめる準備ができているようで、パーサが寝室のドアを閉めて話しはじめた。

パーサ　音楽好きさん、今夜は楽しんだ？

ゲイリー　もちろん。シンディも大いに楽しんでた。そうだ、彼女を起こさないかい？　彼女もここにきて、初めてあんたがたに会うのはどうかな！

パーサ　彼女は起きないわ。わたしたちは心のレベルで彼女とつながって、深い眠りで幸せな夢を見るようアドバイスしたんだから。彼女は物音を聞いても、テレビの音だと思うわよ。

ゲイリー　わあ、あんたがたと話すとき、誰かが家にいるのは初めてだな。何か変な気分だよ。

パーサ　わたしたちは時期がきたら、シンディのところへ現れるわ。彼女次第なのはわかってるでしょ。わたしたちは聖霊（ホーリースピリット）で、話をするために肉体のかたちを取っているから、一人ひとりがそれぞれにふさわしい神秘体験をする準備ができているかどうか知ってるのよ。いまその体験が必要のない人もいれば、励ましとして必要としている人もいるの。

アーテン　八十年代後半から九十年代はじめのころ、きみが瞑想しているとき、われわれがときどききていたのは知ってるかい？　そばで座っていたんだが、きみが目を開ける瞬間に消えるようにしていた。きみに見られないようにね。われわれはきみが準備できているかを見極め、そのときを待っていた。もっともメイン州のあの日まで、そのときはこなかったがね。

ゲイリー　聖トマスの祝祭日だったね！

パーサ　そうね。偶然じゃなかったのよ。でも、もっと早くあなたの準備ができていれば、わたしたちはきっと早くに訪れていたわ。それでも、あなたの知らないあいだに六回ほどきていたの。

ゲイリー　冗談だろ！　でも、ぼくのためにきてくれていたなんて嬉しいなあ。気長に待ってくれてよかったよ。

パーサ　ほかにすることがなかったのよ。というのは冗談だけど。

ゲイリー　でもさ、脚本は書かれていて、すべてはあらかじめ決められているっていうのと矛盾してない？

アーテン　いや。「コース」によれば、きみたちにはこの世の囚人として、まだ力が一つあるだろ？

ゲイリー　ああ、そうだった、思い出した。決断する力だ。聖霊（ホーリースピリット）と一緒に選択できるってやつだな。すべてを正しく見ることを決断できるんだ。現実（リアル）だと思ってきたこの映画を観て、エゴのいうことじゃなくて、聖霊の解釈に耳を傾けるという意味だね。すると別の経験に導かれる。じゃあ、ぼくに別の経験をする準備ができてるとあんたがたがわかったのは、ぼく自身の進歩があったからというんだね。同じ映画だけど、ついに正しい解釈を聞く準備ができたってことか。

アーテン　そうだ、きみ自身の解釈じゃなくて、聖霊（ホーリースピリット）のガイダンスをね。みんな自分自身の教師であるのを自らやめなくてはならない。「コース」がいうように、その教師たちは十分な教えを受けていないからね。ただ、それにはある種の謙遜を要する。

ゲイリー　じゃあ、少なくとも、ぼくは正しいことを何かしたんだね。

パーサ　あなたは正しいことをたくさんしたわよ。確かにいろんな間違いはあったけど、そのすべては見すごされるの。わたしたちは最初からあなたを判断しないといってたでしょ。さて、今夜話さなきゃいけないことを聞きたい？

ゲイリー　どうかな。ちょっと疲れてるんだ。シンディにやったみたいに、その情報をぼくのなかに植えつけてくれないかい？

パーサ　これからブッダと、ブッダととても親しかった人の話をするわ。

ゲイリー　それはJのこと？

パーサ　ちゃんと聞いてくれていてよかったわ。西洋人や多くの霊的(スピリチュアル)な生徒たち、それに仏教徒たちもブッダの話についてはよく知っているわ。ブッダの本名はシッダールタで、彼の話はJの話と同様に、真実もあれば捏造されたものもあるわ。一部は宗教的神話といえるけど、わたしたちが話すのは神話じゃないわよ。

アーテン　Jが生まれる約四百五十年前、シッダールタはインド東部に生まれ、恵まれた生活を送っていた。父はシュッドーダナという名の王だった。シッダールタは母親の妹マハーに育てられ世界から隔離されていたが、そこは大きな宮殿で広大な土地が広がっていたため、自分が隔離されているとは感じていなかった。彼はマハーに過保護に育てられ、王である父は彼によい教育を受けさせた。彼は外側の世界について当時の知識を学んだが、実際に見ることは許されていなかった。

シッダールタが十九歳のとき、シュッドーダナの願いで、マハーはシッダールタをヤショーダラーという名の美しい女性に紹介した。一年後、彼の妻となる女性だよ。彼らは互いに一目惚れをしたので、急いで結婚するよう仕組まれたとは思わなかったし、とても幸せだった。結婚して最初の数年は非常に楽しく、まるでおとぎ話のようだった。シッダールタの父は早く二人に孫をつくってほしかったが、その後、数年経っても二人は子供を授からず、彼は失望していた。シッダールタとヤショーダラーも落胆していた。

何年か経つにつれ、シッダールタは落ち着かず、そわそわしはじめるようになった。彼は美しく賢い妻を愛していたが、父から禁止されていたにもかかわらず、これまで自分の目に触れることがなかった世界を実際に見にいきたいと思うようになっていた。ヤショーダラーは彼を愛し、彼の旅に出たい気持ちは手に取るようにわかったが、何とかして彼を宮殿にとどまらせようとしていた。

シッダールタは次第に夢やヴィジョンを見るようになった。それらは彼が旅に出て、多くの人と出会うことや、宮殿と広大な土地の外側には救済が待ち受けていることを告げていた。彼にとっては困難な時期だった。彼は自分が宮殿を去れば、傷つく人々がいるとわかっていたからだ。彼は優しい紳士で、誰も苦しめたくはなかった。

しかし、シッダールタ自身は苦しんでいた。彼は何かが欠けていると感じていたし、それを探しに出かけたかったんだ。彼は夢とヴィジョンをとおして、かつて霊的探求をしていた自分の過去生を知り、自分が探しているものを見つける手助けをしてくれるかもしれない謎の人物がいると感知した。何年も迷い、自問を続けたのち、彼はついに行動を起こさずにはいられなくなった。胸が引き裂かれる思いだったが、ある晩みなが寝静まるなか、彼は秘密の出口からこっそりと抜け出した。それは子供のころ偶然見つけた出口だったが、彼はこのときまでそれを使う勇気がなかった。

ヤショーダラーは悲しみに打ちひしがれた。シッダールタはきっと戻ってくる、彼は外側の世界を見る欲望を克服する必要があるだけと自分にいい聞かせていた。彼女はそう祈っていた。だがそうするうちに忘れかけていた別の祈りがかなえられた。彼女は妊娠していることに気づいたんだ。それは嬉しくもあり悲しくもあった。彼女は何としても子供のことをシッダールタに知らせたかったからだ。

ブッダつまりシッダールタに、ラーフラという名の息子がいたのはあまり広く知られていない。これは仏教徒の話としては受け入れられていない部分だが、仏教はとても多様で、別バージョンの物語もある。いずれにしてもシッダールタは子供のことを知らなかった。彼は最初の数年、インド東部への思いを馳せながら自由にすごした。ある意味、彼の旅はさっき話した過去生を再生するものだった。復習のようなものだ。しかし、今回少し違ったのは、彼はすでに宮殿で裕福な生活というものを経験済みだったから、その暮らしをほかのものと比較できた点だ。彼は禁欲主義者になろうと決意し数年実行したが、中国での過去生と同じように、禁欲主義は必要ないという結論にいたった。もし彼が裕福な生活を経験していなければ、完全にそう気づくことはできなかっただろう。

彼は所有物や物質的な満足が真に自分を満たすことはないとすでに知っていたし、今度はそうしたものや、いわゆる豊かな生活というものを手放しても自分が満たされないことに気づいた。

ゲイリー　だから、彼は中道を選んだの？

アーテン　そうだ。でもその時期、シッダールタは別の大きな飛躍を遂げた。彼は瞑想のマスターになったんだ。そして、瞑想だけでは悟りにいたらないと学ぶことになった。瞑想はエゴを解体しないからだ。悟りに達するにはエゴを百パーセント解体しなくてはならない。しかし、瞑想はしっかり実践すれば、心を落ち着かせ強化させる。すると、心を訓練し自制するのがとても楽になる。心がその状態にあれば、より効果的に心を使って思考体系を実践に移せるようになる。きみがメイン州にいたころ、そう発見したようにな。

ゲイリー　ああ、毎日瞑想してたよ。いまもやってるけど、年が経つにつれてスタイルは変わったな。最初のころはよく誘導瞑想をしていた。当時は自分の直感が誘導してくれてると思ってたけどあとになってそれは聖霊（ホーリースピリット）だったと気づいたよ。瞑想の仕方を学んだことはなかったけど、なぜかやり方を覚えていた感じがしたな。そのあと「コース」を学ぶようになって、すでに瞑想をやっていたせいか、「コース」のレッスンが楽にできると思った。また、一日中、心で考えていることを見つめるのもやりやすかった。レッスンは瞑想みたいなものだと気づいたんだ。でもレッスンは心を鎮めるとき以外は特殊な思考を伴うから、いわゆる伝統的な瞑想とは違うね。「ワークブック」の後半には神にアプローチをするレッスンもある。とにかく間違いなく、ぼくは瞑想をやっていたから、より効果的に「コース」を実践できたと思っている。でもその逆で、レッスンをやって瞑想のよさに気づく場合もある。

アーテン　そうだ。シッダールタは瞑想をとおして過去生の記憶や、すでに学んでいたことをさらに思い出すようになった。彼はいろんなかたちで友人Jを思い出し、Jこそが探し求めていた人物であり、悟りに達するのを助けてくれる人だと気づいた。それがどんなかたちで起こるかはわからなかった。彼はまだ、その生で誰がJであるのかもわからなかったが、彼を見つけたいと思った。

夢の過去生のすべてで学んだあらゆることがよみがえり、彼のなかにとどまっていた。きみもわかっているように、学んだことを失うことはないが、それを思い出さなくてはならない。彼は瞑想に助けられたんだ。

シッダールタは極端なことをするよりも、節度を持って瞑想とともに生きた。禁欲主義だったころの仲間で彼についてきた者もいたが、ほとんどは離れていった。しかし大勢の人々が彼を訪れ、叡智の話を聞くようになり、彼はグルとして知れわたるようになった。もっとも彼はそんなことは気にしていなかったが。彼の節度という概念は、彼自身の人々への反応の仕方にも反映された。

ゲイリー　「何事もほどほどに、節度を持つこともほどほどに」というのを思い出したよ。

アーテン　そのとおりだ。だからよくケン・ワプニックは生徒たちに「普通でいることを忘れるな」といってたんだ。

註：ケン・ワプニックについては第七章で詳しく話している。

パーサ　われらが友は大事なのは行動ではなくて思考だと信じるようになったわ。もちろん、行動は考えていることの結果だけど、シッダールタは考えが先で行動は次という正しい順序で考えられるようになったの。彼は宮殿でヴェーダーンタとウパニシャッドという奥義書を教えられ理解していたし、ブラフマンと世界の違いをよくわかっていた。バガヴァッド・ギーターはそれについて「実在するものが存在しないことは決してなく、実在しないものが存在することも決してない」といっているけど、シッダールタはまだその経験をしていなかったから、そのとおりに生きる方法を見つけると決めたの。彼のゴールは真実を絶えず経験することに定まったわけだけど、ちょっとそれは難題よね。でも、彼は決意したのよ。

　彼は老子との生で試していた明晰夢を見る練習をして、そのうち彼の弟子たちも練習するようになったわ。彼の弟子たちは、夢のなかで意思決定プロセスをコントロールできるようになれば、死後もその能力を保ったまま転生しない選択ができると考えていたけれど、エゴが完全に解体されるまではそうはならないわ。明晰夢は手助けにはなるけれども。たとえば起きているあいだも明晰夢を見ているときのように、夢を見ていることに気づけるようになるとかね。
　シッダールタはその生でそれほど苦しみはしなかったけど、ヤショーダラーを恋しがっていたわ。宮殿に戻ることを考えた時期もあったけど、別の考えが頭に浮かんだの。彼女を恋しがる気持ちや、何かをしなければならないという感情は、この世に鎖でつながれた一種の苦しみであると気づいたの。何かに鎖でつながれているということは、それに依存しているということだし、つまりは自分をその奴隷にしているのよ。彼はこの世界やいかなる苦しみからも解放され、自由でありたかったの。ヒンズー教徒は苦しみを「苦」というわね（のちに仏教徒も「苦」と呼ぶようになる）。それから彼は苦しみの原因は欲望であることを示す大きな啓示を体験したの。何も必要としないなら、どうなるかしら。何も持っていなくても苦しまないはずよね。それにそれが実在していないなら、それをほしがる理由があるかしら。誰からも何も得なくていいのなら、そこでやっと彼らと本物の関係を築けるのよ。そうなるために禁欲主義者になったり物質的にこの世を諦めたりする必要はないのよ。それは心でおこなえることだし、心でおこなうべきことだから。

ゲイリー　「コース」は苦痛や欠如感の原因は欲望じゃなくて、神から分離しているように見えることだというだろうね。実際、欲望は欠如の症状にすぎないし、その解決法は源（ソース）から離れているという感覚を取り消すことだし。

アーテン　そうだな、ゲイリー。だが欲望がその対象物を実在させる。いまはシッダールタの話からそれないでいよう。あとで彼のアプローチに足りなかったものを話すから。彼はそれまで気づいたあらゆることの結果として、いちばん重要なことに気づいた。そもそも幻想を引き起こしているエゴを解体することができるということだ。ヒンズー教徒はエゴについてだけではなく、一つのエゴしか存在していないこと、そしてその一つのエゴがたくさんあるように見えていることを知っていた。だから世界はわれわれが見ているような多種多様なものになっている。エゴの解体法が見つかれば、幻想を引き起こしていた原因を取り除く方法が必然的に見つかるというわけだ！

シッダールタが思考と信念の相乗効果を発見したのはこの時期だった。だから彼はヒンズー教の神々を信じてはいたが、それに凝り固まってはいなかったことをはっきりさせておこう。彼はさまざまなものに目を向けていたからだよ。多くのヒンズー教徒はたくさんの神々のうち、シバ神やビシュヌ神などどれか一つを選び、選んだその一つを崇拝する傾向にある。一神教がこの世に根づくのは時間の問題だった。シッダールタの時代にはすでに、現在の三大一神教の一つであるユダヤ教が存在していた。でも一つの神に傾倒していなかったシッダールタは、真の現実(リアリティ)を意味するブラフマンと同一の「高次の自己(ハイヤーセルフ)」に着目することにした。信念の力が生じるところだ。きみは信念の力について何を学んだっけ？

ゲイリー　簡単さ。自分で信じると決めたものが、最終的には自分に影響を与えるものだってね。

パーサ　素晴しいわ。信じると決めたものが、実在すると思うものになるのよね。そして、信じたとおりに経験することになるの。シッダールタはそう知って、この世への信念を取り下げたの。それから何年も訓練して、この世への信念をまったく持たなくなったわ。代わりに、信念を置くべきところと彼が悟ったブラフマンである真の現実（リアリティ）を信じるようになったわ。

それだけじゃなくて、彼は世界を信じるのをやめて、この世からあまり影響を受けなくなるにつれ、人生をますます夢のように体験していくようになったの。まだ完全に苦しみから逃れる方法を見つけてはいなかったけど、大きな前進を遂げたわ。

シッダールタはインド東部で旅を続け、叡智を教え、自分のエゴを解体していったの。彼は世界を物理的に否定する代わりに精神的なレベルで否定したわ。世界を信じないで見すごして、幻想のベールの向こうにあると感じられた現実（リアリティ）に信念を置くようにしたの。

彼が宮殿を去ったのは二十七歳のときだった。それから二十年後、苦から逃れて救済へ向かう方法をある集団に教えていたとき、後ろのほうで立っていた一人の男がシッダールタを見て驚いたの。その男は宮殿にいた人だった。でも彼の父親が世界を否定していたためか、シッダールタのことはあまり聞かされていなかったの。宮殿で働いていた人たちはいろいろと知っていたんでしょうけれど。それでも群衆のなかにいたその男はなぜかシッダールタを知っていると思い、集まりが終わってから、もっと近くで見ようと彼のほうへ歩いていったの。そしてヴァドマーと名乗り、シッダールタに自分を覚えているか聞いたわ。シッダールタが宮殿にいたころ自分はそこで働いていて、シッダールタが宮殿を去って、みんなとても悲しんだと伝えたの。

シッダールタは驚いて興味を示し、ヴァドマーにいつ宮殿を去ったのか尋ねると、彼は約二年前と答えたわ。それでヤショーダラーはどうしているかと聞くと、彼は頭を垂れ、シッダールタが知らなくてとても気の毒だといい、ヤショーダラーは三年前に熱で亡くなったと告げたの。シッダールタの目には涙があふれたわ。彼はこの世から影響を受けることを克服したと思っていたけど、明らかにまだ完全ではなかったの。でも、次のニュースで彼の涙はじきにとまったわ。

ヴァドマーはシッダールタに、あなたの息子はあなたを見つけたのかと聞いたの。シッダールタは自分の耳を疑ったわ。だって、息子よ！　彼は悲しみのショックと大きな喜びをいっぺんに味わったの。そして、ヤショーダラーを失った悲しみと息子のニュースという二元性にうろたえながら、ヴァドマーに息子の名を聞いたわ。ヴァドマーはラーフラだと答え、ラーフラは母親が亡くなった約一年後に、父であるシッダールタを探しに宮殿を出たと伝えたわ。

シッダールタにとって、そのニュースですべてが変わったの。それ以来、彼はラーフラを探すことに専念したわ。ヴァドマーから息子の容姿について聞き、次の日から宮殿の方角に向かって歩き出したの。父親を探している二十歳くらいの痩せた長身の黒髪の男を見なかったかと聞きまわったわ。

ゲイリー　わあ。じゃあ、シッダールタは完全に悟ってなかったけど、明らかにもうすぐで悟りに達するというところで息子を探しに出たのか。

アーテン　息子に会いたくてそうした彼を誰も責められないだろう。ただ彼が外側にあるものを探しに出た点には気づいてほしい。何かが外側にあるのなら、それを実在させていることになり、一体性(ワンネス)ではなく分離の状態にあるという点だ。この出来事でシッダールタは再び欲望を持つことになった。息子を探し出したいという欲望だ。だが欲望は苦しみにつながる。堂々めぐりだな。

パーサ　ここで、まだわずかな人しか準備のできていない、妥協なき規律の登場よ。誰かがほんとうに人間であると思った瞬間、分離をおこなっている、という規律。

ゲイリー　いいね、ここからそれについてはぼくが話すよ。ってのは冗談。あんたがたがいってることはわかるよ。それで思い出すのが、Ｊがヘレンにいったことだ。それは最初、Ｊからヘレンへの個人的なメッセージだったけど、ヘレンはそれをあとで公開したんだ。彼女の〝ノー〟といえない性格についてだったな。Ｊは人からの依頼に〝ノー〟といえないなら、まだ自己中心性を克服していないといったんだ。

パーサ　そうね、ゲイリー。〝ノー〟といえないのは、それを実在させているからよ。つまり、この人はほんとうに問題を抱えた実在する人だから、何かしてあげないといけないといってるようなものなの。だからといって絶対に同意せず、人を助けないという意味ではないわ。ただ、そうする必要はないというだけ。

ゲイリー　わかるよ。それに聖霊（ホーリースピリット）とワークするのに慣れれば、何をしたらいいかガイダンスをもらえるからね。おお、たいへんだ、いま思いついたけど、シッダールタは自分を助けてくれるかもしれない人を探そうと思ってたといってたよね。二人はどこかで互いを見つけるって。もしかして、それって彼の息子のこと？

パーサ　そうよ。

ゲイリー　彼の息子ってJだったの？

パーサ　そのとおり。

ゲイリー　のちにイエスと呼ばれる人物が、ブッダの息子だったといってるのかい？

パーサ　まったくそのとおりよ。

ゲイリー　嘘だろ！　でも、まあ、理にかなってると認めざるを得ないな。だって二人はそれまでもずっと一緒に助け合ってきたんだもんな。

アーテン　でもその時点で彼らはまだ出会っていなかったから、二人とも互いのことを思い出してはいなかった。シッダールタは息子が見つからず、ほんとうに久しぶりに苦しみはじめていた。彼は切に願いながら国中を村から村へと移動したが、一年経ってもまだ見つからなかった。

幸いシッダールタは夜休んでいろんなことを振り返り、それまでの訓練や規律をゆっくりと、でも確実に思い出していった。すると、心に平和が戻ってきたんだ。学んだことは内にとどまるというのを思い出してくれ。学んだことを一時的に忘れても、いずれそれはよみがえってくる。それが悟りへの道だ。真実を忘れているが、思い出していくと、最後には忘れなくなる。

パーサ　ラーフラも本来の自分を見失わずにさまざまな霊性（スピリチュアリティ）の知識を蓄えていたわ。過去生で学んだたくさんのことが意識に戻っていたの。

シッダールタとラーフラには忍耐力が備わっていたわ。あなたも知っているように、それは霊的（スピリチュアル）な道を歩む者にとっていちばん欠かせないものよ。ラーフラがシッダールタを探しに出て三年が経っていたけれど、互いを見つけ出すという二人の決意は変わらなかったわ。ある日、小さな水飲み場でラーフラはある人物を知っている感覚と興奮に包まれたわ。というのも、彼がその水飲み場で後ろを振り返ると、目の前にシッダールタが立っていたのよ。二人はその瞬間、お互いが誰かわかったの。当時はハグをしたり飛び上がったりするのはみっともないことだったから、彼らはただお辞儀をし合ったわ。シッダールタの目には喜びの涙があふれていた。

彼らは座って話せる場所を見つけ、何時間もそれまでの人生を語り合ったの。でも二人とも、それはただの物語だとわかっていたわ。彼らはその後の数週間で過去に学んだすべてを思い出し、遠い昔から続いていた自分たちの関係性も理解したわ。そして一緒にある決断をしたの。その後の人生をともにして、まだ学ぶべきことを二人で学び、その学びを夢のなかの出来事で活かしていくとね。二人は一緒に救済にたどり着こうとしたの。

これが二人の学びを早め、彼らは悟りに必要なすべてを知り、それを活かすことができたわ。エゴが完全に解体されなければいけないと知り、夢を実在させないよう訓練し、シッダールタの苦しみはすぐに癒されたの。夢が実在しないならそれを求める必要はなく、欲がないなら苦しみもないという仏教の教義を二人はさらに掘り下げたの。肉体が夢の一部なら、肉体は実在せず、つまり感じている痛みも実在しない。実在する痛みを感じているのではなく、痛みの夢を見ていると。そして、夢は心のなかにあるのだから、それに関する考えを変えることができるとね。

夜、ベッドで夢を見ているとき、自分の肉体は夢のなかにあるわけではなく、心（マインド）のなかで見ているにすぎない。いわゆる人生と呼ばれる起きている時間もその夢と同じなの。肉体はここにあるわけじゃなくて、ほかのすべてと同じように投影の一部にすぎないのよ。

シッダールタとラーフラは自分たちの人生を赦したわ。宮殿で感じていた孤立感を赦し、ヤショーダラーを亡くして傷ついた心を手放した。彼らが思い出さなくなったという意味ではないわ。何かを完全に赦すとそれが心から消えて、そのことを再び考えることはないと思っている人がいるけれど、それは違うわ。かつて痛みとともに思い出していたことが、自分に何の影響も与えなくなるのがほんとうの赦しよ。それを思い出しても、もう傷つかないのよ。それは痛みを与えるものじゃなくて中立になるの。そうやって、自分がほんとうに赦せたかわかるのよ。彼らは赦しという観点でとらえてはいなかったけど、実在させないものというふうに考えていたわ。それはただの夢だからよ。これは赦しにおいて、もっとも気づかなくてはいけないことの一つね。でも、二人にはあともう一段階が必要だったの。彼らの意識はとても広がっていたから、二人とも自然とそれに気づいたわ。それは二人が最後の生で取り組むことになるもっとも大事なことの一つだったわ。

ゲイリー　ずっと昔に仏教について調べたとき四諦というのを学んだけど、彼らもそういうのに夢中だったの？

パーサ　彼らはもちろん八正道を含め、そういうものを理解していくことになったけど、仏教はもっとあとになるまで宗教にならなかったことを忘れないで。シッダールタつまりブッダは仏教徒ではなかったの。仏教は彼についていこうとした人たちがつくったの。確かにシッダールタの人生の後半には、彼についていた弟子たちがいたわ。でも彼らはたいていの人たちと同様、非二元から離れないでいるのが困難だった。そうしたことを全部考慮しても、仏教にはマインドレスである代わりにマインドフルになるために役立つ素晴らしい真実がたくさんあるわ。

われらが友の二人は、肉体が心（マインド）にどう感じるかを伝える代わりに、心が肉体にどう感じるべきかを伝えるようになるまで訓練したわ。彼らは結果ではなく完全に原因の立場を取ったの。世界は彼ら自身から生まれていたわ。二人はブラフマンの状態に達し、非二元的な存在となったの。

シッダールタは八十二歳まで生きて、ラーフラは五十二歳までしか生きられなかったわ。でも二人は約三十年も一緒にいたから、それは大したことではなかった。彼らはこの世を習得したわ。ある一つを除いてね。ある日、ラーフラはシッダールタに「まだ何かが欠けている。あなたはそれが何かわかっているでしょう」といったの。シッダールタは「ああ、われわれはよくここまでやってきた。ともに目覚めたい。神のもと、神とともに、われわれ一つの存在として」と返事をして、それからおどけて「次はきみがわたしの先生だ」といったわ。

彼らはあともう一回、地上で生きるとわかっていた。自分たちにそうする必要があったからというよりも、人々が自分たちを必要としていることがわかったからよ。彼らはその生でレッスンをすべて学び終えることもできたけど、二人のために脚本が書かれていること、そしてそこにはより大きな計画があって、自分たちの役割を果たさなければならないと気づいたの。人々を正しい方向に導き、大きなレッスンの一つや二つを教えて彼らの手本となるために、ときにはマスターがそこにいなければならないの。彼らは地上での最後の人生でやっと自分たちに定められたことを経験できるとわかったのよ。神が源(ソース)である一体性(ワンネス)に二人を戻すために、最後の段階へ導いてくれることをね。

ラーフラは母親と同じ病で肉体を去ったけど、もっとも興味深い人生がもうすぐはじまることを知っていたわ。だから幸せだったし、転生して、最後の使命を果たす準備ができていたわ。のちに「コース」ではこういってるわね。

その人は前進する準備ができたとき、強力な仲間たちを傍らに進んでいく。［M-4, 1.A.6:11］

第二部
紀元後

第六章
Jとブッダの最後の生

わたしは彼にいいました。「主よ、何をとおしてヴィジョンを見るのですか。わたしたちはそれを魂をとおして見るのですか。それとも、霊をとおして見るのですか」。彼はわたしに答えてこういいました。「魂や霊をとおして見るのではない。その二つのあいだにある心をとおして見るのだ」
マグダラのマリアの福音書

ぼくはJとブッダの最後の生について聞けるかもしれないと思いワクワクしていた。ぼくの教師たちによれば、Jとブッダはもう一度、地上に戻ってくるという話だった。自分たちのためにというよりも、人々を助ける役目を果たすために。ぼくはブッダがその最後の生でどの人物なのだろうとあれこれ考えていた。でも、それはアーテンとパーサとの会話にゆだねることにした。

ぼくはシッダールタつまりブッダについてもっと知りたいと思っていたし、Jがシッダールタの息子ラーフラとして果たした役割にも興味をそそられた。ブッダ亡きあと仏教がたどった道のりにも魅了されていた。ヒンズー教が浸透したインドで仏教が大衆に受け入れられることはなかった。

紀元後二世紀に仏教はヒマラヤ山脈を超え、チベットと中国へわたった。その後、一部の仏教徒が道教を信仰する者たちと仲よくなり、チャン（Chan）という名の教義を生んだ。チャンは約九百年前に日本にわたり神道と合わさり禅（Zen）となった。Jとブッダは最初に大切な関係を築いた生で神道を学んでいた。禅は世界がマーヤーという幻影でしかないという概念を伴うようになった。禅は瞑想のようなものだったが、宗教的な象徴を信じるというよりは無作法な伝統を帯びていった。この無作法さについては、ぼくにも東洋と西洋を融合させたestで見覚えがあった。estによって、ぼくはこの人生で初めて霊性（スピリチュアリティ）へと足を踏み入れることになった。estとは禅の瞑想を誘導瞑想に置き換えたもので、estではそれを「プロセス」と呼んでいた。

ぼくはこの人生で禅僧ではなかったが、四十代前半、メイン州に住んでいたころまでには自分が別の時空にいたに違いないと信じるようになっていた。そして、さらに瞑想を重視するようになった。特に瞑想のトレーニングを受けたわけではなかったが、自分がうまく瞑想できることに気づいた。はるか昔に受けたトレーニングを思い出していたのだろう。ぼくはすぐに完全な静寂に達するようになった。その状態では雑念が入り込まず、心は休まり穏やかだった。瞑想そのものは『奇跡のコース』の一部ではないが、「ワークブック」の後半のレッスンはとても瞑想的で、神へのアプローチを伴う。ぼくは心を鎮める自分の能力に気づいた。これは「コース」を実践するのにとても役立った。

ぼくはJについてよく知っていた。聖書だけではなく、キリスト教が台頭するなかで残った改ざんされた福音書からも学んでいたが、それらはオリジナルの福音書ではなかった。Jが彼自身について多くを語った『奇跡のコース』からも学んだ。「コース」のメッセージはあらゆるもののなかでもっとも本物であるとぼくは直感で察知していた。

アーテンとパーサから、Jとブッダという二人のマスターについて聞くのが待ち遠しかった。ぼくの友であるアーテンとパーサ――ぼくは二人のことを、かたちを持って現れる聖霊（ホーリースピリット）と理解していた――が戻ってきてくれた。彼らはまったく時間を無駄にしなかった。

アーテン　ある物語について話そう。きみが知ってる部分もあるし、知らない部分もあるだろう。これから話すのは物語のすべてではない。全部を話せば、それだけで一冊の本を書かなければならないくらいだから、この本の目的に必要なところだけを話そう。

パーサ　二千年ちょっと前、ナザレという町があったの。いまでもあるけど、当時とはぜんぜん違うわ。世界人口は急増したし。当時、五百人ほどしかいなかったナザレが大都市だったなんて信じられないでしょ。その時代の人々にとって、生まれてから知り合って親しくなれる人たちの数はとても限られていたの。エルサレムやその近郊で生まれた人々が、ナザレにいる片割れたちと親しくなることも稀だったわ。人々といってもそう見えるだけで、ほんとうは一緒に時空を旅している存在なのよね。

ゲイリー　ぼくたちはそれぞれの軌道に乗っていると前に教えてくれたよね。だから離れ離れにな

って も、また一緒になるようになっているって。

パーサ　そのとおりよ。人々の集団を魚の群れのようにとらえてもいいわ。彼らはいわゆる人生というものを一緒に旅する傾向にあるの。当時のナザレではヨシュア、マリア、ナダブという三人が数年置きに生まれて、ともに人生を歩む運命になっていたの。西洋でイエスとして知られているヨシュアのことを、いつものようにＪと呼ぶわね。マリアはマグダラのマリアよ。Ｊの母のマリアと混乱しないで。ナダブは前回話した生でシッダールタ、つまりブッダだった人よ。最終的にＪとマリアは著名になるけど、ナダブは裏方という感じだったわ。彼は弟子の一人だったの。あとで話すけど、ナダブは福音書を書いた以外では、目立つことはなかったわ。

三人は子供のころ出会って一緒に遊んで育ち、一生続く友人関係を築いた（ちなみに、Ｊとナダブがサカとヒロジとして神道を信仰していたころ、マリアはメグミという名で二人に愛されていた）。エルサレムにはトマス、タダイ、アンデレ、ステパノの四人がいたわ。彼らも数年置きに生まれ、一生の友人になったの。トマスとタダイは十代のころ出会ったわ。その生でわたしがトマスで、アーテンがタダイで、二人が親友になったのは知ってるでしょ。タダイは同性愛者で、同じ同性愛者のアンデレと恋人同士だったわ。エルサレムのこの四人はのちにナザレの三人と出会うの。ちょうど彼らの平均年齢が二十歳のころよ。

ゲイリー　当時、同性愛は死刑に値するほどユダヤ教の戒律に反してたんじゃなかったっけ？

パーサ　ええ、そうよ。旧約聖書のレビ記よね。懐かしくなってきた、というのは冗談だけど、そうよ。タダイとアンデレは自分たちの性的嗜好を公には話せなかったわ。とはいっても、愚かで野蛮なローマ人は気にもしなかったでしょうけど。でも、確かに法に反していたわ。

アーテン　Jとマリアとナダブは早い時期に自分たちがほかの人たちと違うと気づいた。彼らは十歳になるころには互いの心が読めたんだ。「何考えてるかわかる、わかる！」と冗談をいい合ったが、彼らはほんとうに人の心が読めたんだ。過去生で多くを学んでその学びを活かしてきたから、エゴの解体がとても進んでいて、他者の分離した心とつながるときにエゴの邪魔が入らなかったんだ。とはいっても、心は一つだからほんとうに分離している心などないが、たいていの人はまだそれを体験していない。

彼らは十代になるころには将来のことが視えるようになった。ほかの生でも似たような経験を多少していたが、今回は違った。三人は思い出すべき学んだすべてを思い出したんだ。全部をいっぺんに思い出す人はいない。そんなことをしたら、情報過多で重量オーバーになるから、少しずつ思い出さなければならない。いまという瞬間に意識を置いたまま、まわりにあるものに対処できるようにならなければならない。だからきみの二冊目の本には「大事なのは今回の人生だ、あたりまえだろ」という章があるんだが、三人の主人公たちは、あのころのきみとは違って学ぶべきことがなかった。マスターが最後の生で戻ってくるときは、そんなに学ぶことはない。悟りに必要なすべてをすでに知ってるからだ。じゃあ、なぜ戻ってくるかって？　たいていは人々を正しい方向に導くためだよ。ときどきそのように正しい方向に導ける人が現れなければならないんだ。稀ではあるが、彼らはほんとうに正しい方向を知っているからな。聖霊（ホーリースピリット）の救済計画にはそういうことも含まれている。

ゲイリー　マリアはどうやってそんなに進歩したの？　彼女はほかの生でもJとナダブを知ってたの？

パーサ　ええ、そうよ。彼女はいろんな生で二人に教えていたわ。そうした過去生でマリアはそれほど彼らと親しくはならなかったけど、最後の生でJと親しくなったわ。彼らは肉体を実在させない方法をきちんと学んでいたのね。肉体的にも精神的にも愛している誰かを赦して、すべては夢でしかないと気づけたら、自分を地上に縛りつけているものをついに克服したことになるの。マリアはJとナダブが学んだこと以外にも、ほかの生で男や女としていろんなことを経験したわ。そのおかげで彼らと同じように目覚められたの。トマスの福音書の二十二項目を覚えている？　「男性と女性を一つにするなら、男性は男性でなく女性は女性でなくなるだろう……そのとき、あなたがたは王国に入るだろう」という部分があるわ。

三人にとって、あらゆる人は霊（スピリット）だった。男でも女でもなく創造者と同じ存在だった。当然ながらトマスの福音書はその後、ナグ・ハマディ文書として埋められる前に二元的な項目が書き足されたから、わたしはオリジナルバージョンをあなたに伝えたのよ。少なくとも英語でいちばんオリジナルに近いものをあなたに伝えたわ。

註：ぼくの二冊目の著書『不死というあなたの現実』の第七章「パーサによるトマスの福音書」にトマスの福音書の改訂版がある。

アーテン　Jとマリアとナダブは十代のころ、エジプトのアレクサンドリアにある図書館によくいったんだ。彼らはすでに大事なことはすべて知っていたから学ぶ必要はなかったが、アレクサンドリアがどんなところかを見て楽しんでいた。そして字が読める友人たちを誘い、特定の書物を読むよう勧めた。彼らはどの書物が誰にいいかを知っていて、彼らがそれを学ぶようにうながした。あとで話すが、それも聖霊(ホーリースピリット)の計画の一部で、聖霊が時間の終わりから振り返って計画したものだ。三人とも聖書を暗記していた。どの部分が聖霊(ホーリースピリット)からのメッセージで、どの部分がエゴで書かれたものかわかっていた。目覚めが深まるほど、その違いがわかってくる。三人は聖霊からの部分に注目して、友人たちに教えていた。

彼らはダビデの賛歌が好きだった。詩篇二十三篇が葬儀でよく読まれているのはおもしろい現象だな。あれは死に関するものじゃないからな。「たとえ死の陰の谷を歩くことになっても、災いを恐れません。あなたがわたしとともにいますから」とは、聖霊(ホーリースピリット)が自分と一緒にいて守ってくれているとわかっていれば、恐れずに生きられるという意味を表す一篇だ。

われらが友の三人は二十代になるころ、自分たちの知識を聞くべき人たちと分かち合うために旅をするときがきたと感じていた。それまでエルサレムの神殿には何度もいっていたが、旅に出る前にもう一度だけいったんだ。彼らはそこでトマス、タダイ、アンドレ、ステパノと会ってゆっくり話す機会を得た。その四人は霊的に進んではいたが、三人のマスターたちと同じレベルではなかった。でも彼らはとても仲よくなり、まるで古い友人同士が再会したかのようだった。彼らがその生でそんなに長く話したのはそのときが初めてだったが、ナザレの三人が以前エルサレムを訪れたときに四人とちょっとだけ会っていたから、初めて会ったわけではなかった。これまで話したように彼らはいろんな生で、親、兄弟、姉妹、恋人、友人、敵同士として出会ってはいたが、その生でやっと一緒に使命を果たすべく旅をするときがきていた。

ゲイリー　いいね。「俺たちは神の使命を帯びている」っていう『ブルース・ブラザーズ』の台詞みたいだな。

パーサ　そんな感じね。

ゲイリー　何で彼らは前に会ったとき話さなかったの？

パーサ　四人はどういうわけか三人を前にたじろいで圧倒されてたのよ。三人の目覚めが進んでいるのを感じていたの。でも、やっと七人が一緒になるときがきたのね。
　この時期はいわゆるJの「失われた十七年」と重なる時期よ。前にJが十二歳のとき神殿でラビたちに教えた話をしたでしょ。それからJが友人たちと世界中を旅したあとエルサレムに戻って「公」に活動しはじめるまでのあいだのことだけど、その年月は失われたんじゃなくて、ほとんどの人たちに知られていないだけ。わたしは二十歳のときにJに会ってから三十歳になるまで、彼が述べた多くを含め、その時期についてもたくさん記録を残したわ。彼が三十三歳で磔刑に遭うまでのことをね。でも、ほとんど全部教会に破棄されたわ。

ゲイリー　そのろくでなし野郎たちは善意でそうしたに違いないよ。

パーサ　そうやって遠まわしに攻撃するのはやめなさい。

ゲイリー　いや、ぼくには効果があるんだよ。

アーテン　悟っていた三人がいくと決めた全部の場所を旅するのに約七年かかった。そのうちの一つがエジプトだった。われわれは三人ほど図書館にかよっていなかったから、何もかもが新しくて刺激的だった。ナイル川を下ってルクソール神殿にいってからピラミッドへ向かったんだ。どこへいってもエルサレムの四人組は――われわれは自分たちをそうとらえていた――Jが大衆に向けて講演できる時間と場所を確保するようにしていた。大勢の人が聞けるようにできるだけ宣伝したよ。

ゲイリー　あんたがたは彼の世話役だったの？

アーテン　そうだ。たいていは楽だった。人々は彼の説得力のある教えに驚いていた。われわれより先に次の場所へいき、食料や寝る場所を確保するボランティアもいた。だいたいはとても楽しかったよ。もちろん、たまには反感を買うこともあったが、ひどいものではなかった。ときどきナダブとマリアはＪが話す内容について彼と話し合っていて、われわれはそれを聞いていた。この世は無で、われわれのほんとうの生命（いのち）は神とともにあることについて、彼らはまったく妥協していなかった。ナダブはＪが教師だから、自分とマリアは何も発言しなくて済むと冗談をいっていたが、旅を終えて戻るとマリアは教えるようになった。

Ｊはわざわざ皇帝や国王に会いにいくことはしなかった。彼はあらゆる人を同等に大切な存在と考えていた。われわれはアフリカ、そしてストーンヘンジを含むイギリスの数ヶ所とヨーロッパをまわり、現在のトルコ共和国からインドまで旅をした。無法者たちが喉を切り裂いて所持品を奪ったりしていたから、キャラバンに護ってもらうこともあった。当時はそうやって殺されるのが普通だったが、Ｊは恐れていなかった。彼は常識ある振舞いをし、われわれの安全を確保してくれた。三人は旅の途中、過去の記憶を各地でたくさん取り戻していたが、人々の人生に触れていくことに専念していた。みなの進むべき方向性に影響を与え、さらに多くの人々の心と人生にも影響がもたらされるように。

パーサ　三人のマスターの興味深い点は、どこへいってもその土地の言葉を話したことよ。当時は読み書きできる人が少なかったから、わたしはそれができる自分は頭がいいと思っていたけど、彼らときたら、あらゆる言語を話していたわ。わたしは何年も、アラム語で聞いたことだけを記録していたの。でも、Ｊは三大陸で数え切れない人たちに叡智を教えていたわ。

　磔刑の約二十年後、聖パウロがアテネのパルテノン神殿で語ったことはよく知られているけど、Ｊがナザレに戻る前にそこで語ったことはあまり知られてないわね。あれは聖パウロから二十四年も前のことだったわ。人々はＪの才気と真正さに驚嘆していたわ。

ゲイリー　何人くらい集まったの？　当時どのくらいの観衆がいたのか、ずっと気になってたんだ。

アーテン　四千人ほどだ。Ｊがいちばん多く人を集めたのは、それよりあとのエルサレムの屋外で五千人ほどだった。彼がメシアだという噂が広まったからだった。もちろん、彼はそんなことはいわなかったが、きみも知ってるように人々というのは極端なことをいうもんだよ。彼らは物理的にも霊的にも救われたがっていたが、それが論点ではなかった。

　当時Ｊのあとを追って彼がいうことを理解しようとしていた人の多くは、いま「ＡＣＩＭ」を学んでいる人たちだ。彼らが「コース」の声に惹かれるのは納得だろ。

ゲイリー　みんなどうやって彼の話を聞けたの？　群衆の後ろのほうの人たちが聞こえるように、彼はどんなふうに大声で話したっていうのかい？

アーテン　いい質問だ。誰も聞こえなかったのさ。当時は演説者の話を繰り返す人たちがいたんだ。Jがその土地の言語で一段落話すと、五十フィートくらい離れたところにいる人たちが、後ろのグループに向かってJの話を繰り返すんだ。次のグループにも同じことをしていく。時間はかかるが、そうやってみんなメッセージを聞いていたんだ。完璧ではなかったが、まあうまくいってたよ。

ゲイリー　おもしろいね。それで思い出したけど、当時、芝居を全部覚えて、町から町へと暗唱してまわる人たちがいたんじゃなかったっけ？　その人たちはそれで暮らしてたんだよね？

パーサ　そうね。物事を記憶するときに使える心の仕掛け（メンタル・トリック）というのがあるけど、先に進むわ。

アーテン　ギリシャをまわったあと、旅を終えて戻るときがきていた。Jには公の務めがあったし彼はそれを全うする運命にあった。ナダブはJとマリアと同等に彼ら三人の姿勢を示すよい手本になっていた。彼は悟った者が持つ素質を備えた非常に魅力的な人間で、Jとマリアのように恐れを持っていなかった。人生と呼ばれているものは夢にすぎず、自分でそれを実在させない限り、夢の何かが自分に影響を与えることはないと彼は気づいていた。そして人の心（マインド）は生き続け、目覚めるまで心は夢を見続けるから、死は重要ではないというのが彼の姿勢だった。目覚めたときにやっとわが家にいるんだよ。

ナダブは何でも楽しむ性格で、いろんなものについて、特にローマ人について、おかしな冗談をいってたよ。悪気は一切なく、他者を征服して発展しようとする人類の愚かさなどを風刺して、よくこういってたよ。「ローマ皇帝に世界を支配させよう！　無のために何でそんなに働くんだ？　この世を去るとき、何を一緒に持っていくというのだ？　結局プラスマイナスゼロさ。お金を持ってここにきたわけじゃないし、何も持たずにここを去るんだから。引き分けのゲームみたいなもんだ。問題はそこから学んだかどうか、その全部を赦したかどうかだ」ってね。

われわれがナザレに戻ってから、Jはナザレの人々に教えるようになった。準備ができている人々に彼の教えが届くようにすべてが計画されていた。準備ができていない人たちもまた、何らかの方法で彼の教えに助けられた。

Jが礼拝堂で話すときは全員でいったよ。みな彼がただ挨拶をしてヨセフの息子として当然のごとく謙虚であるだろうと思っていたが、彼は前に出てこういったんだ。「今日、聖書の言葉が実現した」とね。Jが自分をメシアといったのは、あらゆる人がメシアで、神の心のなかではみなが平等で一つだという意味だったんだが、人々は彼が聖書を実現させ、彼こそがメシアだというふうに聞き違えて激怒した。Jが無事そこから出られたのは幸運だったよ。

パーサ　ナザレにはそんなに長くいなかったわ。みんながわたしたちに怒鳴って、石を投げてくるんですもの。彼は自分が預言者として故郷で受け入れられるのは難しいと知ったのね。

ゲイリー　それって、彼が「預言者は故郷では稼げないものだ」っていったとき？

パーサ　実は三人がまったく恐れていないのを見たとき、わたしたちはあることに気づいたの。彼らはもう人間ではないんだって。彼らは自分たちを肉体として見なしていなかった。三人は完全に神を思い出し、神との一体性（ワンネス）と完全性を体験していたわ。でも、そのことを仰々しく語ったりせずただ淡々と振舞っていた。タダイとアンドレとステパノとわたしはそんな彼らに畏敬の念を抱いていたわ。それでも彼らにいわせれば、畏敬の念は兄弟姉妹ではなく、神のみに向けられるべきものだったのよね。

わたしたちはエルサレムに向かったの。わたしたち四人組が三人に初めて出会った地よ。Ｊの兄弟ヤコブはエルサレムのチーフ・ラビだった。わたしたちは何年も彼とは会っていなかったけど、彼がとても伝統的で保守的なのは知ってたわ。Ｊとはほとんど正反対だとわかっていたけど、彼はいい人で誰にでも親切に接していたわ。わたしたちはヤコブの家に招かれて、代わる代わるそれまでの旅について話したの。彼は関心していたわ。でもＪが神との一体性（ワンネス）について話したり、いかにみなが神の唯一の子であるかを話し出したりすると、彼はあまり熱心に聞いていなかったわ。まあ、失礼のないように聞いてはいたけど、すぐにもう寝る時間だといったわ。

　翌日、Jはエルサレムにとどまらずに地方へいこうと決めたの。神殿にいけなかった人たちで、神との一体性(ワンネス)という真実を聞きたがっている人々がいたから。でも、そういう話を聞きたくない人たちもいることを彼はわかっていたわ。Jとマリアとナダブはこれから起こるすべてを知っていたけれど、タダイとわたしは聞かされていなかった。彼らは数年以内にJが磔にされると知っていたわ。彼が肉体の無意味さを示し、人の本質と肉体には何の関係もないことを教えるために選ばれた人であると三人はわかっていたの。

　数週間、地方を歩きまわってガリラヤ湖で漁師のペトロという不運な人物と知り合ったの。Jがペトロとわたしたちとそのほか数名を連れてペトロのために漁に出た話はほんとうよ。そして確かに彼は、嵐が収まって海が静けさを取り戻すよう指示をしたの。Jは夢を意のままに操ったけれど、自分の利益のためにその力を使うことはなかったわ。ただ見ているものは自分たちから生じている投影で、わたしたちにはそれを制する力があると見せるためにJはその力を使ったの。多くの人はまだそんなことを聞く準備ができていなかったから、彼はみんながそれぞれのレベルでわかるように寓話や物語で伝えたわ。

アーテン　ペトロと彼の友人数名はわれわれと一緒にJについていくことにした。ペトロは自分が世界でもっとも賢い人間ではなく、Jを理解するのがたいへんだったと認めた最初の人だった。磔刑のあと、ペトロとヤコブとパウロはJの決して望まなかった宗教をはじめた。Jにはいずれ宗教がはじまるのがわかっていたが、それは問題ではなかった。彼はわれわれを平等な存在として見ていた。彼の心には分離というものがなかったんだ。

Jの世界旅行の最初からともにいたわれわれ七人は、彼のいうことをいちばん理解していたメンバーだった。Jはわれわれを特別扱いしなかったし、側近のように扱うこともなかった。ただ彼はわれわれが彼のいうことを把握できると知っていたので、われわれのみと話す時間を設けてくれていた。あとから加わった弟子たちはわれわれや特にマリアに嫉妬していた。Jはときどき公の場で彼女にキスしていたからな。当時はそういうことはしなかったんだ。われわれはよくJをからかって「おい、あなたは肉体ではないことを知らないのかい？」といって笑ったよ。

パーサ　あなたも知っているように、わたしは当時トマスだった。ときどき双子という意味のデドモと呼ばれたわ。外見がJとまったく同じというわけではなかったけど、そっくりだったの。わたしたちはよく間違われたわ。一度、彼の服を着て、彼の振りをして、喋るまで気づかれなかったこともあったわ。Jにはかなわなかったけど。

Jに会って間もないころ、わたしは彼にプレゼントをすることにしたの。わたしたちは当時の人たちができなかった読み書きができたから、羽ペンと高級な紙をあげたの。彼はとても嬉しそうだったけど、わたしに返してこういったわ。「わたしのいうことを記録するためにこれを使いなさい。わたしがいうことを書くんだ。わたしは光栄だよ」って。

わたしのほうが光栄だったわよ。後世の人々が読めるようにできるだけ書き取ったわ。

ゲイリー　Jはほとんどの記録が破棄されるって知らなかったの？

パーサ　もちろん、知ってたわよ。彼は何でも知っていたといったでしょ。でも、わたしが知らなかったわ。わたしに記録してほしいと彼が頼んだのは、わたしのためだったと思うの。書き取れば、わたしがより学ぶことを知っていたのね。

ゲイリー　なるほどね。メイン州にいたころ、よく「コース」の「テキスト」の音声を聞きながら読んでたよ。より深く理解できる感じがしたね。きっと視覚と聴覚から同時にメッセージが入ってきたからじゃないかなあ。

パーサ　それはいいわね。きっと多くの人がそうするわ。とにかく、わたしはトマスの福音書以外にも最初の一連の訪問のときに話した「主の言葉（Words of the Master）」も書いたのよ。いまでは学者たちはそれをQ資料と呼んでいるけど、その資料が教会に破棄される前にマルコとマタイとルカはそこからたくさんの語録を借用したの。だから彼らの福音書は似ているし、共観福音書として知られているのよ。

ゲイリー　わあ！　何であんたが書いたってもっと早く教えてくれなかったの？

パーサ　あなたには取り組むべき情報が十分にあったでしょ、兄弟。でもトマスの福音書とＱ資料と、マリアとフィリポの福音書がいわゆる主流の福音書だったのよ。いま聖書にある福音書は、その作者たちが彼らの神学理論に合う気に入った語録をわたしが書いたなかから拝借したものよ。彼らは自分たちが同意できない語録を無視して、自分たちに合ったものをパウロの神学理論に取り入れたの。パウロの本名はサウロで、彼の書いた教会への手紙は彼らの福音書になったわ。パウロの手紙はとても美しく、聖霊(ホーリースピリット)からのメッセージも含まれていたけど、そうでないものも混じっていて、つまりはＪの教えではなかった。キリスト教は聖パウロの神学理論に基づいていて、彼が真似ようとしたＪの教えではないのよ。

人々はいつもマスターたちの教えを理解していると思っているけど、マスターたちは非二元的存在で、世界の幻影を実在させない。Ｊとマリアとナダブにとっては神だけが実在していて、それ以外のものは存在していなかった。人々はそれを二元に変えてしまうの。でも、ナダブが「神の世界と人の世界という二つの世界があるように見えるが、神の世界だけが完全な一体性(ワンネス)で真実だ。それ以外のものはほんとうに存在していない」といったように、神の世界しか存在していないのよ、ゲイリー。神を唯一の源(ソース)、唯一の現実(リアリティ)として受け入れているから、ただの非二元ではなく、純粋な非二元なの。

ヴェーダーンタの偉大な教師であるシャンカラの教えなど、Ｊとナダブが過去生で学んだことを思い出して。マリアも同じことを学んでいたわ。Ｊは現象的な世界とはまったく関係のないブラフマンという絶対的現実(リアリティ)を教えたの！　そして、三人のマスターがその最後の生で信じたのは、神と神の王国がそうした現象的な世界、つまり幻想である夢の世界とは何の関係もないことよ。わたしたちがこれを強調しすぎと思ったら思い出してほしいわ。このことをきちんと理解せずに、Ｊとマリアとナダブが最後の生で実践した赦しをおこなうことはできないということを。

わたしはトマスの福音書を書いた数年後、旅をしている最中に「主の言葉」を書いたわ。トマスとマリアとフィリポの福音書を含め、初期の福音書には詳細な物語が一切なく、語録の項目があっただけだったのを思い出して。わたしは「主の言葉」には物語をいくつか入れたけど、当時その場にいなかった人たちがほかの作り話に入れ替えたの。そうした部分も含め「主の言葉」は紀元後四〇〇年になるまでに破棄されたわ。そして手を加えられたバージョンが紀元後三二五年くらいに埋められて、一九四五年に掘り起こされたけど、そこには「主の言葉」はなかったわ。教会はほんとうにあれを破棄したかったのね。非二元の教えがあったからだけではなく、マグダラのマリアがＪと同等の教師だったとわたしが書いたからよ。彼らはその部分に我慢ならなかったのね。

紀元後三二五年、正当とされる福音書を成立させたニカイア公会議についてはよく知られているけど、ほとんどの人は紀元後三八一年の公会議については知らないし気にもしてないわ。何とそこで、そのほかの福音書の流通は死刑に値する違法行為だと定めたのよ！　その公会議とは、ローマ帝国を何とか守ろうとしたローマ皇帝テオドシウスが招集した、第一コンスタンティノポリス公会議のことよ。彼はキリスト教という宗教をつくってローマ帝国を守ろうとしたけど遅すぎたの。宗教は残ったけど、帝国は生き残らなかった。

あなたが驚くかもしれない情報がもう一つあるわ。わたしたちがナダブについて話すとき、彼の本名で話しているけど、実は彼は聖書でフィリポとして描かれている人物よ。聖書の翻訳版では弟子たちの本名が載っていないの。フィリポは当時Jと一緒にいたから弟子の一人として知られているけど、実はJと同等だったの。でも、彼は公の場で目立たず物静かだったから、ほとんどの人はそのことを知らなかった。でも実はフィリポの福音書を書いたのは彼よ。それにJとマリア以外でこの世に戻ってこなかったのは彼だけだったわ。彼にとってはあれが最後の生だったの。

ゲイリー　えっと、気が変になりそうなんだけど、一つ質問。「コース」では自らの役目を完全に果たしたのはJが初めてだったといってるけど、それは彼がマリアよりも前、そしてナダブ、ブッダ、シッダールタだったフィリポよりも前に悟ってたってこと？

パーサ　正確にはそうよ。彼らには最後にもう一回、大きな赦しの機会があったの。それはJの磔刑よ。Jにはもう学ぶことはなかったけど、磔刑は人々に教えるためにJ自身が選んだレッスンだったわ。

彼には神の愛しかなかったのがわかるでしょ。彼のエゴは完全に解体されていたわ。そうならなくては愛だけになんてなれないの。赦しのレッスンのすべてを完了すれば、聖霊(ホーリースピリット)が心を完全に癒してくれるけど、そうなるまでは愛だけを教えるなんてできないし、さまようものよ。でも愛がほんとうの自分なのだから、エゴがなくなれば愛は必然とそこにあるのよね。Jは仕事をやり終えたの。マリアとナダブは癒されていたけれど、この世の何物にも左右されないと確実に知るために、彼らは愛するJの死という経験をしなければならなかったの。

わたしたち七人とペトロとあまり記録に残っていない数名は、約三年間、Jとともに歩み、彼に驚嘆していたわ。彼とマリアとナダブはほんとうに愛情深く、みんなに優しくて、わたしたちは彼らのようになりたいと思ったものよ。

わたしたちがステパノと呼んでいる人物は、少ししか福音書に書かれていないわ。彼もとてもJに似てたけど、短気なところがあって、辛辣なJという感じだったわ。ステパノは礫刑の数年後、石打ちの刑で亡くなったの。そうした危険は当時のその職業にはつきものだったわ。

Jの兄弟ヤコブは、ペトロとパウロと一緒にキリスト教をはじめたけど、キリスト教をユダヤ教から分離したものにはしたくなかったの。彼はその二つを融合させようとしたけど、うまくいかなかった。彼は最終的にユダヤ人の最初の暴動のときに神殿の壁からローマ人に突き落とされたわ。少なくともわたしたちの大半とは違って、彼は年を取ることができたの。

インドでわたし、つまりトマスに何があったかは知ってるわね。わたしの妻イザは、マリアとタダイとアンデレと一緒にわたしの処刑を見たわ。イザはひどく打ちのめされていたけど、マリアとタダイとアンデレは精一杯、彼女を慰めた。彼らはのちにナザレに戻ってからフランスにいき、生涯そこですごしたわ。マリアはそこへ心の移動（マインド・トランスポート）でいったけど、ほかのみなは歩いていかなければならなかった。一説にあるように、マリアには子供はいなかったわ。彼女は肉体に価値を見出さず、別の肉体をつくる必要性を感じていなかったの。

これは子供を持つことを選んだ人たちへの非難じゃないわよ。もし非難するのなら、マリアはただ一つ、すべては赦しのためにあることを忘れないでというでしょうね。赦された関係性こそが聖なる関係よ。すべてを赦せば、すべてが役立つようになるわ。

磔刑のあと、ナダブはナザレで数年すごしたわ。もう旅は十分したと思ったのね。彼はその後、クムランへいって、エッセネ派の人たちとともにすごしたわ。ナダブは彼らの教えを学びはしなかったけど。エッセネ派の人たちは旧約聖書に夢中で、古い巻物を保存していたの。彼らがそれらについて話すとき、ナダブは彼らを赦し、ただ彼らと楽しい時間をすごしていたわ。彼はそのころ、それまでの記憶をもとに、フィリポの福音書を書いたのよ。

Jとマリアとナダブについて、強調しておきたいことが三つあるわ。まずは彼らの妥協なき赦しよ。三人とも赦しについてはすでに学んでいて、その学びに従って生きていたから、ほかの人たちとは違ったわ。他者のエゴの間違いを指摘することには興味なく、そんなものは見すごして、相手の真の姿を理解していた。彼らは幻想のベールの向こうの真実と、みなのなかでつねに完璧に輝いている光を見ていたわ。

次は愛よ。わたしたちはなるべく彼らのように振舞おうとしていたけど、彼らの愛情は計り知れないほど深かった。聖書と「コース」で完全な愛は恐れを取り除くといってるように、彼らにはまったく恐れがなかったの。完全なる愛だったわ。彼らにはエゴがなかったから、恐れもなかったのね。

それから、彼らは幸せだったわ。まったく気取らず不平不満を持たず、ただ幸せに生きていた。

彼らにとっては喜びが普通で、見るものは喜びだったの。

　聖書のどの部分がJの言葉で、どの部分がJの言葉ではなく書いた人のエゴによる言葉か、心のなかで聖霊（ホーリースピリット）とともにいればわかるわ。Jは一貫していた。「コース」の「教師のためのマニュアル」を見れば、その一貫性こそが『奇跡のコース』による誠実さの定義だとわかるわ。


アーテン　磔刑の最中、ローマ兵たちはJが苦しんでいなかったから、怒り怯えていた。ある兵が「いったい、なぜ何の痛みも感じないのだ？」というと、Jは「心のなかに罪悪感がなければ、苦しむことはできないのだ」といった。するとその兵はJの脇腹に槍を突き刺したんだ。でもJがまったく反応しなかったから、彼はもっと恐ろしくなり逃げ出したんだよ。

　Jはその最後の生で肉体を脇に置くことに決めたが、そうする直前、マリアを見つめ優しい微笑みを浮かべていた。彼女も同じだった。互いの目を見つめた二人は、Jが死を克服することを知っていた。ナダブにもそれがわかっていた。三人は互いのなかでそっと優しく、その真実を確認し合っていた。

　ナダブとマリアはJの死に心乱されることはなかった。だから、自分たちがこの世に戻って別の生を生きることはないとわかったんだ。聖書と「コース」でも「最後に克服されるべきものは死だ」と述べている。マリアとナダブは葬儀でハグをし合い、別々の道へと進んでいった。

　最初に悟りに達したこの三人は使命を果たした。彼らよりも前に、悟りに必要なすべてを知り、それに従って生きていたシャンカラや老子のような人たちがいたのは確かだが、彼らには一つ欠けていたんだ。それは全面的に神を受け入れ、唯一の現実(リアリティ)として神を認識しなければ、神からの分離は完全にはなくならないことだ！

繰り返すが、だからこそ『奇跡のコース』ではこう述べている。

神と神の王国のためだけに警戒していなさい。[T-6.V.C.2:8]

ゲイリー ありがとう。わかったよ。

アーテン 友よ、警戒していろよ。まだたくさん話すことがあるから、またくるよ。

パーサ 元気でね、兄弟。

二千年前の出来事についていろいろ知ってはいたが、アーテンとパーサの話を聞いているうちにそれらがよみがえり、さらに深く学ぶことができた。その夜、寝るとき、Jとマリアとナダブがしてくれたすべてに礼をいい、彼らに愛と感謝の気持ちを送った。教師のなかの教師たちはもう見ることのできない存在だが、彼らは再びぼくを助けてくれていた。

第七章 グノーシス

よいも悪いもないが、考え方次第ではそうなる。

ウィリアム・シェークスピア

本書にある対話がおこなわれるようになってから数ヵ月後のある冬の晩、ぼくはFacebook、Twitter、Yahoo! のディスカッション・グループに、自分の本と「コース」に関する次のメッセージを投稿した。その後すぐに、メーリングリストのメンバーにも送信した。内容はその前の晩の出来事についてだった。

昨夜、シンディが部屋に入ってきたとき、ぼくはちょうどNetflixで映画を観ていた。ふだん明るく陽気なシンディがとても深刻な表情を浮かべ、悲しい知らせがあるといった。すぐに愛する誰かが亡くなったのだとわかった。いったい誰なのか？　彼女はケン・ワプニックが旅立ったといった。ぼくは彼が旅立ったことではなく、こんなに早く逝ってしまったことに少し驚いた。もう少し先のことだと思っていたからだ。

数回の内輪のミーティングを含め、ケンとは六回ほど会ったことがある。彼と二十通ほど手紙のやり取りもした。いまでもその手紙を大事に持っている。ぼくはこれからずっと彼のことを考え、みんなと分かち合いたいことがいろいろと出てくると思うが、ひとまず彼と最初に会ったときのことを話したい。それは彼の人柄をよく表している。アーテンとパーサが、ケンと会ってできる限り彼から学ぶよう、ぼくを導いてくれた。彼からすべてを学んだとはいえないが、多くを学んだことは確かだ。一九九八年六月、メイン州からニューヨーク州ロスコーに十時間かけてドライブし、「時間と『奇跡のコース』」という彼のプレゼンテーションを聞きにいった。その週末、ケンはそのトピックについて十時間ほど話し続けた。彼の聡明さに圧倒された。彼に二人で話したいとお願いし承諾をもらい、二人で座って話すことができた。ぼくはそのとき書いていた本に、「コース」からの引用をたくさん載せたいこと、そして索引でそれらが「コース」からの引用であるときちんと載せたいと思っていることを伝えた。ぼくが緊張していたのをケンは感じ取っていた。

ケンがどれほどぼくに親切にしてくれたかを忘れはしない。のちにケンは『神の使者』を最初に読む人となる。だがそれよりもっと大事なことに、年月が経つにつれ、彼はぼくに「親切でいなさい」とたびたび助言するようになった。そのころにはすでに、彼がただそういっているのではなく、彼自身がそう生きていることをぼくは経験から知っていた。彼はぼくが出会ったなかでもっとも優しい人だった。自分も人に優しくありたいと思わせてくれたのは彼だった。

アーテンとパーサが「コース」の偉大な教師と称した彼について、もっとたくさん語ることはあるが、いまのところぼくの心にいちばん浮かぶのは、彼がどれほど美しい心の持ち主だったか、そして親切にしてくれる必要もない状況で、とりわけぼくに親切にしてくれたことだ。

昨夜シンディとぼくは手を取り合い、ケンに語りかけ、彼への感謝を伝えた。いま彼はとてもいい時間をすごしていることはわかっている。そして、ぼくたちはまだ目の前のものに対処しなければならないこともわかっている。幸運なことに、ケンが残してくれたものがいつでもぼくたちを助けてくれる。ケン、愛しているよ。

アーテンとパーサはかつて、霊的（スピリチュアル）な教えにはさまざまな流派や学派があるといっていたが、それは真実がシンプルなのに対し、エゴが複雑だからだ。こうした流派や学派にはたいてい、原初の教えを理解しているものとそうでないものがある。たとえば、不二一元論のヴェーダーンタにおいてはシャンカラが正しかったし、グノーシスにおいてはウァレンティノス派の創設者のウァレンティノスが、グノーシスの教えの最初の意図やJが述べた多くを理解していた。『奇跡のコース』においてはワプニック派、あるいは「奇跡のコース財団」が正しく理解していた。次の二つはウァレンティノスの『真理の福音』からの抜粋だ。紀元後一五〇年ごろに書かれたこの福音書と「コース」には驚くべき類似点があるのがわかるだろう。ケンもときどきこの抜粋を用いて教えていた。

一人ひとりの名がその人のもとに訪れる。このように霊知（グノーシス）を知る者は、自分がどこからきてどこへ向かうのかを知っている。それまで酔いしれていた彼は酔いから覚めるように、ほんとうの自分を知る。本来の自分に属していたものを取り戻した彼は、多くの者を誤りから連れ戻してきた。

このように彼らは父なる神について何も知らなかった。彼らは父なる神を見ていなかった。そこには恐怖、混乱、不安、疑念、そして分裂があったため、それらから生じるさまざまな幻想が生まれた。その幻想は、まるで眠りについて嫌な夢のなかで自分を見ているような、中身のない作り話であふれていた。そこは彼らの逃げ場なのか、それとも弱さゆえに他者を追いかけまわすところなのか、あるいは他者を一撃したり、一撃されたりする場所なのか……または誰も自分を追ってくる者はいないのに殺害されたり、血で汚れたからといって隣人を殺害したりする場所なのか。

こうした混乱の真っただ中にいた者たちが目覚めると、彼らはそこに何もなかったことを目撃する。それらは無であるからだ。このように人々は眠りから覚めるように無知から目覚め、何物をも実体があるものとして見なさず、ただ夜見る夢のようにそれらを置き去りにする。

ぼくはグノーシスについてあまり知らなかった。教師たちとそれについて少し話したいと思っていた。彼らが前回フィリポの福音書について話していたからだ。以前、フィリポとマグダラのマリアの福音書を読むよう彼らに勧められたことがあったが、どちらも読んでいなかった。トマスの福音書がグノーシスの文書ではなく、キリスト文献としての最初の文書であることは知っていた。とはいっても、のちにキリスト教と呼ばれることになった宗教のものとは異なる。現代の聖書学者たちのなかには、トマスの福音書の起源がどのキリスト文献よりも早い紀元後五〇年まで遡ると信じている学者もいる。

比較的涼しいロサンゼルスのある午後、突然アーテンとパーサが現れた。アーテンがすぐに話しはじめた。

アーテン　やあ、兄弟。われわれの前回の訪問で学んだことを消化する時間はあったかい？

ゲイリー　ああ、全部じゃないけどね。全部把握するには量がありすぎるよ。

アーテン　そうだな。きみはセーラムでほかにも考えることがあったしな。

註：二〇一四年七月下旬、ぼくは出身地のマサチューセッツ州セーラムへシンディを連れていった。ノースショアの馴染みの場所、特にぼくがいちばん長くすごしたセーラムとビバリーを彼女に見せるためだった。ぼくたちはホーソーンホテルに泊まった。ぼくはそこで二十二歳のころソロとして、のちに「ハッシュ」という人気バンドとして歌いギターを弾いていた。ホテルはセーラム・コモン公園の隣にあり、その向かいにはセーラム魔女博物館があった。

ぼくらはその博物館にいき、セーラム魔女裁判と一六九二年から一六九三年当時の狂乱状態に関する非常に正確な展示物を見てまわった。被告人たちは刑に値するようなことは何もしていなかったのに、当時の人々は彼らを処刑するにいたるまで自分たちの無意識に潜む罪悪感を投影していた様子に、ぼくは赦しをおこなわなければならないほど心をかき乱された。

　セーラムの意味が「平和」だということの皮肉がぼくにはよくわかったし、投影の力学もよりわかるようになった。三百年以上経ったいまも、人々のあり方がぜんぜん変わっていないことも明らかだった。

　悲しい歴史を除けば、その旅は非常に楽しかった。セーラムは魔女にまつわる歴史をフルに活用して利益を得て、いまだに八十年代と同じ霊的（スピリチュアル）な波動が残る洗練された街だった。

パーサ　あなたの本で使ってほしい引用があるの。マグダラのマリアの福音書からよ。「わたしは彼にいいました。『主よ、何をとおしてヴィジョンを見るのですか。わたしたちはそれを魂（ソウル）をとおして見るのですか。それとも、霊（スピリット）をとおして見るのですか』。彼はわたしに答えてこういいました。『魂や霊をとおして見るのではない。その二つのあいだにある心（マインド）をとおして見るのだ』」
　これはマグダラのマリアによって記録されたの。ちょうどわたしたちが一緒にいたころよ。ナグ・ハマディ文書から翻訳された「何をとおしてヴィジョンを見るのですか」は「ヴィジョンをとおして何を見るのですか」となるべきね。マリアはすでに答えを知っていたけど、そう問うことの利点をJに尋ねたの。魂（ソウル）はとても霊的（スピリチュアル）なものと考えられているけれど、それは個別性、つまり個の存在という概念だから分離の考えなの。みんな個の魂があると思っているわ。個の概念が肉体を伴うかどうかは関係なく、分離は分離よ。

その引用にある「霊（スピリット）」という言葉の英語の翻訳には、「The」がついているけど、「The」は要らないわね。霊はそこにあるすべてで一体性（ワンネス）ですもの。だから、マリアの福音書には分離の考えと一体性の考えの二つがあるのがすぐにわかるでしょ。Jが「魂（ソウル）や霊をとおして見るのではない。その二つのあいだにある心（マインド）をとおして見るのだ」といったのは、選択することが心の機能だからよ。選ぶために心を使うの。「コース」で肉体または人の精神、すなわち個の魂として表現されている分離の考えを選ぶのか、それとも完全な一体性である霊を選ぶのか、どちらを選ぶにしても、選ぶ習慣のついたほうが、あなたが実在すると思うものになるのよ。そして、それがあなたの信じるものになるし、あなたに影響を与えるものにもなるの。Jは『奇跡のコース』と同じことを二千年前に教えていたことがわかるわね。実際、彼は「コース」でこういってるわ。

心（マインド）という言葉は、創造エネルギーを与えて霊（スピリット）を活性化させる主体を表すために使われている。

[C-1.1:1]

心で霊（スピリット）を選ぶことによって、霊を活性化させるのよ。わかる？

ゲイリー　わかるよ。もちろんJは二千年前に「コース」と同じような表現はしなかっただろう。

そんなことをしたら、誰も彼を理解しなかっただろうし。当時、大勢の人が彼を理解していたというわけでもないけどさ。だから、彼はおもにたとえ話で話してるんだよね？

パーサ　そうね、ことわざやたとえ話ね。さて、グノーシスが普及したのはトマスとマリアとフィリポの初期の福音書のあとだったわ。いまの聖書にある手の加えられた後期の福音書のあとにも普及したの。いまではトマスとマリアとフィリポは、キリスト教のせいでグノーシスの人として考えられているけど、それは間違いよ。フィリポもウァレンティノス派出身として考えられているけど、それも違うわ。フィリポの福音書の原初のバージョンができたのはキリスト教やグノーシスよりも前よ。前にもいったけど、グノーシスの人たちのなかでいちばんJを理解していたのがウァレンティノスよ。彼はアレクサンドリアで生まれて、そこでJやJの友人たちがしたように図書館をよく利用したの。

ゲイリー　その図書館は全焼したんじゃない？

パーサ　そうよ。火事が何度もあって、度重なる被害を受けたけど、紀元後三九一年ごろまではセラペウムと呼ばれた分館が残ってたわ。ウァレンティノスは紀元後一五〇年ごろアレクサンドリアとローマでシリア・エジプト型グノーシスの一部とされるウァレンティノス派を創設したの。素晴らしい『真理の福音』はそのころ書かれたのよ。ウァレンティノスはバシレイデース派の祖であるバシレイデースという教師に影響されたわ。ほかにもグノーシスを教える人たちはいたけど、Ｊの指針をきちんと把握していなかったわ。グノーシスのなかでもヴァレンティノスの教えが紀元後四世紀後半までもっとも有力だったの。何度もいってるけど、その後、主流とされた福音書以外のあらゆる文書が違法になり破棄されてしまった。

このことについて話しているのは、Ｊが当時の教えを新しいかたちで伝えている『奇跡のコース』とグノーシスには類似点があるからよ。原初の教えの真の意味を見抜く才能のある人たちがいるけど、あなたも知っているように、グノーシスの場合、それはヴァレンティノスだったわ。彼の生徒たちは彼の教えの真実に気づいたから、みんな彼に惹かれたの。生徒たちが彼のところにいったのは、彼の人柄が好きだったからじゃなくて、彼が非二元の人だとわかったからよ。みんなそこに共感したの。「コース」の場合、「コース」が伝えている意味を真に見抜く才能があったのはケン・ワプニックだった。いま生徒たちがケンが残したものに惹かれる理由は、彼の人柄ではないわ。彼が長く実り多いキャリアのなかで教えてきたことのなかに真実を見つけたからよ。「コース」は非二元よ。ケンが残したものも同じ。あなたも同じよ。あなたには最初からわたしたちがいたし、最初の訪問以来、あなたはわたしたちのアドバイスに従ってケンから学んできたんですから。

ケンが最初のころ、ヘレン・シャックマン、ビル・セットフォード、ジュディ・スカッチ・ウィットソンと一緒にいたのも偶然ではないわ。彼は「コース」の教師になることになっていた。賢明な生徒は彼から学ぶわ。自分のほうが「コース」をうまく教えられると思っている人たちがいるけど、それは違うわ。そういう人たちはケンの解釈は「コース」が意味している一説にすぎないと考えているけれど、一説なんかじゃないわ。「コース」には正しい解釈が一つあるだけ。「コース」が教えているのは「コース」が伝えていることで、ケンは「コース」が伝えていることを誰よりもうまく教えたわ。

ゲイリー あんたがたに聞こうと思ってたんだけど、ケンは悟ったの?

パーサ ええ、彼は悟ったわ。ケンはそのときがきたから幻想を去ったのよ。誰にもいつ旅立つか定められた時間と場所があるの。悟ったからといって、それは変わらない。脚本は書かれているわ。悟りに達したら、その最後の生で肉体を脇に置くのよ。夢のなかでケンが亡くなったように見えるのは、どうでもいいこと。大事なのは彼がそれをどう見ていたかよ。彼が最後に「わたしは死なない」といったのは、みんながこれぞ彼だと思っている彼の肉体や人柄は、ほんとうの彼自身ではないと気づいたからよ。Jと同じように、肉体は彼にとっても何の意味もなかったの。「コース」を書き取ったビル・セットフォードも同じだったわ。彼が悟ったとジュディから聞いたでしょ。

註:ぼくは「コース」の最初の出版社「内なる平和財団」の代表者ジュディ・スカッチ・ウィットソンとよい友人になっていた。パーサ曰く、彼女は「コース」の誕生にかかわった人物だ。ジュディは、ビルが「最初に『コース』を卒業した人」だと教えてくれていた。彼が八十年

代に話しているビデオを観ると、彼女のその言葉を裏づけないものは何も見当たらなかった。

ゲイリー　コースの四人のオリジナルメンバーのうち少なくとも二人が悟ったのは素晴らしいね。ジュディが悟らない理由もないな。ヘレン・シャックマンは「コース」を完全に理解していたのに、実践するとなるとたいへんだったのは知ってるよ。でも、ケンについて聞くことといえば、とにかく彼が実践していたってことだ。

アーテン　ああ、彼は実践していた。きみも実践するのがどんどんうまくなっている。われわれも嬉しいよ。

パーサ　非二元について嫌というほど強調してきたから、この辺で純粋な非二元へ向かうはしごの四段階を復習してくれない?

ゲイリー　いいよ。まず二元の段階。ニュートン物理学によると主体と客体がある領域だ。そこでは物事が自分の外側にあるように見えて、意識が生じる。宇宙は投影だけど、みんなそうだとは知らない。意識を持つにはその対象となるものが必要で、それが分離だ。だから「コース」では、霊(スピリット)を表すのに自覚という言葉を使っている。霊は意識とは異なる一体性(ワンネス)だ。そこには主体も客体もなく、完全性があるだけだ。個人の体験でも霊性(スピリチュアリティ)についてでも、二元の段階では人の世界と神の世界という二つの世界があるように見える。そして、その両方が真実に見える。

次は半二元。この段階では分離という概念が正しくないのかもしれないと心が受け入れはじめている。半二元はより穏やかで優しい二元と考えていいだろう。たとえば、半二元の状態にある宗教的な人たちにはさまざまな姿勢があって、神は愛だという考えを受け入れはじめている人もいるかもしれない。でも、そんなときこの大事な疑問が湧いてくる。神が愛なら、同時に憎悪でもあり得るのか。聖書が述べているように、神が完全な愛なら不完全な考えを持つこともあり得るのか。こうした疑問が湧くとともに、霊的（スピリチュアル）な生徒の心にはゆっくりと自覚が芽生えてくる。その結果、二元の状態にある人たちほど孤独を感じなくなるかもしれない。ちなみに、はしごを上るプロセスのあいだは、ある状態とある状態をいったりきたりして、不穏な旅にも穏やかな旅にもなり得る。

それから非二元。この段階では分離しているものや、分離して見えるものは存在していない。投影が心のなかで取り消され、結果の立場から原因の立場へと移行する。そうして夢そのものではなく、夢を見ている者になる。他者がその夢を見ているのではない。誰もいないんだ。非二元では二つのものはない。一体性（ワンネス）という一つの現実（リアリティ）しかない。真実ではない幻想の世界と真実である現実の世界という二つの世界があるように見えるが、真の現実だけが本物で、かたちあるものは本物ではない。

最後に純粋な非二元。この非二元が「純粋」なのは、神を唯一の源（ソース）、唯一の現実（リアリティ）として認めているからだ。確かに神の世界と人の世界という二つがあるように見えるかもしれないが、神の世界だけが真実で、それ以外のものは真実ではない。これを認めて受け入れられる人が稀なのは、これを受け入れるということはこれから先、肉体であろうが魂(ソウル)であろうが個人のアイデンティティを表すものをすべて放棄するという意味だからだ。でも、この段階にある人は、間もなくここから消えて神のもとへいき、霊(スピリット)という高次の生命(いのち)になるのがわかっている。意識とは違う完全な一体性(ワンネス)を自覚できるようになるんだ。そのわずかな兆候から、目覚めの体験が意識の経験を吹き飛ばすことを察知する。こうして、幻想という夢の世界は、神の現実に戻る際に使われる以外では完全に無意味なものとなる。

パーサ　ありがとう、ゲイリー。そのとおりだし簡潔ね。さあ、何かジョークを聞かせて。

ゲイリー　いいよ。これはいちばん短いジョークかも。イエスがホテルの受付にいくんだ。彼は古くて錆びた大きな釘を四つ持っている。受付カウンターにその釘をポトンポトンと落としながら、係りの人にこういうんだ。「今晩、ぼくを〝留めて〟くれないかい？」って。

パーサ　不謹慎なジョークだけど、きっとナダブは気に入るわ。

アーテン　非二元の話に戻ろう。グノーシスの人たちは「グノーシス」という言葉を、「コース」でいう「知識」とほぼ同じように使っていた。いずれも一般的な知識や授かった情報について話しているのではなく、神との完全な一体性(ワンネス)を実体験することについて述べている。きみは「コース」

でいう「啓示」を体験しただろう？

ゲイリー　ああ、あれは啓示と同じだね。「コース」の啓示は、特別な情報が明らかになるという意味ではなく、文字や言葉では語り尽くせない素晴らしい体験のことを指す。完全な一体性（ワンネス）を自覚できる体験はこの世で得られるどんなものをも吹っ飛ばすね。啓示は夢の儚さじゃなく、永続する真実を垣間見せてくれる。あんたはグノーシスの人たちのなかにも幻想の宇宙のベールの向こうにある真の現実（リアリティ）を体験した人たちがいたといってるんだろう？

アーテン　そのとおりさ。いつの時代にもそういう体験をした人たちがいたんだ。いつでも誰にでも起こり得ることなんだよ。そうした体験をして驚くために、必ずしも霊的に進歩している必要はない。「驚く」という言葉を使ったのは、たいてい予期していないときに起こるからだ。だからこれを読む人たちは、啓示の体験を求めて時間を無駄にすべきじゃない。啓示を体験しても、それが自分を特別な存在にするわけではないんだ。そういう体験ができるように、たまに聖霊（ホーリースピリット）が助けてくれることがある。励まして前進をうながすためだ。それに、この人生でそういう体験をする必要がないとても進歩した生徒たちだっているんだ。じゃあ、どうやって別の生でまだそれを体験していないとわかるのだろうか。実は啓示を体験する人としない人がいる理由を解明することには何の意味もない。ただ、いつか必ず全員の心（マインド）に起こることだと理解していればいい。これから起こる楽しいことの予告みたいなものだな。何となく自分の現実（リアリティ）が最終的には時間の外側でそういう状態になるのだとわかっていればいい。

ゲイリー　そういう体験のオーガズムみたいな感覚はすごいね。ぼくらは失ったと思った神との関係の代わりにこの世で人間関係を築いているけど、神との関係に比べたらセックスは色あせるね。だって、心だけがずっとつながっていられるんだ。肉体はつながれないんだよ。ぼくらが肉体でつながろうとしないって意味じゃないけどさ。でも、神との統合は心をとおしておこなわれる。あんたがたがいったように、それが霊（スピリット）の経験を活性化させる。

パーサ　「コース」では神との関係は個人的なものだと強調しているけど、確かにそうよ。グノーシスの人たちは霊知（グノーシス）を体験することを大事にしていたわ。あなたも『真理の福音』で読んだように、彼らはその体験に達せられるように世界がただの夢であることを忘れないようにしていた。彼らにとって世界は神ではなくデミウルゴスがつくったものだった。「コース」の「エゴ」とだいたい同じ意味の言葉よ。彼らは世界を乗り越えて、グノーシスの伝統でプレーローマと呼ばれたほんとうの現実（リアリティ）に戻ろうとしたわ。でも、たいていは霊知を体験できずにやる気をなくしていた。その落胆から誤った偶像をつくり出し、それがうまくいかないと、またがっかりして、どっちにしても、うまくいかずじまい。そうして彼らの大勢がみんなと同じ間違いをして、世界を実在させたの。彼らは幻想に真実を与えてしまったのね。「コース」の生徒と同じように、彼らの多くが二元の状態にとどまったわ。

彼らはほかにも投影によって物事を断定するという間違いを犯していたわ。いまも多くの霊的(スピリチュアル)な生徒たちが世界の何かを見て「それはわたし自身だ」と思うように教えられているけど、実際、誰も「それ」なんかではないわ。宇宙で見るものは全部シンボルなのだから。それは投影で、つまり無意識に埋もれているものを象徴的に映し出したホログラムよ。なかには完全性を象徴したものもあるけれど、ほとんどは分離に基づいている。だから、それは心(マインド)に隠されたものを表しているだけであって、それがあなたではないわ。投影で自分を識別してはだめよ。投影を赦さなくちゃ。自分にネガティブな影響を与えるものだったら、なおさらね。宇宙が存在していないと思い出すまでは、宇宙と一つになることが高尚に思えるかもしれないけど、必要なのは真に存在している唯一の神と一つになることよ。

アーテン　グノーシスとその教えはほかのすべてと同様に、いろんなものの寄せ集めになってしまった。神に夢中になった人たちもいたが、神とは一切かかわりたがらない人たちもいた。ウァレンティノスは天才だったが、グノーシスの体系は十分に発展しなかった。彼は老子のように非二元を生きていたが、生徒たちに同じことをさせるのに苦しんだ。それでも多くの生徒が霊的(スピリチュアル)な道で大きな前進を遂げ、いまでも「コース」を学び、なかには悟りに達する準備のできている者もいる。「コース」は彼らに必要だった全体像を差し出したんだ。今回の一連の訪問の最後の数回で「コース」についてきちんと見直していくが、注意して見れば、「コース」が答えのないたくさんの質問とともにみなを置き去りになどしていないことがわかるだろう。「コース」は時間がはじまる前に存在していたもの、つまりきみたちが神から与えられたものについて語っている。そして、きみたちがどのように地上に現れたのか、それについて何ができるのか、向かう先のわが家はどこなのか、どのようにしてそこへたどり着くのかを伝えている。さらに天国は場所ではなく意識を再び目覚めさせた先にあるものだということ、そして聖霊（ホーリースピリット）にはみなが目覚めると保証された計画があることを伝えている。

ゲイリー　みんな、もどかしいんだと思うよ。だって聖霊（ホーリースピリット）には全計画が見えていて、それがどう展開されるかも、一見起こることも、起こらないことも全部わかってるんだ。「コース」は絡み合った赦しの連鎖とか、ぼくの赦しがみんなの赦しとつながっているとかいってるけど、ぼくにはそれが見えない。聖霊には見えるんだろうけどさ。Ｊやマリアやナダブには見えてたの？

パーサ　ええ。すべてを赦し、心が聖霊（ホーリースピリット）によって完全に癒され、心の力を制御していたあらゆる壁が取り除かれれば、「コース」がいうように全体を眺められる戦場の上空にいるというわけ。でもそうだとしても、肉体にいるように見えるあいだは、その計画にある役割に専念して、聖霊に全信頼を置くのよ。Ｊでさえも聖霊に従ったことを忘れないで。聖霊が彼に従ったんじゃないわ。

ゲイリー　みんなに聞かれた質問をいくつかあんたがたに聞こうと思ってたんだ。いつか核兵器が大都市で爆発するっていってただろ。それはまだ起こりそうかい？　何か詳しい情報はない？　最初の一連の訪問のとき、アメリカに対して核を使うかもしれないとあんたがたがいってたイラン人だけど、どうも彼は表舞台から消えたみたいだね。あんたがたは間違ってたの？

パーサ　間違ってなかったわ。アーテンは間違ってたけど、わたしは間違えてなかったわ。というのは冗談よ。いまからいうことを忘れないで。「コース」は世界で見ているものは内側の状態を外側に映したもので、内側の状態が変われば外側の状態も変わると教えているわよね。それが原因と結果よ。あなたも携わっている「コース」の普及のおかげで、十分な赦しと心の癒しが起きて、イランの前大統領があなたたちに危害を加えることはもうない、というのがいい知らせよ。

ゲイリー　じゃあ、悪い知らせは？

パーサ　それは世界がまだ包括的な目覚めに達していないことよ。いまの状態は内なる葛藤の状態ね。心はその葛藤の象徴である夢のなかの出来事をまた投影させるの。すると、いつか大都市で核爆発が起こる可能性があるだけでなく、それは必ず起こることになってしまうわ。エゴのデミウルゴスは恐れを誘発するために、より大きく、より恐ろしい出来事を繰り広げたがることを忘れないで。恐れがあなたの見ているものを実在させてしまうし、その結果起こる判断が、エゴの大切な投影を維持させてしまうのよ。

ゲイリー　いつどこで起こるかは教えないいってことだね？

パーサ　それは賢くないもの。あなたがそう述べたからって、政府は大都市を避難させるわけじゃないし、予言は何の役にも立たないどころか、悩ましくて気をそらせるものをつくり出してしまうだけだわ。代わりに、自分のやるべきことから離れないように。九・一一について前にいったように、「コース」の生徒が赦さなくて誰が赦すというの？

ゲイリー　あと前回の本の健康に関するセクションで、もう一つ質問。細胞に酸素を送り込んであらゆる病気を防止したり癒したりするために、三十五パーセントの食用グレードの過酸化水素を摂取するといいといってただろ。たとえば、癌は酸素があると生き残れないとか。過酸化水素がすごいのは知ってるし、心が身体を癒せるよう、過酸化水素を使って身体を補うのはいいとわかってる。だから、あんたが勧めてくれた『The One-Minute Cure（一分で治療）』（未邦訳）の指示に従って、全部やってみたんだ。でも、みんなそんなにたくさんの量の過酸化水素を摂れないっていうんだ。何かアドバイスある？

アーテン　ああ。過酸化水素は蒸留水に九～十滴入れて、一日一回飲むだけでも健康にいい。六～八オンスの水に五滴入れて、一日二回でも構わない。ただ、過酸化水素は蒸留されていない水とはよく混ざらないから、蒸留水を使うように。それと過酸化水素が腐ったり効果を失ったりしないよう、冷蔵庫に入れること。水を冷たくしておくといい。そのほうが過酸化水素を入れたとき、美味しく感じるから。そして、必ず三十五パーセントの食用グレードを使うこと。毎日やれば、さまざまな効果を得られる。これを全部やるのに、そんなに時間もかからない。

ゲイリー　ありがとう。感謝するよ。前にあんたはこの世界はごまかしだといっただろ。実は数年前に亡くなったぼくの好きな映画評論家のロジャー・イーバートに関する記事を読んだんだ。パセオス・プレスに載っていた記事で、トム・ラプサスがロジャーの妻チャズの言葉を混じえて書いたものだ。記事の一部を読むよ。

いちばん心に残ったのは、ロジャーが亡くなる前の数日間に起きた出来事についてです。彼の妻チャズ・イーバートによると、ロジャーは神を信じられるかわからず疑っていましたが、亡くなる直前に興味深いことが起きたそうです。そして、彼女は次のように語ってくれました。「ロジャーが亡くなる週、彼に会うと、別の場所を訪れていたと彼がいうんです。わたしは彼が幻覚を見たのだと思い、薬の量が多すぎるのだと思いました。でも彼が亡くなる前日、彼はわたしにこんなメモを書いたのです。『これは巧妙なごまかしだ』」

チャズが説明を求めて「何がごまかしなの?」と聞くと、彼は説明してくれたそうです。そのときのことをチャズはこう話してくれました。「彼はこの世界、この場所のことを話していたんです。ここは幻想だといっていました。わたしは彼が混乱しているのだと思いましたが、そうではなかったんです」

ゲイリー　チャズによれば、ロジャーは「別の場所」のことを「想像もつかない広大さ」と表現したそうだよ。だから必ずしも霊性（スピリチュアリティ）に深くかかわっていなくても、この世を超越したはるかに大きな何かが実在していることや世界の本質に気づけるんだな。

アーテン　人生の最後に素晴らしいメモだな。次の三回の訪問で話すことは、生徒たちが非二元の驚くべき力を理解し、その力を手放さず活かしていく上で必ず役に立つだろう。『奇跡のコース』では上級の生徒たちについてこう述べている。

いまや彼は、それまで学んできたことには転移させる価値があるとわかりはじめている。その潜在性は文字どおり計り知れないものであり、神の教師はいまやそのなかに完全な脱出口があるとわかるところまで進歩している。[M-4.I.A.6:4-5]

パーサ　わたしたちはあなたを愛しているわ、兄弟。シンディにわたしたちからの大きなハグをしてあげてね。

そういって、アーテンとパーサは瞬時にいなくなった。ぼくは彼らがこれまで教えてくれたすべてとＪが伝える「コース」の価値について考えていた。

Jとのチャネリング

一九六五年〜一九七七年：今度こそ真実が葬られることはない

かつて鎖と鉄の扉だけが見えていた場所で、あなたに自由が与えられる。しかし脱出口を見つけたいのなら、世界の目的について、あなた自身の心を変えなくてはならない。

奇跡のコース［W-pI.200.5:1-2］

アセンデッド・フレンドたちとまた話せるのが楽しみだった。彼らはいつもよくしてくれた。これまで彼らが教えてくれたすべてに心から満足していた。しかし、さらに深く掘り下げたいと思うようになっていた。自分のやるべきことを終わらせたかったのだ。そうすれば、たとえ他者を助けるために別の生で戻ってきたとしても、それほど学ぶことはないからだ。すでに悟るために必要なすべてをぼくは学んでいた。

二十三年間「コース」の教えを学び実践し、年月が経つとともに、どんどんうまくできるようになっていった。そして、理解するだけでは十分ではないことを学んだ。ケン・ワプニックが、「コース」を誰よりもよく知る「コース」の翻訳者たちにこういっていたように。「きみたちは自分が

『コース』を理解していると思っているが、『コース』を実践するまでは決して理解していないんだよ」

ぼくは生涯にわたるミュージシャンとして、ピアノをうまく弾けるようになりたい人へ贈る次の言葉が好きだ。音楽鑑賞や音楽理論についてはいくらでも学べるが、この世にたった一つだけ、よいピアノ奏者になる方法がある。その方法とは毎日ピアノの前に座って練習することだ。それをしないなら、うまくなることはないだろう。

霊性（スピリチュアリティ）もまったく同じである。ぼくたちは練習せずにJやマリアやナダブと同じレベルの霊的進化を遂げられるとほんとうに信じているのだろうか。これまで、実践する必要があると考えていない生徒たちに大勢会ってきた。彼らはスキップして終点までたどり着けると思っている。まるで「わたしは悟っている」といえば、ほんとうにそうなると信じているかのように。しかし、そうはいかない。救済が取り消すと「コース」がいうとき、それはほんとうにそう意味している。エゴが解体されなければならない。エゴの夢から目覚めなければならない。エゴを解体し、夢から目覚めるための聖霊（ホーリースピリット）の素晴らしい道具が赦しなのだ。どうしてもピアノをうまく弾けるようになりたいと思っていなければ、誰もそれほど練習しないように、何としても悟りに達したいと思っていなければ、悟りに必要な赦しのワークを十分にする者はいないだろう。

何年も赦しを実践し、ぼくの人生は変わった。そのあいだ二十パウンド（約九kg）も太ったのに、身体が軽く感じられた。身体はぼくが連れまわさなければならないものではなく、夢のなかにいる登場人物のようだった。確かに肉体とはそういうものだ。ぼくは自分の身体が柔軟になったような気がしていた。それに前よりも怪我をしなくなっていた。何度か小さな事故で怪我をしたことはあったが、ひどい事故で怪我をしてもおかしくないときに怪我をしなかった。

心理的な面でも同じだった。たとえば、新しい状況や新しい人たちの前で話をしたり、嫌いな人が部屋に入ってきたりすると、以前なら動揺していたが、そういう場合でも心が乱れなくなっていた。これは長い過程のなかで起きたことだ。人はみなそれぞれなので、「コース」の効果を早く得られる人もいれば、そうでない人もいるだろう。真実はシンプルだが、エゴはシンプルではないからだ。エゴはとても複雑で、たとえ個人というものが幻想だとしても、エゴは個人レベルで解体されなければならないのだ。聖霊（ホーリースピリット）はぼくたちの目覚めをうながすために、ぼくたちがいるところで、ぼくたちとともにワークしてくれる。目覚めとは、夢を見ていることに気づくことでもある。最初は理論としてそう気づくが、結果ではなく原因の立場でいるという「コース」の赦しを実践すればするほど、それを体験できるようになる。

「コース」はぼくたちが夢を見ていることについて、これ以上は無理なほど明確に述べている。

叡智においてつねに実践的な聖霊（ホーリースピリット）は、あなたの夢を受け入れ、目覚めさせる手段として夢を用いる。[T-18.II.6:1]

あなたは夢のなかで旅をしているだけで、そのあいだもわが家で安全にしている。[T-13.VII.17:7]

飛行機に乗るときは、いつもこの引用を思い出すようにしている。ぼくたちは朝起きたとき目覚めたと思っているが、実はまだ夢を見ている。

あなたの時間のすべてが夢を見ることに費やされている。眠っているときに見る夢と、目が覚めているときに見る夢は、異なるかたちをしているだけにすぎない。［T-18.II.5:12-13］

その上、他者がその夢を見ているのではない。

誰も世界が彼のために見ている夢から目覚めることはできない。彼は誰かの夢の一部になっている。彼は自分でつくらなかった夢から目覚める選択はできない。［T-27.VII.8:1-3］

では、ぼくたちが夢を見ているというのなら、いったいぼくたちはどこにいるのだろうか。

あなたは神の内なるわが家にいながら、そこから追放された夢を見ているが、真の現実（リアリティ）に目覚める能力を十分に持っている。［T-10.I.2:1］

ぼくたちは自分たちの真の機能を引き受け、夢を見ていることに気づき、聖霊（ホーリースピリット）に従ってわが家へ向かうことを選べる。たとえ愛する者の旅立ちという、何より辛い出来事に直面したとしても。

夢を見ていると自覚することが、神の教師の真の機能である。彼らは夢のなかの登場人物がいききし、移行し、変化し、苦しみ、死んでいくのを見つめる。しかし、彼らは見ているものにだまされてはいない。彼らは、夢のなかの登場人物を病んで分離した者として見ることが、その人たちを健康で美しい者として見ることと同じように現実的（リアル）でないと認識している。[M-12.6:6-9]

でも、それはぼくたちに愛や慈悲がまったくないという意味ではない。これから赦しの技法について確認していくが、然るべき方法で「コース」を実践すれば自動的に愛へと導かれる。Jは「コース」の序文でこう述べている。

この「コース」は愛の意味を教えることを目指すものではない。それは、教えることができないものだからである。しかし、あなたが生まれながらに受け継いだ愛の存在について、あなたの自覚を妨げているものを取り除くことを目指している。[Introduction.6-7]

『奇跡のコース』はとてつもなく大きな教えだ。われわれが生まれながらに受け継いだものについて「コース」が語るとき、それはまさに神の王国について話している。天国は神からぼくたちに贈り物としてすでに与えられているので、ぼくたちはそれを獲得しようとする必要はない。誰かにプレゼントをもらったとき、それを自分のものにするために苦しんだり犠牲になったりする必要はないだろう。愛の存在を自覚するとは天国がいまここにあると自覚することで、つまりそれを獲得する必要はないが、それに目覚める必要があるということだ。

二千年前のトマスの福音書によると、弟子たちがJのもとへいき、「いつ神の王国はやってくるのですか」と聞くと、彼はこう答えたとある。「神の王国を注意して待ち構えていても、それはやってこない。それは『ここを見よ、あちらを見よ』と指を指していえるようなものではない。父なる神の王国は地上全体に広がっている。ただ、人々にはそれが見えない」

神の王国がここに存在していないのではなく、それが人々の自覚できる範囲にないだけである。その存在の自覚を妨げているものを取り除くことが、エゴを解体するという意味である。つねに心のレベルでおこなわれる赦しによってエゴを解体すると、障害となっていたものが取り除かれ、天国が夢の代わりにゆっくりと、そして確実に現実(リアリティ)となる。それが『奇跡のコース』のアプローチだ。

次の二段落で「声」と書かれているのは聖霊(ホーリースピリット)のことだ。聖霊がいかに深くぼくたちとかかわっているかがわかるだろう。

あなたが夢の世界を夢見る者である。それ以外の原因はなく、この先もそれ以外にはない。神の子を恐れさせ、自分は罪のなさを失い、父を否定し、自分自身に対して闘いを引き起こしてきたと思わせる無益な夢ほど恐ろしいものはない。その夢はあまりにも恐ろしく、一見、実在するように見えるため、恐怖のあまり汗をかき、死を恐れるあまり悲鳴をあげずには真の現実(リアリティ)に目覚めることはできない。ただし目覚めの前に優しい夢を見て、心が鎮まり、恐れずに目覚めるよう愛をもって呼びかける声を招き入れる場合は別である。その優しい夢のなかでは、彼の苦しみは癒され、兄弟が友となっている。神は彼が喜びとともに穏やかに目覚めることを意図され、恐れを持たずに目覚められる手段を彼に与えた。[T-27.VII.13:1-5]

あなた自身の夢の代わりに、神が与えた夢を受け入れなさい。夢を見ている者が誰なのか認識されたなら、夢を変えるのは難しいことではない。聖霊（ホーリースピリット）のなかで休息し、恐怖とともに死を恐れながら見ていた夢を、聖霊の優しい夢で置き換えてもらいなさい。聖霊が赦しの夢をもたらす。その夢のなかでの選択は、誰が殺害者で誰が犠牲者かということではない。聖霊がもたらすその夢のなかには殺害者も死も存在していない。あなたの肉眼は閉じたままだが、罪の夢があなたの視界から消えていく。微笑みが訪れ、あなたの眠っている顔を明るくする。それらは幸せな夢なので、いまやその眠りは安らかである。[T-27.VII.14:1-8]

多くの人が、なぜ「コース」はこうした文体を使用しているのかと思ってきた。ほとんどは弱強五歩格と呼ばれるシェークスピア調の無韻詩だ。それが単に美しく、「コース」が真の芸術作品であることはさておき、ぼくはそれ以外に別の理由を見つけたと思っている。ロンドンで美術館を訪れたとき、ガラス越しに五百年以上も前に書かれた文書を見た。理解できるところもあったが、ほとんどはでたらめな文章に思えた。言葉や文字は世紀にわたり変化するが、シェークスピアの古典的な文体は変化しない。いま口語で書かれている本は、おそらく修正されなければ五百年後に読むのは困難だろう。だがシェークスピアは不変だから、五百年後も千年後も人々は「コース」を読んで理解できるのではないかと思う。決して簡単に読めるという意味ではないが、きっと理解することはできるだろう。いまでも簡単に読めるものではないのだから！　Jは万事において抜かりがなかったのだと思う。

ぼくは「コース」のさまざまな考えについて教師たちと話したいと思っていた。ぼくたちが「コース」の考えについてじっくり話すようになったのは、ここ数年のことだった。ある午後、彼らがまた戻ってきてくれた。

アーテン　「コース」について話したいんだな。きみは世界中で「コース」を教えて役割以上のことをやってると思うが、何を話したいんだい？

ゲイリー　いっぱいだよ。「コース」はこういってるよね。

奇跡はあなたが夢を見ていること、そしてその中身が真実ではないことを確立する。［T-28.II.7:1］

でも、なかなかその考えに全面的に同意できない生徒たちが大勢いるんだ。たとえば、「コース」によれば神が存在していることが絶対的真実だというと、みんなそれほど問題ないみたいなんだけど、「それ以外は何も存在していない」というと、みんなの表情から抵抗してるのが読み取れるんだ。彼らは神の真実はわかるけど、この世界や人生で実在しているものがないというところが理解できないんだ。

アーテン　ああ、「コース」は歴史上もっとも過激な教えだ。そのせいで「コース」を教えている人のほとんどが実は教えていない。とても稀ではあるが彼らがほんとうに理解していたとしても、人々は存在していないとか、決して存在していなかったなんて説明するのは簡単ではない。でも彼らの人生は実は偽りで、彼らがほんとうに存在している唯一の場所は神のなかだ。肉体や個人のアイデンティティを含め、物質的宇宙が真実だったことなど一度もない。いうまでもなく、彼らの知人も存在していない。彼らの子供たちだって幻想さ。

ゲイリー　うーん、この話題からはじめたくないけど、もちろんJはぼくらを宙ぶらりんにして置いてきぼりにしてるわけじゃない。彼はエゴの非実在性についてだけを話しているわけではないし、世界は幻想だからさっさとぼくらに消えろといってるわけでもない。そんな教えだけではどうにもならないし、ぼくらを落ち込ませるだけだ。「コース」で実践するのはエゴの思考体系を聖霊（ホーリースピリット）の思考体系に完全に置き換えることだ。ｅｓｔに出会って以来、約四十年間、霊的思考体系を見てきたけど、「コース」以外でそれをするのを見たことがない。ほとんどの教えは問題について語るのがうまいし、専門家やお偉い心理学者の多くは世界のあらゆる問題やエゴについて語る名人だ。彼らはせいぜい気分がよくなるメソッドを教えてくれるだろうが、それも一時しのぎで、エゴを解体することはない。ただ、もっともらしいことをいって、エゴをなだめるだけだよ。一方で「コース」は出口を与えてくれる。その上、人類の全問題の解決法を教えてくれる。天国のわが家まで連れていってくれるんだ。もちろん、ぼくらは誤った経験をしているとき以外は天国から去ってはいないけどさ。だから「コース」は誤った経験を真実の経験で置き換えてくれる。でも、エゴの解体には時間と努力を要するというのに、一回で悟ることを期待してワークショップに参加する人たちが多いんだ。

パーサ だから、あなたもJと同じことをして、彼らに何をすべきか説明し、みんなを正しい方向に導いてるんでしょ。わたしたちが「コース」は歴史上もっとも過激だというとき、思い出してほしいのだけど、歴史上のほとんどの教えと思考体系はいわゆる人類の知恵と宇宙の真理に基づいているのよ。でも、そういうものは真実ではないし、「コース」とも違う。なぜって？ そういうものは宇宙が実在していることが前提になっているからよ。非二元の教えでさえ、世界で誤りを実在させてしまうものになり下がってしまっている。だから、「コース」は世界をこう表現しているわ。

いかなる間違いも、真実に判断がゆだねられるなら訂正され得る。しかし、過ちに真実の地位が与えられるなら、それは何を拠り所にすればよいのだろうか。[T-19.II.6:7-8]

ゲイリー そのことなんだけどさ、みんな、ずっと神が世界を創造したと教え込まれてきただろ。

ぼくの場合は、神がこの世を創造しなかったとか、神はこの世に関与してないとか、そういう考えに抵抗なかったんだよね。実はそういう考えを知ってものすごくホッとしたよ。だって、どうして神がこんな善良な人たちにひどいことが起こるのを認めるのか理解できなかったんだ。そしたら、それは神じゃなくて、ぼくたちだったんだよ。それを引き起こしていたのは、分離の概念をとおして大勢に見える一つのエゴだったんだ。ぼくらの投影だったんだよ。天国はいまでも完璧さ。でも、いまだにこの地上が神の美しい創造物だという考えから離れられない人たちがいる。地上にあるあらゆるものは朽ちて、崩壊して死ぬというのにさ。しかも、長生きできればの話だ。

　そうだ、ぼくがマサチューセッツのヨガセンターでやった週末のワークショップ、覚えてる？同じ会場でいくつもワークショップがおこなわれてたんだ。土曜の夜は講演者がいろんな部屋で二時間のプレゼンテーションをすることになっていた。参加者はどのワークショップに申し込んだかに関係なく、どのプレゼンテーションに参加してもいいことになっていた。いわば彼らにとっては、その講演者について知るいい機会だった。ヨガセンターという場所柄、若い学生たちが大勢いて、みんなほんとうに身体のことに夢中になってたよ。ホルモンがそこら中、飛び交ってるみたいだった。それにみんなヨガをとても霊的（スピリチュアル）なものだと思ってるんだ。でも彼らが崇拝してるのは肉体だよ。その土曜の夜、ぼくのプレゼンテーションには百人ほど集まった。ほとんどが二十代。みんなぼくの話を聞きにきてくれたんだけど、いったい彼らに何を話したらいいんだって思ったよ。はじまる前にいつものように瞑想して聖霊（ホーリースピリット）とつながった。ちなみに、あんたがたもJも、ぼくにとっては聖霊だ。だって霊（スピリット）のレベルでは全部同じだからね。それで、この若者たちにどんなプレゼンテーションをすればいいのか聞いてみたんだ。真実を告げるべきか、それとも控えるべきか。あんたがたも、ぼくがもらった答えを覚えてるだろ。何人、席を立って出ていくか見てみろという答えだった。つまり、控えることなくズバリ伝えろということだった。だから、そうしたよ。まあ、いわれなくてもそうするつもりだったけど、やっぱり聖霊に背中を押してもらえてよかったよ。

二時間のあいだに二十人くらい出ていったかな。でも大勢がこんな顔して残ってたよ。特に過激なことをいうと、みんな「ほんとうに？　それ、ほんとうなの？」っていいたげな顔してたな。彼らは非二元のメッセージをそんなふうにストレートに聞いたのは初めてだったんだろうね。ふだん世界や肉体を実在させるのに慣れきってるから、物事について別の観点で見ることがなかったんだろうな。別の観点で見れば、何も諦めずに楽しめるんだ。ぼくは何かを諦めなければならないなんていわなかったし、ただたくさんの時間を節約できる別の解釈があると話したよ。

パーサ　非二元のメッセージを受け入れるのに、彼らに無意識の抵抗があったことを考えれば、あなたはよくやったほうよ。結局、そういうメッセージを受け入れることはエゴにとっては死を表すわけだから。それから、実在しているのは神だけで、それ以外は何も実在していないという、純粋な非二元のメッセージよね！　どうして肉体重視の若者がそんなことを聞きたがるのよ。でも、あなたの話に興味を持った人たちがいたのは確かよ。だって、誰しも真実が心に埋もれていて、発見されたがっているんですもの。彼らはそれを感じたのよ。あなたが思いもよらないとき、あなたの話を聞いている人たちがいるの。真実を聞くと、以前どこかで聞いたことがあるような気がするから。「コース」ではそれについてこういってるわ。

あなたが住んでいるように見えるこの世界は、あなたのわが家ではない。あなたは心のどこかで、これが真実だと知っている。あなたに戻ってくるよう呼びかけている場所があるかのように、わが家の記憶があなたにつきまとう。でも、あなたはその声にも、その声が思い出させようとしているものにも覚えがない。それでもあなたは、ここにいながらよそ者のように感じ、自分がどこか未知の場所からきたかのように感じている。あなたが確信を持って、自分は追放された身だといえるような確固たるものは何もない。ただやまない感覚があるだけである。わずかに高なる鼓動を感じるときもあれば、ほとんどそれを思い出さないときもあるが、それは自分で払いのけても、確実にまた心に戻ってくる。[W-pI.182.1:1-6]

ゲイリー　ああ、そうだね。子供のころだったけど、そういう感覚があったのを覚えているよ。心のどこかで、自分がここに属していないとわかってるような感覚だよね。もちろん、大勢の人がそう感じているし、彼らがここに属していないのは真実だ。嬉しいことに、世界を去ってわが家に帰る正しい道がある。自殺してもそこへは帰れない。そんなことをしたら、またもう一度ここへ戻ってきて、同じことを最初からやり直さなければならないだけだ。だったらこの人生で、できる限り進歩しない理由はないよね。そうすれば戻ってきたとき、すでにたくさんのレッスンを習得済みだから、おそらく楽しくて素晴らしい人生になるだろうな。

「コース」がなかったら、ぼくの人生は悲しいものになってたと思うよ。「コース」を見つけたとき――いや、あんたがたがぼくを見つけたときというべきかな――すでに十五年くらい霊的(スピリチュアル)な道を歩んでいたけど、まだ何か欠けている気がしてたんだ。実際、欠けてたよ。ぼくのところに立ち寄ってくれた礼をあんたがたにいったっけ？

パーサ それは、いいのよ。わたしたちは、ほかにすることがなかったんだから。

アーテン エゴを解体するのは、玉ねぎの皮を剥いていくようなもので、どんどん解体していけば、聖霊(ホーリースピリット)からの正しい考えが心にやってくる。

ゲイリー ほんとうにそうだな！ 数週間前、ロサンゼルス国際空港からマドリードに向かおうとしていたんだ。出発前にやることが多すぎて寝不足だった。朝の五時でほんとうに疲れてたんだ。そしたら「あなたは疲れていない。あなたは疲れている夢を見ている」ということを思い出して、気づいたよ。肉体以外に疲れるものはないってね。でもぼくは肉体じゃないんだ。この肉体のなかにいて、この肉体が疲れているという夢を見ているだけなんだ。肉体はぼくとは何の関係もない。ぼくの心は霊(スピリット)でいるほうを選べるんだ。そしたら、気分がよくなったよ。実際、真実を思い出すといつも気分がよくなる。いつどんなときでも真実を思い出せるよ。それに聖霊(ホーリースピリット)がこうした考えで助けてくれるしね。

パーサ　なかなかいいわよ。いうまでもないけど、痛みを感じているときも同じよね。誰かが膝の痛みを抱えているとしましょう。その人もほんとうに痛みを感じているんじゃなくて、あなたが疲れている夢を見ていたのと同じように、痛みを感じている夢を見ているのよ。でも夢のなかでは、関節炎か何かを起こしていると考えているの。最初は痛みが膝にあると感じるんだけど、違うのよ。痛みは肉体的なプロセスじゃなくて、精神的なプロセスだと教えたわよね。痛みは心にあるの。もっと掘り下げると、罪悪感によるものよ。分離をしたことについて無意識で有罪だと思ってるのよ。もちろん、分離は起きていないから、ほんとうは有罪ではないんだけど。決して起きてはいない分離の夢があるだけ。聖霊（ホーリースピリット）と一緒に正しい思考をして、それを思い出せれば、痛みはなくなるかもしれないわ。

アーテン　心の機能についてはあとで話すが、心はそういうふうに働くからこそ、自分にネガティブな影響を与えるあらゆる人や状況や出来事に、宇宙が夢だという考えを当てはめなくてはならない。自分自身に起きていることに対してもだ。「コース」でJが問いかけている重要な質問があっただろう。

　この世界が幻覚だと認識したらどうだろうか。自分でそれをつくったとほんとうに理解したらどうだろうか。そのなかを歩きまわり、罪を犯し、死に、攻撃し、殺害し、自らを破壊しているよう

に見える人たちがまったく実在していないと気づいたらどうだろうか。[T-20.VIII.7:3-5]

ゲイリー わあ。救済の秘訣に関する箇所を思い出したよ。ちょっと探すね。Jがいまそれをぼくに伝えたいなら、きっときちんと聞くべきだからね。あった、ここだ。

救済の秘訣は、あなたは自分で自分にそれをおこなっている、ということに尽きる。いかなる攻撃でも、これが真実である。敵や加害者の役が誰であっても、これが真実である。あなたの感じているいかなる痛みや苦しみの原因に見えるものが何であったとしても、これが真実である。あなたは自分が夢を見ているとわかっている夢のなかの登場人物には、まったく反応しないからである。彼らには憎悪と悪意を抱えたままいさせてあげなさい。それが自分の夢であるとあなたが気づくのに失敗しない限り、彼らがあなたに影響を与えることはない。[T-27.VIII.10:1-6]

アーテン Jはこれ以上ないくらい明確だろ? さあ、質問をしたらどうだい? きみの質問と、ワークショップで聞かれる質問をしたらいい。そうすれば、広いトピックをカバーできるからな。

ゲイリー わかった。新しいコースの関連本についてよく聞かれるんだ。その本はほかのコースの関連本と同じように、この世界でどう行動すべきかをいろいろ述べているらしく、そのなかに作家の友人のたとえ話があるらしい。誰かがその友人の家に侵入したとき、彼は恐れで反応せず、愛をもってその侵入者と話すことにした。彼が理解を示すと犯人は驚いて、二人は友だちみたいになっていい結果になったらしいんだけど、そういうアプローチについてどう思う？

アーテン　そうだな、場合によっては、それはいい殺され方になりかねないな。侵入者が精神に異常をきたしていたり、薬物を使用していたり、いろんなものを盗もうとしていたり、凶悪犯罪者だったりしたら、かたちのレベルにおいてたいへん危険な状況になる。もちろん、恐れで反応しろとはいっていない。ただ、霊的（スピリチュアル）に振舞おうとして肉体を危険にさらす代わりに、すぐさま逃げるのが賢いだろう。ここで「コース」の大事な特徴をいおう。実用的に用いることと、常識を用いること。「コース」の教えは心のレベルで活用されるためにある。物質レベルで活用されるためにつくられてはいない。結果のコースじゃなくて、原因のコースであるのを忘れないように。

ゲイリー　それはわかるよ。聖霊（ホーリースピリット）と思考できるよう心を変えようとするとき、結果の代わりに原因に向き合おうとしている。正しい順番でおこなうから、結果は自動的に対処される。じゃあ、もしそうしたら、その家に侵入した男は自動的に変わるのかい？

アーテン　変わるかもしれないし、変わらないかもしれない。世界という幻想では、しばし物事は徐々に変化するものだ。望むとおり瞬時には変わらないこともある。いずれにしても「コース」が重点を置いているのは、夢のなかで物事がどうなっているように見えるかではなく、精神状態や心の平和と強さだ。だが、聖霊(ホーリースピリット)がきみが必要としているものに気づいていないという意味ではない。どのように豊かさに導かれるかについては、あとですぐに話すよ。ただ、この世界において、ヒーローになろうとしなくていい。普通であればいいんだ。自分が正しいと証明しようとしたら、レッスンを学べるだけ長生きしないかもしれない。

パーサ　「コース」を自己啓発運動の一部として扱う人たちもいるけど、「コース」はそういうものではないわ。誰だって自分の人生をよくしたいし、お金もたくさんほしい。「コース」はそれに異論はないわ。もしあるなら、そういうものを実在させることになってしまうもの。ただ、心でなく結果に注目すれば、その結果を実在させてしまうことになるのをつねに忘れないで。あなたたちは、実在していないものに真実を与えてしまっている。Jはこういってるわ。

真実を幻想に持ち込もうとするとき、あなたは幻想を実在させようとしており、幻想に対する自分の信念を正当化することでその幻想を維持しようとしている。しかし、幻想を真実に預けることは、幻想が実在していないことを真実が教えるのを可能にし、ゆえにあなたは幻想から脱出できるようになる。[T-17.I.5:4-5]

『奇跡のコース』は書かれてあるそのままのことをいってるだけよ。「コース」には一つの解釈しかないと理解しなければならないし、これは何回繰り返してもいい足りないくらいよ。神だけが実在し、それ以外のものは実在していない。世界は存在していないの。聖霊（ホーリースピリット）に世界で操作してもらって修復してほしいと思ってる生徒たちがいるけど、それは違うわ。聖霊がいるのは世界ではなくて心（マインド）だもの。「コース」は世界がないといってるの！　彼らは聖霊がどの世界にいて操作していると思ってるのかしら。

ゲイリー　まったくそのとおりだけど、じゃあ、「コース」がほかの非二元の教えと同じ道をたどらないようにするにはどうしらいいんだい？　もちろん、「コース」は世界を修復したり、個人のアイデンティティを確保したりするためにあるんじゃない。だけど、「コース」をやっているといわれている人たちの大部分が、「コース」を霊的（スピリチュアル）なものにすることで世界を実在させようと躍起になっているのを、あんたがたも見てるだろう。彼らは「コース」を聖なるものにすることによって個人としての自分の存在にしがみつこうとしている。おまけに彼らはほかのものでもうまくいくというが、そういうものは一時的に気分をよくさせるのに役立つだけだというのがわかっていない。そういうものはエゴを解体しないんだよ。こうした障害だらけのなかで、今度こそ同じ道をたどらない見込みはあるのかな。

パーサ　それはいい質問ね。ちょうどいい答えがあるけど、まずトマスの福音書の二十三項目を覚えてる？

ゲイリー　誰だって？

パーサ　Jはそこで「わたしはあなたを千人のなかから一人、二千人のなかから二人選び、その者たちはただ一人として立つ」といってるわ。万人が直ちに「コース」のほんとうの意味を受け入れなくてもいいの。準備できてる人もいるし、できてない人もいる。大事なのは、準備ができている人たちが見つけられるように真実の全体像が存在していることよ。真実の一部じゃなくて、真実のすべてが一つにまとまっている、それが「コース」よ。こんなことは、かつてなかったわ。しかも素晴らしいことに、自学自習のコースになっている。もちろん、「コース」を宗教にして教会をはじめる人たちもいるけど、だからといって人々が真実を見つけることをとめはしない。スタディグループにいって誤った情報をたくさん受け取ることもあるかもしれないけど、「コース」がある限り、「コース」を真に教えている教師から学ぶ人や独学する人が出てくることには変わりはない。だからこそ、今回は真実が葬られることはないの。言論と出版の自由がある限り、「コース」は存在し続ける。こんなに膨大に出まわっている本を埋めることなんてできないわ。確かに、みんな「コース」を自分好みに変えようとするけど、真の「コース」がつねに存在している。

ゲイリー　いいね。ぼくはパニックになってもおかしくない状況で、何度か「コース」に助けられたよ。

パーサ　バルセロナがそのいい例ね。

註：スペインのバルセロナで週末のワークショップをおこない、飛行機で帰ろうとしていた。どういうわけかワークショップの主催者は銀行振込をしたくないということで、アメリカドルの現金で払ってくれた。現金で支払われたことのないぼくは無知もいいとこで、その現金を機内持ち込み用ではなく、チェックイン用のバッグに入れてしまった。ロサンゼルスに着いて、手荷物受取所で荷物を受け取り、中身が破損していないかいつものようにチェックしてバッグを開けると、千三百ドルの現金がなくなっていた。すぐに警察に電話したが、おそらく盗まれたのはバルセロナで彼らの管轄外だから、あまりできることはないと説明された。そして案の定、チェックイン用のバッグに現金を入れないよう注意されるだけだった。アメリカン航空にも助けを求めたが、何の役にも立たなかった。すべてが赦しの機会だった。

ぼくはたいていすぐに赦せるが、そのときはしばらくかかった。誰も助けてくれないことにも余計に腹が立ち、一度にいくつもの赦しのレッスンをする羽目になったが、赦しの力学はどんなときでも同じだ。

パーサ　もっと説明してくれない？

ゲイリー　えっと、まず最初の段階として、イライラしてたから自分がエゴで考えて感じていると気づいたよ。感情はある時点で持っていた思考の結果だ。エゴはいちばん負の影響がありそうな、不愉快でびっくりするようなことが大好きだし、そういうことがあると思考が働いて無意識の感情が表に出てくる。そうなったら赤信号だ。心の平和を乱すものに警戒しなくちゃいけない。エゴで考えている自分に気づかないとだめだ。何かを非難してそれを実在させているなら、それはエゴだ。エゴは実に巧みにぼくらを丸め込むから、そうなっているのに気づいたら、立ちどまること。エゴと一緒に考えるのをやめるんだ。それには練習と自制心が必要だよ。実際その最初の一歩がいちばん難しいかもしれない。

次の段階は聖霊（ホーリースピリット）に切り替えること。エゴと聖霊の両方と同時に考えるなんてできない。気づいていようがいまいが、ぼくらはいつもどちらかを選んでいる。だったら、聖霊を選ぶよう学ぶに越したことはない。エゴの代わりに聖霊を教師として選ぶことを「コース」では聖なる瞬間と呼ぶ。それはもう一度選び直すことだと「コース」では述べている。すると、聖霊が正しい心の考えを与えてくれる。心をかき乱していたものは実在せず夢にすぎないから、それに影響される必要はないと教えてくれるんだ。Ｊはこう述べている。

そうする力をあなたがそれに与えない限り、あなたを傷つけられるものは何もない。［T-20.IV.1:1］

ところで、心のなかでよくＪと話すんだけど、前にもいったようにぼくはＪと聖霊（ホーリースピリット）を区別していないんだ。どちらも互いに競わないし、存在していないものに反応しろともいわない。状況や出来事や誰かがぼくに何かをしたから赦せともいわない。ただ、それらは実は何もしていなかったから赦すよう諭してくれる。ほんとうは何も起きていなかったから、そういうものには罪がないんだ。つまり、ぼくもほんとうは何もしていなかったから、ぼくにも罪はないと無意識にメッセージを送り込むことになる。心はそのように働いている。あとでこれについて話してくれるんだよね。

　ここまでできれば、三つ目の段階に進める。聖霊（ホーリースピリット）と一緒に物事を見ようといったん決めれば、あとはぼくらじゃなくて聖霊の仕事だ。聖霊が引き受けてくれると、「コース」のいうヴィジョンが得られる。あんたがたはときどき霊的視覚といってるね。「コース」では「真の知覚」という言い方もしている。いずれにしても、エゴの代わりに聖霊と一緒に考えているときに得られるものだ。聖霊が徐々に心を乗っ取って、いつでもヴィジョンを持てるよう導いてくれる。そこまでいけば、Ｊのようになれたというわけだ。Ｊのようになりたいなら、彼と同じように考えなくてはいけないし、彼がやったように聖霊の思考体系を自分のものとして身につけなければならない。

　Ｊはあらゆるところで罪のなさを見たんだ。彼は外見にだまされなかった。彼は肉体を見すごし、一見、個々に見えるものを一つのもの（ワンネス）としてとらえた。彼はいたるところで彼自身を見た。例外をつくらなかった。例外をつくったら、完全なものではなくなる。だからぼくはこの三つ目の段階で、現金を盗んだ人のことを有罪ではなく、神とまったく同じ、いまもこれからも罪のない完全な霊（スピリット）だと考えるようにした。だって、ほんとうにそうなんだから。そして、そこに残るのは真の現実（リアリティ）だけだ。

　秘訣は思い出すことだと思うよ。やり方と思い出し方がわかれば、それを習慣にできるしね。それが心の訓練だ。でも、これはちょっとした無私無欲な利己主義だと認めなきゃならないな。だって、すでに「コース」で物事をそう考えるなら、そのとおりに経験できると学んでいるからね。結果は瞬時に起きなくても、積み重なっていく。赦せば、必ず何らかの癒しが起こるから。基本はこの三つの段階を踏むことだな。

アーテン　なかなか、いいぞ。きみが進歩してるとJに伝えておこう。

ゲイリー　中国で、全部を赦さなければならないと考えてる生徒たちがいたんだ。ネガティブなことだけじゃなくて、いいことも含めて全部をね。たとえば美しい夕日とか、セックスとか、幸せな時間とか。ほんとうにそう？

アーテン　いや、違う。赦すときというのは、自分の心が穏やかか、そうでないかでわかる。イライラしていたり、不快な思いをしていたり、怒りを感じていたり。それは自分でも気づいてない無意識に潜む罪悪感が活性化されているからなんだ。「コース」では「怒りは決して正当化されない[T-30.VI.1:1]」といってるだろ。それは自分自身に対するものだからだ。夢は誰かが見ているものではなかっただろ？「コース」の焦点は、無意識に潜んでいる恐れというエゴの思考体系を赦すことだ。ネガティブな感情はどれも恐れのカテゴリーに入る。自分にネガティブな作用をしないものについては心配しなくていい。実際「コース」は、誰かと一緒にいるとき、そこには赦すものなどないはずで、祝福すべきだと述べている！

ゲイリー　ジョークを思い出したよ。男子修道院の修道士が地下で古い巻物や文書を読んでたんだ。突然、彼は何かを見つけて興奮し、階段を駆け上り、仲間たちにこう叫んだんだ。「見て！　見て！『禁欲（Celibate）』じゃなくて『祝福（Celebrate）』すべきだって書いてある！」って。

アーテン　じゃあ、先に進むぞ。誰かと一緒にいて、赦すことがなくても心配はない。じきに何かが起こるから、それまでは楽しめばいい。幻想のなかでいい気分でいることはぜんぜん悪いことじゃない。映画は現実（リアル）じゃないとわかってるが、だからといって映画を楽しむことをやめないだろう？　芸術や音楽をありがたく思う気持ちがなくなることもしない。ただ必要なときに赦すことを思い出せばいい。よいものを赦すことについてだが、中国の人たちやほかのみんなにその必要はないと伝えてくれ。赦しを実践し続けていくと、自分が大好きなことも含めてこの世界がどんどん夢の世界のようになっていく。だから、幸せな夢を体験していて大丈夫なんだと覚えておいてくれ。

ゲイリー　ワークショップで聞かれる質問をいくつか聞いていい？　未来についてなんだけど。

パーサ　いいわよ。答えたくなければ、あなたをじーっと見つめるわね。

ゲイリー　わかったよ。九十年代にダウジョーンズ工業指数が今世紀半ばの二〇五〇年までに十万ポイントを超えると教えてくれたよね。いま二万一千ポイントくらいだよ。あと三十三年しかないけど、いまもあのときの予言のままかい？

アーテン　ああ。われわれが話した世界経済の拡大が勢いを増すのは、二〇二二年からだろう。それまでは、前にいったままにしておく。

ゲイリー　わかった。医者に高血圧だから薬を飲めといわれたんだけど、一生飲まないといけなくなるだろ。薬以外の治療法はないかな。それとも、ただ心のワークをすべきかな？

アーテン　わたしがエドガー・ケイシーにでも見えるのかい？　健康に関するアドバイスは前にしたぞ。あらゆる病気や癒しは心によって引き起こされることがわかっていれば、魔術を使っても大丈夫だ。Jと同じレベルに達するまでは、少しくらいそういう助けを得ても構わない。一日、三百ミリグラムのカリウムを摂るといい。普通の健康食品店で扱っているのは一粒九十九ミリグラムだから、それを一日、三錠飲むといい。それから、一日、五百から六百ミリグラムのマグネシウムを摂るといい。必ず両方飲んで、いまいった分量を超えないように。そうすれば、薬や副作用なしで効果があるだろう。

　夢の世界に関してだが、ベンジャミン・フランクリンとエマーソンがいったように「健康は第一の富」だぞ。これからどんどん人々は薬から離れて、栄養補助食品や自然療法に頼るようになるだろう。薬がなくなるとか薬が効かないということではないが、その多くはただ大手製薬会社の利益を膨らませるだけだ。それから、細胞の酸素供給レベルを正しく保つことが病気の予防にもなり、治療にもなることが一般的に知られるようになっていく。すると、すべてが一変するだろう。すでに三人ものノーベル賞受賞者がそのことを述べているが、医療産業が全力でその治療法をつぶして、いまのところうまくいっている。彼らは治療が続くことで儲かるが、回復されたら金にならないからな。

註：医者にいったとき、ぼくの血圧は上が一五六で、下が一〇二だった。アーテンの指示に二ヶ月従ったら、上が一二八、下が八六になった。それに、専門家による新しいガイドラインを読むと、糖尿病や肝臓病の場合はいままでも、これまでどおり上が一四〇、下が九〇で高血圧となるが、そうでなければ上が一五〇、下が九〇以上を高血圧というらしい。どちらにしてもぼくは高血圧と見なされる。ちなみに、健康問題については医者と相談することを勧める。ただぼくの場合、ぼくが聖霊（ホーリースピリット）と思っているアーテンとパーサの指示のもと、薬の代わりにカリウムとマグネシムを摂ることにした。

ゲイリー　地球温暖化についてはどう？　少しは改善する？

パーサ　いまや絶対に必要にならない限り、何も対策が取られることはないと気づいてるでしょ。科学を否定し、金銭的な利益のために嘘をつく人たちがいるから、特に今世紀後半、地球は大きな被害を被るわ。多くの都市で洪水が起こるし、何百万という人たちが住まいを失うでしょう。世界規模の大惨事はまぬがれるけど、多くの被害と犠牲は避けられないわ。
　気候の変化とは関係のない史上最大の自然災害もあるでしょうし、恐ろしい出来事もいくつかあるわ。詳細はいえなくて悪いけど、何があっても赦す準備をしていてね。地震、津波、頻繁に起こる大きな嵐、おかしな人たちが選挙に勝ってしまうなど、何が起きても関係ないの。ただやるべきことをやってね。

ゲイリー　水はどう？　前に話してくれたよね。将来、世界中の飲料水はどうなるのかな？

パーサ　よくないわ。前にもいったように、手を施すのが遅すぎる状況になるまで、人々は何もしないのよ。エゴは危機とその結果生じる恐怖が大好きでしょ。たとえば海水を飲料水に変える技術はすでにあるのよ。でもほんとうに必要になるまで、あるいは誰かがそれで大儲けする方法を見つけるまで、何も起こらないわ。
　ついでに、あなたが移り住んだ州に公平にと思っていうけれど、カリフォルニアはほかの州から大量の水を奪ってると責められている分、地上のどこよりも果物や野菜を育ててお返ししているのよ。そういうものが実在しているからいってるんじゃないのよ。ただ無意識の罪悪感を誰かに投影するエゴの必要性を指摘してるだけ。どうもアメリカ人の多くがそれをカリフォルニアに向けてしまっているようだから。

ゲイリー　ハリウッドもね。ぼくも昔はハリウッドなんて、甘やかされた生意気どもがプール際でドラッグやってブラブラしてるところだと思ってたよ。でも引っ越してきて何日か撮影現場ですごしたんだけど、彼らが一日、十六時間とか働いているのを見て、人を判断せず、敬意を払うことを学んだね。

ハリウッドといえば、最新の『スター・ウォーズ』を観にいったんだ。もちろん技術的にはすごいし、おもしろかったけど、シリーズの最初のころと同じことをやってるなと思ってさ。対立があって、「力のバランス」とやらを保つために戦いが繰り返されていく。

陰と陽はつねに不安定だし二元性だから、バランスを取ろうなんて考えても無駄だ。信じられないくらい大勢の人たちがあの映画を観にいくだろ。だから考えたんだ。お決まりの対立を繰り返すんじゃなくて――だってそれは心の葛藤から生じてるんだし――別の構想を足したらどうかなあって。大げさにしなくていいけど、さらっと新しい役をいくつか登場させたらどうかなあ。光の存在的なやつ。いっぺんに映画をガラッと変えなくていいけど、その光の生き物みたいなのがメインの役の連中に「もっと別のやり方があるはずだ」とかいって、ゆっくりと真の赦しが起こるなんてのはどうかな。宇宙はホログラムだし、そこはハリウッドの専門分野なんだから、彼らはおもしろい映画をつくれると思うんだ。メッセージなしの映画じゃなくて、ちゃんと興味深いことを伝える映画になる。

パーサ 最後のところ、もう一度、いってくれる？

アーテン 確かにいいアイディアだが、成功している作品に手を加える経済的動機はハリウッドにないだろう。

註：ぼくは自分の本をテレビシリーズにしようとしていた。共同プロデューサー兼ライターのイリシア・スカイと一緒にパートタイムとしてではあるが、プロジェクトを進めていた。進展はしているが、これが成功するか、また一つ赦しの機会となるかはわからない。どちらにしても、プロジェクトをとおして学べるすべてを楽しんでいた。

ゲイリー わかったよ。あと、ワークショップで数回聞かれた質問なんだけど、いつになったらあらゆることの取り消しがすべて終わって、ぼくたち全員が神の内なるわが家にいられるようになるのかな？ それと、分離が再び起こるのをとめるにはどうしたらいい？ だいたい答えはわかってるけど、あんたがたから聞きたいんだ。

アーテン 「コース」は、神からの分離は一度も起きていないと教えている。きみたちは神を去っておらず、ただその夢を見ているだけだ。だが、そんな神の真実を知るには、それを体験するしかない。直接、神を体験するしかないんだ。その真の現実（リアリティ）の体験は、誰にでも起こり得る。最初は短いものだが、それを体験すると、疑問や疑念や恐れがなくなり、答えだけがある状態になる。疑問は疑念から生じるが、霊（スピリット）には疑念がない。だからそういう質問に関してきみたちが唯一満足できる回答とは、神との完全なる一体性（ワンネス）を体験することだといえる。

その体験をすると、疑問はなく、答えしかないことに気づく。だが日常に戻ってしばらくすると、また疑問が湧いているのに気づくだろう。そんなときはまた注意して観察すれば、疑問の夢を見ていると気づくんだ！　なぜかというと、そういう疑問は文字どおり天国には存在していないからだよ。疑問は分離の状態、つまり夢にすぎず、ほんとうは一度も起きていない状態にだけ存在する。これは夢を見ている自覚がどこで生じるかという一例でもある。夢を見ていることに気づけば気づくほど、神への疑問も少なくなる。神を体験すると、ここで経験していることが真実でないと気づける。知識や霊知（グノーシス）は個人的なものだ。「コース」ではこう述べている。

> 真実は体験するしかない。真実を描写したり説明したりすることはできない。わたしはあなたに真実の条件を自覚させることはできるが、真実の体験は神のものである。わたしたちは力を合わせその条件を満たすことはできる。しかし、真実は自ずとあなたのもとに訪れる。[T-8.VI.9:8-11]

それから、分離が一度も起きていなかったのなら、再び起こることはあり得ない。でも、励ましが必要かもしれない人たちのために、「コース」ではその質問について、次のようにたとえを用いて答えている。

聖霊（ホーリースピリット）は、知覚を超越した知識を自覚しているキリストの心である。聖霊は分離が起こると同時に守る存在として生まれ、同時に贖罪（アトーンメント）の指針を呼び起こした。それ以前は癒しの必要がなかった。慰めを持たぬ者がいなかったからである。聖霊の声は贖罪への呼びかけであり、心の完全性の修復を呼びかけるものである。贖罪が完了し、サンシップ全体が癒されると、帰還への呼びかけはなくなる。しかし、神が創造されるものは永遠である。聖霊は神の子たちの創造物を祝福し、彼らを喜びの光のなかに保つために、神の子たちとともにとどまる。［T-5.I.5:1-7］

ゲイリー　たとえなのはわかってるけど、つまり、「コース」でいうところの分離という小さな狂った考えが再び生じたら、聖霊（ホーリースピリット）がそれをとめてくれて、ぼくらを喜びの光のなかにとどめてくれるといってるんだね。

アーテン　そのとおりだ。

ゲイリー　それは安心だね。あと「コース」が「わたしたちの創造物」というとき、何を意味してるの？　いままで、そこがはっきりわからなかったんだ。

パーサ　Jが「コース」で「創造物」という言葉を使っているときは、この世界で使われている意味とは違うわ。あなたたちは創造物というと、歌や本や絵画など何かこの世で生み出したもののことだと思うけれど、Jが話しているのはまったく違うレベルのことよ。

聖霊（ホーリースピリット）があなたたちの創造物を祝福するとJがいうとき、何を祝福するのかというと、あなたたちが天国で創造したものを祝福するのよ。神はあなたたちを神ご自身とまったく同じように創造したの。だから、あなたたちは天国では神が創造するのと同じように創造するの。あなたたちと神には違いも区別もないの。確かにあなたたちを創造したのは神で、神を創造したのがあなたたちではないけれど、そういう区別さえもないのよ。前にいったように、完全性そのものが同時に拡張している状態ととらえてもいいわ。その性質や大きさは人間の心では計り知れないものだけど、大まかにはそんなところよ。

あなたたちがこの世界で創造物と呼んでいるものが悪いとはいっていないわ。美しい芸術作品は、実は聖霊（ホーリースピリット）にインスピレーションをもらったものだもの。ただ「コース」の考えでは、永遠のものだけが実在する。あなたも素晴らしい芸術作品を見てきたけど、数千年も経てば、そのほとんどが存在していないでしょう。でも、天国で創造されたものは決してなくならない。

ゲイリー　わかったよ。未来について、ほかに知っておくべきことはない？

パーサ　火星は予想より早く植民地化されるわ。以前にも予言したけど、火星で知的文明が一つ発見されて、それからしばらくしてもう一つ発見されるわ。でも、そのうちの一つが人類だったと認められるには長くかかるでしょうね。宇宙人との最初の交信はあなたたちの政府からではなく、宇宙人のほうから最初にしてくるわ。この世界には、何千年と地球を訪れてきた地球外生命体の存在が発見されるのを懸命に阻止してきた政府がいくつかあるわ。彼らは国民が地球外生命体について知る準備ができていないとか、パニックになるなどといい訳してるけど、みんな準備万端よ。

そうした政府が宇宙人との交信歴を隠しておきたい理由は、宇宙人と彼らのあいだで契約が交わされたからよ。その契約によって、アメリカ、イギリス、カナダ、ロシア、そのほか数カ国は最新技術を獲得して、代わりに宇宙人は何百、何千という人たちを誘拐してもいい許可を得たの。誘拐はいまも続いていて、その目的は医療実験、異種交配、耐久テスト、遺伝子操作など、そのほか諸々。誘拐されてほかの惑星にいる人たちもいるわ。現実離れして聞こえるかもしれないけど、確かにそうなのよ。あなたの外側には何も存在していないという事実は別にして。

ゲイリー　わあ。毎年、ニューヨーク市で数千人が行方不明になるというのを読んだけど、その全員が自主的にどこかへいったなんてあり得ないよな。

パーサ　誘拐はあちこちでこの六十年くらい続いているの。その前にもあったけど、第二次世界大戦と朝鮮戦争以降に増えたわ。宇宙人はその二つの戦争を調査するのにかなりの時間を費やしたの。

ゲイリー　きっと地球人は狂ってると思っただろうね。

パーサ　ええ。わたしたちだって九十年代に理由もなく狂った惑星といったわけじゃないわ。でも、人間以上に非人道的な宇宙人もいるのよ。二元性の宇宙でしょ。あなたたちのなかにも優しい人もいれば殺人者もいる。殺人者が優しい場合もある。宇宙人も同じよ。同じ種のなかにも善人がいれば悪人もいる。それからプレアデス星人のように霊的に進歩した種もいるし、グレイのような残酷な種もいる。全部ではないけど、ほとんどの誘拐はそうした残酷な種によるものよ。

ゲイリー　今世紀中にそういう情報が全部公開されるかい？

パーサ　全部ではないけど、一部は公開されるわ。今世紀は大荒れになるでしょうね。数奇な時代を生きられますようにという中国の呪いのことわざがあったでしょ。あなたたちは核戦争から遺伝子操作されたウィルスにいたるまで、ありとあらゆることに取り組んでいかなければならないわ。

アーテン　人類が直面する最大の問題の一つが、犯罪者や政府による組織的なハッキングだ。赦しが十分に起きなければ、こうしたハッキングはサイバー戦争にもつながる。ある朝起きたら国中が停電してあらゆる記録が消滅し、金融市場は崩壊、銀行口座もクレジットカードも無効、食料や水の輸送も間もなく停止、そして大混乱になることだってあり得る。

ゲイリー　切りがないな。

アーテン　それから、ＡＩ（人工知能）が人類存続を脅かすだろう。最終的にＡＩは自分たちを人工的につくられたものと認識しなくなり、エゴのアイデンティティを持ちはじめる。きみもわかってるように、エゴの意識はサバイバル・マシーンみたいなものだ。人類は無能で必要ないと見なすＡＩも出てくる。エゴは新しい問題が大好きなんだよ。エゴはきみたちの注意を投影に向けさせ、投影の結果にきみたちを追いやる。きみたちがそれを判断して実在させれば、エゴは生き残る。

ゲイリー　その結果、どうなるの？

アーテン　映画のネタバラシはしないぞ、ゲイリー。人生で起こることは映画だと思うといい。きみはゲイリーじゃない。映画のなかでゲイリーという役を演じてるんだ。そう考えれば客観的になれるだろう。そして、役を演じながら楽しくすごすこともできる。

ゲイリー　いいね、それ。ハリウッドっぽいな。世界は舞台で、一人ひとりが割り当てられた役を演じなければならないといったシェークスピアは正しかったんだな。

パーサ　シェークスピアは宇宙人だったの。冗談よ。でも、彼は悟っていたと前に教えたでしょ。さて、これから話したいのは、大勢の「コース」の生徒たちの進歩を妨げているものについてよ。おそらくいちばん進歩を遅らせているものね。それは自分の機能ではないことを引き受けようとすること。はっきりいえば、兄弟たちを正そうとすることよ。それは聖霊（ホーリースピリット）の仕事なの。聖霊はそうやってみんなをわが家に導くけど、人より目上のように振舞って、他人に何をすべきか伝えるのは「コース」の生徒がやることじゃないわ。「コース」が自学自習のコースであるのを忘れないで。序列がある宗教じゃあるまいし。「コース」の「誤りの訂正」という節を読んでくれる？

ゲイリー　いいよ、探すね。ここかあ。二ページくらいあるけど、全部読んだほうがいい？

パーサ　ええ。みんなが早く進歩するには絶対欠かせないことだから。これが欠けると進歩が遅れるわ。

ゲイリー　わかった。じゃあ、「誤りの訂正」ね。

エゴは他者のエゴの誤りに目を光らすが、それは聖霊（ホーリースピリット）があなたに身につけてもらいたい警戒ではない。エゴは自ら支持する「良識」の観点から、批判的である。その類の良識はエゴにとって意味をなすものなので、エゴはそれを理解する。聖霊にとっては、それはまったく意味をなしていない。

　誤りを指摘し「訂正」することは、エゴにとっては親切で正しく、よいおこないである。誤りと訂正が何であるかを自覚していないエゴには、これは完璧に意味をなす。誤りはエゴに属し、誤りの訂正はエゴを放棄することにある。兄弟を正そうとするとき、あなたは彼が間違っていると告げている。そのとき、彼は意味をなしていないかもしれない。彼がエゴから語っているのなら、彼が意味をなさないことは明白である。それでもあなたのやるべきことは、彼が正しいと彼に伝えることである。彼が愚かなことを語っているなら、あなたは彼が正しいと言葉では告げない。彼は別のレベルでの訂正を必要としている。彼の誤りが別のレベルにあるからである。それでも彼は神の子なので正しいのである。彼のエゴは、その言動が何であれ、つねに間違っている。

　兄弟のエゴの誤りを指摘するなら、あなたは自分のエゴをとおして見ているに違いない。聖霊（ホーリースピリット）は彼の誤りを知覚しないからである。これが真実でなければならない。エゴと聖霊のあいだにはコミュニケーションがないからである。エゴは意味をなさず、聖霊はそんなエゴから生じるものを理解しようとはしない。聖霊はそれを理解しないため、それを非難せず、エゴがつくり出すものには何の意味もないことを知っている。

　少しでも誤りに反応するなら、あなたは聖霊（ホーリースピリット）に耳を傾けていない。聖霊はただ誤りを無視したのだから、あなたが誤りに注意を向けるなら、あなたは聖霊の声を聞いていないことになる。聖霊の声を聞いていないのなら、あなたはエゴに耳を傾け、あなたが誤りを知覚している兄弟と同様、あなた自身もほとんど意味をなしていない。これは訂正にはなり得ない。それは彼にとって訂正がなされないというだけにとどまらない。それはあなた自身のなかで訂正が放棄されていることでもある。

兄弟が狂気の振舞いをするとき、あなたは彼のなかの正気を知覚することでのみ、彼を癒せる。あなたが彼の誤りを知覚し、それを受け入れるなら、あなたはあなた自身の誤りを受け入れている。あなた自身の誤りを聖霊（ホーリースピリット）に差し出したいのなら、あなたは兄弟の誤りについてもそうしなければならない。この方法ですべての誤りに対処しない限り、あなたはどのようにすべての誤りが取り消されるかを理解できない。これは、あなたは自分が教えることを学ぶというのと、どう違うというのだろうか。あなたの兄弟はあなたと同じように正しい。彼が間違っていると思うなら、あなたはあなた自身に有罪宣告をしている。

あなたは自分自身さえ訂正することができない。そんなあなたが他者を訂正できるのだろうか。しかし、あなたは自分自身を真に見ることができるので、他者のことも真に見ることができる。兄弟を変えることは、あなたに任されていない。あなたに任されているのは、彼をありのまま受け入れることである。彼の誤りは彼のなかの真実から生じるのではない。この真実だけがあなたのものである。彼の誤りがこれを変えることはできない。そして、あなたのなかの真実にいかなる影響を与えることもできない。誰かのなかに誤りを知覚し、それが実在しているかのように反応するのは、それをあなたにとって実在させることである。あなたはその代価を払うことから逃れられないが、それはあなたがその罰を受けるからではなく、間違った導きに従って、自分の道を見失うからである。

あなたの誤りがあなたに属していないように、兄弟の誤りも彼に属していない。彼の誤りを実在するものとして受け入れるなら、あなたは自分自身を攻撃したのである。自分の道を見つけて、それを維持したいのなら、自分の傍らに真実だけを見ていなさい。あなたと真実はともに歩んでいるからである。あなたのなかの聖霊（ホーリースピリット）が、あなたの内側のすべてと、兄弟の内側のすべてを赦す。彼の誤りはあなたの誤りとともに赦される。愛が分離していないように、贖罪（アトーンメント）も分離していない。贖罪は愛から生じるものなので、分離はあり得ない。兄弟を正そうとする試みは、あなたが自分で正せると信じていることを意味する。これはエゴの傲慢にすぎない。訂正とは、傲慢さを知らない神に属するものである。

神がすべてを創造されたので、聖霊（ホーリースピリット）はすべてを赦す。あなたが聖霊の機能を引き受けてはならない。もしそうするならば、あなたは自分の機能を忘れることになる。時間のなかでは癒しの機能だけを受け入れなさい。時間はそのためにあるからである。神は、永遠のなかで創造する機能をあなたに与えた。あなたはそれを学ぶ必要はないが、それを求めることを学ぶ必要がある。そのために、あらゆる学びがつくられた。これが、あなたが必要もないのに自らつくり出した能力を、聖霊が活用する方法である。それを聖霊に差し出しなさい！　あなたはその活用法を理解していない。聖霊は、あなたがあらゆることを有罪と見なさずに見る方法を学ぶことで自分自身をも有罪と見なさずに見る方法を、あなたに教える。有罪宣告はあなたにとって実在しないものとなり、あなたの誤りのすべてが赦されるだろう。［T-9.III.1:1-8:11］

パーサ　ありがとう、ゲイリー。誤りを訂正することじゃなくて、それを見すごすことがあなたたちの機能だというのがわかるでしょ。誤りを実在させてはだめ。繰り返すけど、兄弟がしていなかったことを赦すのよ。エゴには別の考えがあるけどね。「コース」ではそれについてこういってるわ。

エゴにも赦しの計画がある。あなたがそれを求めているからである。けれども、あなたはそれを正しい教師に求めていない。もちろん、エゴの計画は意味をなさず、うまくいくことはない。エゴの計画に従えば、あなたはあり得ない状況に身を置くことになる。エゴはつねにそのような状況にあなたを導く。エゴの計画は、まずあなたに誤りをはっきりと見せてから、それを見すごさせることである。けれども、自分で実在させたものをどうやって見すごせるのだろうか。あなたは、それをはっきりと見ることで、それを実在させたので、それを見すごすことなどできない。[T-9.IV.4:1-6]

ゲイリー　わかるよ。自分で実在させたら、自分でそれを赦すことなんてできない。だから、それは最初から実在していないという姿勢を持たなきゃいけないってことだな。それが「コース」でいうところの奇跡に対する準備ができた状態だね。ときどき何かに不満を抱えている人からメールをもらうんだ。インターネットで失礼なコメントを投稿してくる人もいる。怒ってる人たちがいっぱいいるんだよ。インターネットは彼らにとって、無意識に潜む罪悪感を投影するにはもってこいだしね。彼らはものすごく注意深く、ぼくがどれほど間違っていて、欲深いひどいやつかを説明してくるんだ。ぼくのことなんて知らないし、会ったこともないのにさ。みんなぼくの問題をものすごく明確にとらえて、たいていメールや投稿の最後には「でも、わたしはあなたを赦します」と書いてるんだよ。

アーテン　確かにそうだな。彼らはきみの誤りを実在させるのに相当な時間を割いて、ほんとうは自分がきみを赦していないことをわかっていない！　典型的なエゴの罠だよ。エゴは罠を仕掛けるのが実にうまい。たとえば、きみたちの社会は分析によって物事を実在させている。多くの職業がそれに加担している。きみの仕事もそうだし、エンジニア、医者、弁護士、科学者、物理学者、株式売買人などもそうだ。分析すれば、その対象のすべてが心にとっては確実に実在するものとなる。

分析することが職業の一部であるのに、分析するなといっているんじゃない。ただ対象物を実在させる罠に引っかからないよう、分析していることを認識していてほしいといっているんだ。幻想への信念を、真実への信念に置き換えなくてはならない。きみも知っているように、「コース」では光という言葉は真実を意味している。実際、Jはこう指摘している。

精神療法士（サイコセラピスト）がするように、暗闇を分析することで光を見つけられるだろうか。あるいは神学者がするように、自分のなかの暗闇を認め、それを取り除く光が遠くにあると強調しながら、その光を探せば見つけられるのだろうか。[T-9.V.6:3]

パーサ　答えは明らかに〝ノー〟よ。だからこそ、「コース」の赦しはあなたが要約したように、問題を見すごして、それを実在させずに、それを真実と取り替えるの。そう、何を赦しているのか気づかなくてはいけないわ。あなたは癒しが必要なエゴの枠組みのなかにいるの。それに、ここにいるあいだは他者の肉体を見るわけだし、ほんとうに問題があるように見えるわ。支払わなくてはならない請求書や赦さなくてはならない人間関係があるけれど、そういうものを赦せば、それらのせいで不安になることはなくなるわ。見捨てられた気分になったり、足りないと思ったりもしない。そういうものでネガティブな感情にならなくなる。

ゲイリー　わかったよ。じゃあ、これからはもっと気づいて、分析するんじゃなくてすぐ赦すようにするよ。ぼくには分析する癖がある。数ヶ月前、ハリウッド・ボウルにイーグルスを観にいったとき、ぼくも長年ミュージシャンをやってるから、ついコンサートの中盤で彼らの演奏や歌を分析してたんだ。それに気づいたら、聖霊(ホーリースピリット)が「ただ音楽を楽しんだら?」っていってくれたよ。

それから、あるときワークショップでこんなことを聞かれた。赦すとき、まず赦しの機会を必要としている無意識に潜む罪悪感を探し当てて、その罪悪感を自覚してから赦すべきなのかと聞かれたんだ。あんたはそれについてどう答える?

パーサ　無意識に潜んでいる罪悪感を明らかにする必要はないわ。それは聖霊(ホーリースピリット)の仕事だから。

自分でそれをやろうと思ったら、おそらく数百年から数千年かかるでしょうね。「コース」は時間を節約するものでしょ。聖霊にはあなたの心に埋まっているものからそのほかまで、すべてが見えているのよ。あなたたちが赦さなければならないのは、すぐ目の前にあるものよ。そうすれば、聖霊がそれに関連している罪悪感を癒してくれるわ。だから「コース」は、あなたの役割は小さく、聖霊の仕事はとても大きく描写してるのよ。Jと聖霊はある意味、一つなのだと覚えておいてほしいわ。Jが「コース」の最初のほうでこういってるわ。

あなたが奇跡をおこなうとき、わたしが時空の両方をその奇跡に合うように調整する。［T-2.V.A.11:3］

自分の役割を果たせば、あとは聖霊（ホーリースピリット）がやってくれるのよ。

ゲイリー　聖霊（ホーリースピリット）といえば、どうやって聖霊と一緒にワークするのかとよく聞かれるんだ。特に聖霊の声を聞いているのかどうか、どうやってわかるのか、みんな知りたがってる。それがエゴの声じゃないって、どうやってわかるのかな？

パーサ　あなたはどう答えてるの？

ゲイリー　ぼくが何でも知ってるとでも思ってるのかと聞き返すよ。それは冗談。彼らには、朝起きたらまず一日を聖霊（ホーリースピリット）に任せるようにしていると答えている。聖霊でなくても、Jでもブッダでもクリシュナでも何でもいいけど、仕切っているのは自分じゃないという点が大事だ。自分より大きな存在が取り仕切ってくれているんだから、一日についても自分が責任を負わなくていい。ぼくらは一人ぼっちじゃなくて、叡智が与えられているんだ。それから、なるべくすぐに神との静かな時間をすごす。一瞬のときもあれば二十分のときもあるよ。教会の礼拝で話す日曜日とか、用事があるときとか、遅刻しそうなときは、家を出るとき「やあ、J、今日もよろしくね」というんだ。それで十分だよ。霊（スピリット）とは一瞬でつながれるんだ。

でも、ほぼ必ず、静かにして心を鎮めて神のところへいく時間を持つようにしている。世界のことや自分の問題や必要なものを忘れて、ただ感謝の状態になる。シンディと一緒にジュディ（スカッチ・ウィットソン）と会ったとき、シンディがいい質問をしたんだ。ジュディに四十年以上も「コース」をやっていて、ウィットとはどんなふうに生活しているのかとシンディが聞いたんだ。ジュディはためらわずに「感謝の念」といってたよ。

ぼくもそんなふうになりたいと思ってるんだ。ただ幻想のなかの出来事のためだけじゃなくて、帰るべき完全なるわが家があることに、ほんとうに感謝してるんだ。いまはそこへいくための手段もあるしね。だから神のもとへいって感謝するんだ。一日のうち神か聖霊（ホーリースピリット）のことをなるべく考えるようにしてるよ。赦せば、聖霊のためのスペースが心のなかでできるしさ。そして、エゴが解体されれば、もっとよく聖霊のガイダンスが聞こえるようになる。だから赦す準備はできてるよ。

「コース」の奇跡とは赦しのことだよ。「コース」にこう書いてあったな。

奇跡は、奇跡に対する準備ができた心から生じる。［T-1.III.7:1］

アーテン　よくいった。じゃあ、聖霊（ホーリースピリット）の声を聞いているのか、エゴの無意味な思いを聞いているのかについて話そう。まず耳を傾ける意志を持たなくてはならない。Ｊは「あらゆる人が呼びかけられているが、耳を傾ける選択をする者はわずかだ［T-3.IV.7:12］」といってるが、聖霊の声を聞きたいのなら、次の大事な三つを自分に問いかけることだ。

一つ目は、自分がほんとうに耳を傾けているかどうかだ。受け入れ態勢になっていなければならない。聖霊（ホーリースピリット）がつねに一緒にいるから決して一人になどなれないが、霊（スピリット）に対して心を開いておかなければならない。

二つ目は、受け取るメッセージの本質がどんなものかということだ。メッセージのかたちはどうでもいい。大事なのは中身だ。メッセージはいろんなかたちでやってくる。たいていは考えが浮かぶことが多い。ほかには感情や直感というかたちでメッセージがくることもある。稀だが、ほんとうに声が聞こえることもある。それから、誰かの話から受け取ることもある。たとえば誰かが話しているとき、なぜか「これを聞くべきだ」と思ったことがあるだろう。ほんとうに大事なのはメッセージの本質だからだよ。それにメッセージは心を穏やかにするものだ。そうでなければ、たいていそれは聖霊（ホーリースピリット）のメッセージではない。

例外が一つある。聖霊(ホーリースピリット)がどこかへいかせないよう導くことがある。そういうメッセージを受け取ると内心穏やかではないが、それでもきちんと聞くべきだ。とはいっても、こういう場合はめったにないが、きみにはその経験があるだろう。

註：世界のどこであろうと講演にいくときは、必ず聖霊(ホーリースピリット)にそこへいくべきかどうかを聞くことにしている。答えはほとんどの場合は〝イエス〟だが、十四年間で二度だけはっきりと〝ノー〟だったことがある。だからそこへはいかなかった。もしいっていたら何が起きていたかわからないが、ぼくは聖霊を信じている。その信頼はやみくもで宗教的なものではない。聖霊はこれまでの賢明な判断から、ぼくの信頼を勝ち取っていた。

アーテン　ほとんどの場合、メッセージは希望にあふれ胸が高鳴るものだ。特にインスピレーションを受けた感じがすれば、それは聖霊(ホーリースピリット)だ。でも、見ているイメージを実在させるようなものだったり、人を批判したり、やりたかったことを思いとどまらせるようなものであれば、それはたいていエゴだ。心の正しい場所に宿る聖霊は何よりも赦しを思い出させる。エゴはいつも間違った心の考えを使って、判断させようとする。そうすれば、世界が実在するものになる。「コース」を続けていくと、識別する力がついて、どちらの声かわかるようになるよ。

　三つ目は、可能な限りガイダンスを求めているかだ。ガイダンスを求めると、心がよりオープンになる。聖霊(ホーリースピリット)への招待状みたいなもので、そのつながろうとするわずかな意志に聖霊は応えてくれる。「コース」では「わたしをどこへいかせたいのか、わたしに何をさせたいのか」と聖霊に尋ねなさいという箇所がある。それから聖霊にこう伝えるようにも述べている。

あなたの指示がわたしに安らぎを与えると確信し、わたしはあなたについていきます。［W-pII.361-365］

ゲイリー　ああ、ぼくもよくどこへいかせたいのか、何をさせたいのか、と尋ねるよ。それから、聖霊（ホーリースピリット）のガイダンスは夢のなかでとても実用的な場合がある。赦しをとおして正しい心の考えを教えてくれるだけじゃなく、夢のなかで物事をうまく進めるのに役立つアイディアも教えてくれる。旅行、講演、株式市場の取引、娯楽など何であろうと、アイディアが湧いて、それが自分に与えられたように感じるんだ。どこからともなくやってくるんだよ。

以前、何か素晴らしいことをした人に「あれはすごいね。どうやって思いついたの？」と聞いたことが何度かあるけど、そんなとき彼らが何というか、あんたがたはわかるだろう？　みんな「ああ、ただ湧いてきたんだ」っていうんだ。ほんとうにそんな感じなんだよ！　それがインスピレーションだ。ただやってくるんだよ。だから「よし！　うまくいくかもしれない」と思って試すだろう？　そうすると、ほんとうにうまくいくんだ。そんなとき、そういうアイディアに興奮するけど、聖霊（ホーリースピリット）が自分の内側にいることを覚えていないとね。世界で何かを得ようと自分でやっても、うまくいかない。一時的にうまくいくことがあっても、それはわが家へ帰る助けにはならない。

パーサ　そのとおりよ、兄弟。聖霊（ホーリースピリット）と一緒につくった目標なら、それはみんなのよきことのためになるわ。そうでないなら、間違った場所に目を向けているのよ。「コース」ではこういってるわ。

自分の外側で探し求めてはならない。それは失敗し、偶像が壊れるたびに、あなたは泣くことになるからである。天国が存在しないところで天国を見つけることはできない。天国以外のところに平和があることなどあり得ない。 [T-29.VII.1:1-3]

アーテン　赦しは間違った無意識の罪悪感を心から一掃し、聖霊（ホーリースピリット）の声をさらに聞こえるようにしてくれる。われわれが赦しについて大げさにいっていると思われないよう、きみがワークショップで「コース」の赦しについていったことを話してくれるかい？

ゲイリー　いいよ。ほとんど「ワークブック」のレッスンからだ。赦しは贖罪（アトーンメント）の手段であり、地上でのぼくの唯一の機能でもある。ぼくはあらゆるものを赦そうとする。そうすれば、赦しがもたらされるからだ。赦しは幸せへの鍵だ。恐れは世界を縛りつけるが、赦しは世界を解放する。赦しは世界の光としてのぼくの機能だ。世界の光はぼくの赦しをとおしてあらゆる心に平和をもたらす。赦しはぼくが求めるすべてを提供してくれ、みなの心がつながっていることを教えてくれる。赦しはあらゆる苦しみと喪失を終わらせる。赦しこそ、ぼくが与えられる唯一の贈り物だ。赦しはここにある夢の葛藤を終わらせる。赦しがなければ、ぼくは見えないままだろう。赦しは救済を貫く中心的なテーマだ。それから、「コース」で聖霊（ホーリースピリット）の計画というとき、それは絡み合った赦しの連鎖のことを述べている。

「コース」ではこうもいっている。

赦そうとしない者は、判断せずにはいられない。赦せないことを正当化しなければならないからである。[W-pII.1.4:4]

赦しは、兄弟からされたとあなたが思っていることが、起こっていなかったことを認識する。赦しは、罪を大目に見てそれを実在させることはしない。赦しは罪がなかったことを見る。その見方のなかで、あなたのあらゆる罪が赦される。[W-pII.1:1-4]

ぼくはきっと、その見方のなか「だけ」で、あなたのあらゆる罪が赦されるとつけ加えるかな。「コース」がこう断言している心の大事な法則があるからね。

あなたは他者を見るように、自分自身を見ている。[T-8.III.4:2]

これはかなり大事だと思う。そのあとこう続いているから。

決してこれを忘れてはならない。あなたは彼のなかで自分を見出し、自分を見失いもするからである。［T-8.III.4:5］

アーテン　なかなかいいぞ。ところで、絡み合った赦しの連鎖は、聖霊(ホーリースピリット)なら見ることができる。聖霊はすべてが見えるからだ。きみたちはたいてい、いまおこなっている赦し以外は見えない。だから、すべてがどうつながっているかわからなくて、みんなイライラするんだ。きみの赦しはＪとつながっている。他者の赦しはきみの赦しとそのほか全員の赦しとつながっている。最終的に聖霊の計画がサンシップ全体の目覚めを保証しているんだ。サンシップの一部一部は何かというと、それはエゴをつくり出している分離した心のことだ。もちろん、ほんとうはそんなものはなくて、誰も分離することなどできない。一つの心(マインド)として、サンシップという自覚がキリストとしての現実(リアリティ)に戻ってくる。でも、きみたちにはその全計画が見えないから、聖霊を信じるしかない。聖霊への信頼は、赦しとその結果の経験から生じるんだよ。

ゲイリー　五年、十年「コース」を学んできた人たちで、「コース」が赦しについてのものだと知らない人たちに会うんだ。でも、みんないったん気づけば、全編にわたって赦しについて書かれてあるのがわかるようになる。どのページにもね。

パーサ そうね。「コース」をやることへの無意識の抵抗は手ごわいわよ。でも、忍耐強くあれば、エゴが勝つことはないわ。エゴは巧妙だけど、一つ弱点があるの。正気でないところよ。一方、聖霊（ホーリースピリット）には大きな強みがあるわ。完璧なところよ。その上、完璧な計画があることね。

そんなに完璧なら、サンシップが目覚めるのにどうしてこんなに長くかかるのかと聞きたくなるかもしれないけど、実をいえば、長くかかっているように見えているだけ。「コース」は、世界はすでに終わっていると教えているわ。小さな狂った考えはほんの一瞬にすぎなかったの。それはすぐに訂正されて終わったのよ。でも、ここは分離の夢だから、みんなが別々のタイミングで目覚めているように見えるの。ほんとうは一度だけ、しかも一瞬で、実は存在すらしていないのに。

アーテン ついでに、判断や赦しに関してだが、判断は人々を疲れさせると「コース」では教えている。ほんとうの彼ら、つまり霊（スピリット）は疲れることなどできない。だが、Jはこう述べている。

あなたは、ほんとうは疲れることなどできないが、自分で自分を疲れさせることはできる。たえず判断している緊張は実に耐え難いものである。それほどまでに消耗させる能力が、これほど深く大事にされているのは奇妙である。［T-3.VI.5:5-7］

この流れで、ちょっと楽しもう。きみは映画を観にいくのが好きだが、特に霊的（スピリチュアル）なテーマの映画が大好きだよな？

ゲイリー　ああ、そうだよ。トップテンのリストがあるくらいだ。

アーテン　そういうと思ったよ。

ゲイリー　うわ、あんたは霊能者（サイキック）に違いないね。

アーテン　ときどきそのリストをシェアしてるだろ？　われわれとシェアするのはどうかい？

ゲイリー　乗せるのがうまいね。ぼくのリストは、いまぼくが好きな映画というだけで、いままでつくられたなかでこれだけが素晴らしい霊的（スピリチュアル）な映画というわけじゃないよ。ほかにも観る価値のある素晴らしい作品をあと百はいえるよ。どれも『奇跡のコース』の思考体系を取り入れてはいないけど、役立ついいアイディアが詰まっている。映画からほんとうに多くのことを学べるし、同時に楽しめる。みんな好きな作品をぼくに教えてくれるんだ。じゃあ、十位からいくよ。

十位は『ある日どこかで』（一九八〇年、米）。クリストファー・リーヴとジェーン・シーモアの美しいラブストーリーだ。ぼくが惹かれたのは、心の移動（マインド・トランスポート）だよ。空間移動じゃなくて時間のほうね。

映画の最初のほうで教授がクリストファー・リーヴと時間旅行について話してるんだよ。おもしろいね。それまであまり触れられなかったテーマだから。特に当時はね。クリストファー・プラマーもよかったよ。デートにぴったりの作品だ。

九位は『メイド・イン・ヘブン』（一九八七年、米）。ティモシー・ハットンとケリー・マクギリスが出ている。彼らは天国で出会うカップルなんだ。うまく説明できないな。観なくちゃだめだ。とにかく二人は次の人生でお互いをこの地上で見つけ出さないといけなくなる。よくできた映画でとても感動するよ。ロマンチックだから、いうまでもないけど、これもデートにぴったりの作品だよ。

八位は『愛しい人が眠るまで』（一九九一年、英）。アラン・リックマンとジュリエット・スティーブンソンが出ている。チェロ奏者だったアランが死んで天使になったんだ。彼の仕事は残された恋人が新しい男性を見つけて、また人生を歩んでいく助けをすることだった。この映画にはそんなに期待してなかったけど、素晴らしいつくりだし、アイディアが進んでいて驚いたよ。

七位は『ブラザー・サン　シスター・ムーン』（一九七二年、伊・英）。アッシジの聖フランチェスコ（グレアム・フォークナー）と聖キアラ（ジュディ・バウカー）の話だ。監督は偉大なフランコ・ゼフィレッリで、フランチェスコを裕福な商人の甘やかされた息子として描いている。フランチェスコは十字軍で戦って、彼を知っていた人も彼とわからないほど変わり果てた姿で家に帰ってきた。町の人たちは彼が狂ってしまったと思っていたが、もともと彼は狂っていると思っていたキアラは違った。彼は内面的にもすっかり変わり、教会をつくり、貧しい人や恵まれていない人たちやハンセン病患者たちを歓迎した。その結果、悲劇が起き、アレック・ギネス演じるローマ法王に会いにいく。聖フランチェスコは真摯にJを見習おうとしていた。たぶんキリスト教徒でJにいちばん近い人だったんじゃないかな。霊的な道をいく者にとっては必見の作品だ。

六位は『歓びを歌にのせて』（二〇〇四年、スウェーデン）というスウェーデンの映画だ。ところどころ『奇跡のコース』の引用がそのまま使われている。監督のケイ・ポラックが「コース」を長年学んでいるからね。アカデミー外国語映画賞にノミネートされた作品だ。映画を観ながら対話を読めるように字幕が大きくなっている。若き名指揮者が心臓病で倒れ引退し、生まれ故郷に戻るんだ。故郷の人たちは彼の指揮者としての評判は知っていたが、誰も彼のことを個人的には知らなかった。しばらくして彼は地元の教会のコーラス隊の指導を依頼された。そこでは数々の衝突があり、赦しのレッスンがふんだんにある。映画の最後は、これまで観た作品のエンディングのなかでもっとも素晴らしい一つだよ。誰にとってもいい作品だけど、「コース」の生徒はきっと映画のなかに出てくるレッスンに聞き覚えがあるだろう。

五位は『マトリックス』（一九九九年、米）。ありきたりな選択だけど、これはすでに二世代の思考形成を助けてきた作品だ。この映画のおかげで、いまの若い人たちは宇宙がホログラムだという考えに慣れ親しんでいるし、ぼくも実際、ワークショップで若い世代が「コース」の第一世代よりも楽に形而上学の考えを把握しているのを見てきた。続編やテレビシリーズや「スタートレック」のホロデッキもいいけど、やっぱりオリジナルの『マトリックス』がいちばんいい。もしまだ観ていなかったら、ぜひ観てほしいね。「コース」のレベルとまではいかないけど、「コース」のメッセージと一致した考えがたくさん出てくる。

四位は『ベン・ハー』（一九五九年、米）。最近リメイクされたけど、オリジナルは史上最高の映画の一つとされている。いまもほかの作品と並んでアカデミー賞最多受賞作品の一つでもある。この映画は壮大なストーリーのみならず、Jという存在の描かれ方がいいんだよ。Jが出会った人たちの人生に影響を与えていくんだけど、Jの顔が出てこないんだ！　彼の顔を見せる必要なんてないんだよ。人々はJと会って話を聞くと、それまでの考えや経験がすっかり変わるんだ。映画の最後のほうで二人のハンセン病患者が癒される少し前、そのうちの一人がもう一人に「もう怖くない」っていうんだ。大作だし、当時にしてはかなり啓蒙する作品だった。

三位は『ヒア アフター』（二〇一〇年、米）。マット・デイモンが霊能者（サイキック）なんだけど、彼はその才能を恵みではなく呪いだと思っていて、霊能者の仕事はやめていた。呪いに感じるのは、目的がなかったからだと気づいていなかったんだ。彼が目的を見つけると、その呪いが恵みに変わるんだよ。はっきりとは描かれていないけど、聖霊（ホーリースピリット）の助けがあったのは明らかだ。この映画には三つのストーリーがうまく織り合わさっている。監督はクリント・イーストウッド（彼に霊的（スピリチュアル）な面があるのは確かだ）で、制作はキャスリーン・ケネディとスティーヴン・スピルバーグによる素晴らしいチームで、興行成績もよかった。DVDで絶対観るべきだよ。

二位は『シックス・センス』（一九九九年、米）。公開されたとき、どうせまたゴースト映画だと思って、観にいくのはやめたんだ。予告編がまたよくできた典型的な怖い映画みたいでさ。何でヒットしてるのかわからなかったよ。この作品も制作はキャスリーン・ケネディとフランク・マーシャルとバリー・メンデルだった。監督はM・ナイト・シャマラン。これは彼の名作だよ。ブルース・

ウィリスが小児精神科医、ハーレー・ジョエル・オスメントが死者に訪問されて怯えている子供を演じている。ケーブルテレビでやっと観たんだけど、映画の最初から引き込まれる素晴らしいつくりだった。母親が息子のおかしな行動の理由を知る車のシーンがストーリーの解決シーンだったら、もっと好きになってたと思うけど、ラストが映画史上もっとも衝撃的ともいえる終わり方なんだよ。何でヒットしたのかよくわかったよ。

そして一位は、みんなが大好きな『恋はデジャ・ブ』（一九九三年、米）。いくつか理由がある。輪廻転生を信じている人にとって、正しく理解するまで何度でも繰り返すというこの映画のテーマには馴染みがあるし、ビル・マーレイが同じ一日を繰り返すうちにいい人に変わって成長していく姿はとても愛せるよ。ぼくは二、三年ごとにこの映画を観るのが好きなんだ。自分の成長を思い出すんだよ。いまは若かったころの自分にあまり共感できないもんな。ぼくらは一つの夢の人生で違う生を数回生きている。メディケア（高齢者向け医療保険）を受けるほど長生きするなんて思ってもいなかったけど、そうなってるしね。これもただの夢なんだけどさ。

アーテン　ありがとう、ゲイリー。きみは映画評論家になるべきだな。若かったころ、ほんとうはなりたかったんじゃないのか？

ゲイリー　そうだね、いいなと思ってたよ。ある理由がなかったら、映画評論家になっていたかもしれないと思うね。ぼくはミュージシャンとして、アーティストとして、誰かの芸術作品をこき下ろすことが我慢ならなかった。もし評論家になっていたら、きっと裏切っているような気分になっていただろうね。だって、みんなそのプロジェクトに人生や何年もの年月を費やしているのに、そんなことをできもしない評論家がひょっこり現れて、二分でその作品をこき下ろすなんて、ぼくには正しいとは思えない。結局、彼らの意見と知覚にすぎないんだ。バンドにいたとき、よくみんなでいってたよ。意見なんて、くそくらえってね。誰にだって意見の一つや二つはあるけどさ。

パーサ あなたの言葉遣いはともかく、あなたの説得力には感謝するわ。さっきいってた、正しく理解するまで何度でも同じことを繰り返さなくてはいけないことについて一ついっておきたいわ。「コース」が、神の教師が完璧になることについて話しているとき、行動じゃなくて、赦しのことを話しているわ。だから、すべてを完璧にこなして、間違いを犯さない人生にしなくちゃだめだなんて思わないように。そんなことできないから。でも、「コース」を正しくやらないときの自分を含め、例外なく何でも赦せるようになるくらい、赦しを極めることはできるのよ。ケン・ワプニックは「『コース』のよい生徒とは、自分自身を赦す悪い生徒のことだ」といってたわ。自分を含めすべてを赦すときがくるわ。前にいったように、一つの生を完全に癒すことは、すべての生を完全に癒すことなの。それぞれの夢には何度も別のかたちで繰り返されている同じレッスンがあるからよ。かたちは変わっても、中身は変わっていないわ。

だから、「コース」では繰り返しが大事なの。『奇跡のコース』は六ページ分の内容を百とおりのいい方で繰り返しているともいわれているわね。それは正確じゃないけれど「コース」はわたししたちと同じように間違いなく同じことを繰り返しているわ。繰り返すことでのみ、「コース」は容赦なく妥協せずにいられるし、あなたたちの癒しが必要な無意識に深く入り込めるの。

ゲイリー　何だかすべてがスピードアップしていて、赦すことがいっぱいだな。八十年代のはじめまで、ぼくらの社会にはもっと品があったよ。公平原則やイコールタイム・ルールがあって、報道にもルールがあった。誰かについて何かを発言するときは、同じ意見の情報源が二つなければ発言できなかったよ。いまではすべてが変わってしまった。八十年代にはラッシュ・リンボーがいたし、彼は九十年代にビル・クリントンとヒラリー・クリントンが大統領次席法律顧問のビンス・フォスターを自殺に追いやったと非難していた。ラッシュ・リンボーや彼を支持する卑劣なやつらは、誰彼かまわず、相手のことを何とでもいえるが、いわれたほうはそれについて何もなす術がない。卑劣なやつらは、相手が弁明する均等な機会など与えなくていいし、自分たちの発言が正しいと証明すらしなくていいんだ。ということは、みんなの赦しのレッスンがどんどん増えていく。

パーサ　ゲイリー、忘れないで。あなたは他者を見るように自分自身を見ているのよ。たったいまあなたは自分のことを卑劣なやつと呼んだわ。

ゲイリー　それはどうかな。七十年代のころは、リンボーみたいな扇動家は故意に嘘を発言したら逃げ切れなかったけど、いまは平気だよ。

パーサ　確かに、赦すべき大事なことが増えているわ。でも、それは幻想の序列があるからじゃないわ。

ゲイリー　そうだね。でもさ、鎮痛剤の処方薬の蔓延を見てよ。パーコセットとかオキシコンチンみたいな薬はヘロインの錠剤みたいなもんだよ！　プリンスみたいな有名人が死んでる話しか聞かないけど、大勢の人が死んでるんだ。

みんな死んでしまったけど、ぼくはマイケル・ジャクソンやヒース・レジャーやフィリップ・シーモア・ホフマンみたいな人たちと知り合えていたらって思うよ。彼らが、世界から与えられるものじゃなくて真実を知っていれば、違う結果になっていただろうにと思うんだ。多くの人がただ眠れなくて、多量の睡眠薬を飲んだりするのはわかるよ。彼らが赦しを学んで、自然療法で睡眠も依存症も改善できると教えられていたら、きっとそっちを試すと思うんだよね。でも、依存症は対処するのが難しい。

アーテン　そうだな。きみがお酒を減らしたことは褒めてやるが、でもな、ワインを飲むときは紳士のように少しずつ飲むもんだぞ。きみが飲んで育ったビールみたいに飲むもんじゃない。

ゲイリー　ちびちび飲むのは女の子だよ。

パーサ　ここで、また思い出してほしいんだけど、赦しが葛藤を伴うことはあり得ないわ。赦しは普遍で、誰にでも例外なく当てはめられなくてはならない。誰かを赦すとき、部分的に赦すなんてできないのよ。中途半端じゃなくて、兄弟を完全に赦さなくてはだめよ。この意味わかる？

ゲイリー　ああ。兄弟を嫌なやつのままにはしておけないってことだな。

パーサ　そのとおりよ。その人はキリストの内にある、あなたの兄弟よ。彼には罪はないし、彼の罪のなさのなかに、あなたの罪のなさもあるのよ。

ゲイリー　カルマについて質問なんだけど、夢のなかのものが実在してるという意味じゃないけどさ、夢のなかでカルマみたいな因果関係はあるかい？　たとえば、バルセロナでぼくのお金を盗んだ人のことだけど、ぼくは別の夢の生で彼からお金を盗んだのかな？

アーテン　いい質問だ。答えは〝イエス〟だよ。きみは千年以上前の中国での生で、その人から同等額のものを盗んだ。

ゲイリー　じゃあ、幻想の枠組みのなかでは、誰かにしたことは必ずあとで自分に返ってくるんだな。

アーテン　そうだ。自分がしていなかったことについて自分を赦すまで、罪悪感がある。罪悪感に伴ってカルマがあるんだ。でも、赦しでその罪悪感がなくなれば、カルマも癒される。

きみがどんなにジョン・レノンを愛していたか知ってるからこの悲惨な例をあげたくないが、彼を殺害した男は、別の時空でジョン・レノンだった人間に殺されてるんだ。つまり誰かを殺せば、あとで同じ人に殺されるのさ。

ゲイリー　でも、すべてを赦しても、Jみたいに殺されるんじゃないの?

アーテン　そうだ。でもJは、最後の生で肉体をゆっくりと脇に置こうと決めたとき、自分を殺せないことを伝えるために殺される意志をしっかりと持っていた。彼は彼の意志で磔刑を回避することもできたが、そうはしなかった。だから、カルマではなかったんだ。彼は自ら磔刑のメッセージを伝えることを選んだんだ。当時はほんの一握りの人しかそれを理解できなかったが、彼はのちに多くの人々が理解すると知っていたんだ。

ゲイリー　じゃあ、彼はひどい殺され方をしたように見えるけど、彼自身の経験としてはそうではなかったんだね。当時の人たちは、同じ状況で自分だったらどうだろうかという想像しかできなかったから、自分たちが知覚した苦しみをJに投影した。そして、それに気づきもせず、自分たちの罪を背負って苦しみ犠牲になったJがいるというわけだ。

アーテン　そのとおりだ。みんな、自分が投影していることに気づいていない。気づいていたら、そうはしないだろう。だから、みんながきみに賛成するなどと期待しないように。それに、それがほんとうに夢なら、そしてきみがほんとうに夢だと理解しているなら、なぜ人々の同意が必要なんだい？

ゲイリー　いってることわかるよ。「コース」をやるには、ほんとうに頭のいい人じゃないとだめだと思う？

アーテン　ああ。一まで数えられないといけないからな。非二元の数学は実に簡単だよ。答えはいつも一なんだから。

パーサ　真実は不変で、真実は神であることを忘れないで。わたしたちが話している一体性(ワンネス)は夢のなかにはないわ。この世にもないし、時空の宇宙にもないし、だいたい場所ではないわ。それは絶え間ない完全なる一体感を自覚している状態のことよ。それは決して変わらないし、脅かされないわ。あなたはそれに触れることもできない。「コース」ではこう述べている。

真の自己の王国には限界も終わりもない。真の自己のなかには、完璧でないものや永遠でないものは何もない。これらのすべてがあなた自身である。この外側で、あなたであるものは何もない。

[T-16.III.7:7-8]

これが純粋な非二元よ。

ゲイリー　それはほかのものとはぜんぜん違うよね。ぼくが見てきたほとんどは、夢のなかで気分をよくさせるのが目的だったよ。「コース」を二元に退化させることについてだけど、よく知られた「コース」の教師でさえ、「コース」をほんとうに教えてはいなくて、生徒たちに身体のいろんなところをポンポン叩かせてる人もいるくらいだ。まあ、それで生徒たちの気分はよくなるかもしれないけど、それでどうやってエゴを解体させるっていうんだ？　エゴを解体しなければ、ここにとどまるんだ。もう少しここにいたい人もいるだろう。そう望んでいるなら、それで構わない。あとで目覚めればいい。ぼくは自分のしたいことがわかっている。一刻も早くすべてを赦して、ここから出たいんだ。

パーサ　そうね。それはあなた自身が決めることよ。時間のなかではサンシップが完全に目覚め終わるには、あと百万年かかるわ。でも、「コース」の生徒はそんなに待たなくて済むのよ。彼らはいつでも目覚めて夢から立ち去れるわ。夢が彼らに影響を与えられないのと同じように、彼らの目覚めが夢に影響を与えることはないの。

あなたはもう一回戻ってきたとしても、それはとても楽しい人生になるわよ。わたしの経験から保証してあげる。いくつか辛いレッスンもあるけど、人生の最後のほうは最高よ。そして、やっと悟るわ。戻ってくる価値のある人生よ。

アーテン　恐れがない状態について話そう。これからきみには、恐れるものは何もないという確かな知識とともに進んでいってほしい。たとえば講演会場に入るとき、自分の家のように入っていってもらいたい。きみがそうしていないということではない。きみはよくやってるよ。だが、もう一段階上に上がってほしい。たとえば誰かに怒鳴られたら、その人の目を見て、優しく、でも毅然と「そのように感じられているとは残念です」といってほしい。すると、彼らの経験の責任が彼らに戻る。きみ自身の経験に関しては、きみはすでに原因の立場にいる。だからニュースで嫌なものを見たら、もっとすぐに微笑んでほしい。ほんとうに夢の外側にいれば、その愚かさに笑えるはずなんだ。それを実在させて見下して笑うのではなく、それが実在していないと知っているゆえに心から笑えるんだ。質問されたとき、答える前に彼らが誰かを思い出すんだ。恐れがなければ、いつも真実を思い出せるさ。

「コース」でこう教えている。

救済は、幻想は真実ではないので恐ろしいものではないという単純な事実のなかにある。幻想は、それをありのまま認識できないあなたの度合いに応じて、恐ろしく見える。そして、幻想が真実であってほしいと望むあなたの度合いに応じて、あなたはそれをありのまま認識することができない。

[T-16.V.14:1-2]

きみは判断の重荷を背負わなくていいから、疲れる必要もないんだよ。肉体ではないから自由なんだ。将来のことを心配しないように。でも、どこへ向かうべきか何をすべきかアドバイスが必要なら、つねに聞くことを覚えていてくれ。自分が何なのか、ほんとうはどこにいるのかをいつも思い出してくれ。思い出した瞬間、恐れはなくなる。

パーサ　聖霊（ホーリースピリット）がいつもあなたと一緒にいるわ。どこにいても聖霊とワークするとあなたが決めている限り、あなたの肉体は聖霊にとってコミュニケーションのいい道具になるの。それから、あなたは否が応でも、たとえ集団の前で話していないときでも、つねに二つの思考体系のどちらか一方を人々に教えていることを忘れないで。だから、自分がどちらを教えたいのか思い出すのよ。旅行や講演を控えてセミリタイアしたい気分になったら、聞いてちょうだい。どちらを選んでもあなたに罪はない、というのが答えだから。チームのために働き続けなくていいのよ。夢のなかでヒーローになる必要はないわ。ハワイにいきたければ、聞いてちょうだい。答えが〝イエス〟でも、わたしは驚かないわ。

そろそろ帰るわね。元気でね。これから数週間、二元へと妥協しないことを受け入れてね。世界は真実を受け入れるのを長いあいだ延期してきたわ。素晴らしい目覚めにおけるあなたの役割を受け入れて！　あなたを愛しているわ、兄弟。Jのこの言葉を残していくわね。

罪が実在していないことこそが、赦しを自然で完全に正気なものにする。赦しを差し出す者には深い安心を、赦しが受け取られるところには静かな祝福をもたらす。赦しは幻想を容認せず、ただかすかな笑いとともにそれを軽やかに寄せ集め、そっと真実の足元に置く。そして、幻想はそこで完全に消え去る。

赦しは、世界という幻想のなかで、唯一、真実を象徴するものである。赦しは、幻想の無意味さを見て、何千というかたちで現れる幻想を見破る。赦しは嘘を見るが、だまされない。赦しは、罪悪感で狂った罪人たちの自責の悲鳴には注意を払わない。赦しは、ただ静かなまなざしで彼らを見つめ、こう告げるにすぎない。「兄弟よ、あなたが思っていることは真実ではない」

赦しの強さはその正直さにある。それは少しも腐敗していないため、幻想を幻想として見て、真実と見ることはない。そのため、嘘を前にしてその偽りを取り除き、単純な真実を回復させる偉大な復元者となる。存在していないものを見すごす能力により、それは罪悪感の夢で遮断されていた真実への道を開く。あなたはいま、あなたの真の赦しがあなたのために開いてくれる道を自由に進んでいく。一人の兄弟があなたからこの贈り物を受け取ったなら、その扉があなたに向けて開かれるからである。

真の赦しへの扉を見つけ、それがあなたを歓迎して大きく開かれるのを知覚する、とても単純な方法がある。いかなるかたちでも誰かの罪を責めたくなるとき、彼がしたと思っていることについて、心のなかであれこれ考えてはならない。それは自分を欺くことだからである。代わりに、こう尋ねなさい。「わたしは、同じことをする自分を責めたいだろうか」

こうしてあなたは、選択を意味あるものにする見方で選択肢を見るようになる。そして神ご自身が意図されたように、また真実においてそうであるように、心を罪悪感や苦痛から解放された状態で保てるようになる。嘘偽りのみが有罪宣告をする。真に存在しているのは罪のなさだけである。赦しは幻想と真実のあいだに、あなたが見ている世界とその向こうの世界のあいだに、そして罪悪感という地獄と天国の門とのあいだに位置している。[W-134.6:1-10:4]

そして、ぼくの友はいなくなった。でも、ぼくはアーテンとパーサの霊（スピリット）と確かさを感じ、爽快な気分だった。そして、何かが変わったのを感じていた。ぼくは次に何が起こるのか、もう心配はしていなかった。何が起こったとしても、ぼくは十分に対処できる。賢明にもそれを赦せるからだ。

ぼくは『奇跡のコース』をより懸命に学ぼうと、これまで以上に決心していた。きっといつか、ぼくは「コース」を教えるのをやめて、実践だけをおこなっていくだろう。何を選んだとしても、聖霊（ホーリースピリット）と一緒に選べば、ぼくは心穏やかでいられるはずだ。

第九章 心の大切さ

あなたの心とわたしの心は一つになり、光でエゴを追い払い、あなたが考え、またおこなうすべてのなかに、神の強さを解き放つことができる。いかなるものでもこれ以下のもので満足してはならない。そして、これ以外のものをあなたの目標として受け入れることを拒否しなさい。

奇跡のコース [T-4.IV.8:3-4]

世界は幻想で、夢のなか以外では存在していない。しかし、世界を楽しめないという意味ではない。「コース」を実践していると、世界においておまけを与えられる。世界を実在させない「コース」の赦しを実践すると、無意識ゆえに認識していない罪悪感を聖霊（ホーリースピリット）が取り除いてくれる。こうして心が癒されると、罪悪感が減り、罪悪感が減ると、前よりもあらゆることがさらに楽しめるようになる。

そこで思い起こされるのがぼくの大好きなハワイだ。シンディとぼくは毎年ハワイでおこなっているリトリートから戻ってきたばかりだった。これまでハワイ島やマウイ島でも開催したが、今回はぼくたちが七年前に結婚したオアフ島のハイクガーデンでおこなった。ハイクガーデンはオアフ島の東海岸側にあり、ぼくたちが十二日間泊まったカイルアという美しい街の近くにある。カイルアビーチはハワイ全土のなかでも最高のビーチの一つだ。リトリートは五日間おこなわれ、ぼくたちは一週間かけてオアフ島をまわった。

ぼくは十一歳のときエルビス・プレスリーの映画『ブルー・ハワイ』を観て以来、ハワイが大好きになった。二時間の映画のあと、すっかりハワイの虜になったが、三十五歳になるまでハワイへいくお金を十分に蓄えることができなかった。一九八六年にやっとオアフ島とマウイ島で一週間ずつ滞在することができた。人生でもっとも幸せな二週間だったといえる。それから、再びハワイを訪れる余裕ができるまで十三年もかかり、一九九九年に再訪した際は、またいつハワイにこられるかわからず、ぼくはその一瞬一瞬を堪能した。

二〇〇三年、『神の使者』が出版され、ぼくの人生はすっかり変わった。ぼくはいったん死んで、クレジットカード天国に舞い降りたようだった。この十三年で十四回ほどハワイへいき、渡島可能な主要六島を訪れた。どんなにハワイをよく知っても、ぼくのハワイへの愛が消えることはなく、シンディと一緒に真剣に二、三年のうちにハワイへ移住することを考えている。いまはまだ二番目に好きなこのカリフォルニア州で進行中のプロジェクトがあるが、そう遠くない将来、ハワイへ引っ越すことが見込めるようになった。アーテンとパーサから、ハワイへ移住すべきか尋ねて答えが〝イエス〟でも驚かないようにといわれていた。きっとどこにいても「コース」の赦しを実践し続けるよう聖霊(ホーリースピリット)が助言してくれるだろう。

ぼくはハワイのどの島も大好きだ。それぞれに個性があるが、どの島もハワイだ。では、いったいどの幻想の島に住むのか。ぼくにとっては考えるまでもない。オアフ島だ。オアフ島はもっと評価されていいはずなのに、そうは認識されていない。人々はオアフ島というと商業的なホノルルとワイキキビーチを思い浮かべる。もちろん、ワイキキはいいところだ！　ただ、それはほんの入口にすぎない。島全体が秘宝だ。オアフ島を訪れるなら、ツアーで島を一周することをお勧めする。きっとなぜオアフ島全体が秘宝であるかがわかるだろう。

オアフ島では都市と自然の両方が味わえる。都会生活を楽しみたい人が不自由しないほど、娯楽やレストランもあふれている。ほとんどはロサンゼルスよりも安い。自然を楽しみたいなら、オアフ島にはマウイ島のように素晴らしいところがたくさんある。

ぼくは世界が幻想だから楽しくすごせないわけではないと実感するようになった。むしろ、その逆である。素晴らしい時間をすごせるのだ。しかも、罪悪感を持たずに！　ぼくたちに罪がないのは真実だ。そして、神から与えられた天国を獲得する必要がないことも確かだ。しかしエゴを解体し、意識の上で真の現実(リアリティ)に戻るのに必要な赦しのワークはしなければならない。だから、赦すべき何かがあるのなら、ただ赦すことだ。そして、アーテンとパーサとぼくが話したように、赦すことがないのなら、そのときは祝うべきだと「コース」でも述べている。

『奇跡のコース』は犠牲に関するものではない。実際に、「犠牲の終わり…」という節があるほどだ。何かを諦めなくてはならないと思うなら、まるでそこから間違った偶像をつくり出すかのように、それを心にとってほんとうに存在しているものとして実在させることになる。しかし、それを実在させず、より楽しむ道がある。それこそが「コース」の赦しの道だ。

今回、シンディとワイキキを訪れたとき、オアフ島に住む前妻のカレンと彼女のパートナーのデイヴとランチをした。こうして四人で会うのは二度目だった。ぼくたち四人はみな「コース」を学んでいた。ワイキキビーチのレストランで座っていたとき、二十五年連れ添った女性が目の前にいて、七年連れ添っている女性が横にいるのを見て、ぼくはJと「コース」に感謝せずにはいられなかった。

ぼくたち四人は前回、カリフォルニアで会っていた。この四人が一緒のテーブルに座れるようになるまでには、たくさんの赦しが必要だった。それがいまや、四人が楽園で一緒にランチをしているというのだ。ぼくはまた、どんなときでも赦しを忘れないようにと自分にいい聞かせていた。そうすれば、驚くべき素晴らしいことに導かれる。そして、これを覚えておきたい。楽しくすごすのがふさわしいときは、心から喜び楽しもう！

ぼくはメイン州でアーテンとパーサと一緒に二冊の本を書いた。いまは彼らとカリフォルニア州で二冊目となる本を書いている最中だった。五冊目があるかはわからないが、もしあるならば、ハワイで書くのだろうかと考えずにはいられなかった。

ぼくはこの数年、「コース」のコミュニティの大部分ではないが、少数のあいだで、ある傾向があるのを感じていた。彼らは心の力と大切さを軽視しているようだった。『奇跡のコース』が一九七六年に出版され、ヘレン・シャックマンがイエスとチャネリングをして「コース」を書いたことが知られてから、数年ごとに自分もイエスとチャネリングをして執筆したという作家の本が出るようになった。そういう本を支持する人たちはためらいもせず、それらの本を「コース」と同レベルで扱おうとする。だが、それらの本でイエスの声とされるものは、「コース」の「声」のような核心をつく深く美しいものではない。さらに、ぼくは教師たちの今回の一連の訪問で聞いた話から、こうした本が、かつて世界が非二元の教えを二元に退化させてきたことと同じことをしているのに気づいた。それらの本の作家たちは、「コース」を実践するのではなく、自分たちのコースをつくるほうがずっと簡単だと思ったのだろう。彼らはエゴを解体することに専念していなかった。ということは、彼らがチャネリングしたと主張する聖霊（ホーリースピリット）のメッセージは、エゴによって妨げられているはずである。

たまに、自称「コース」の生徒たちのこんな記事を目にすることがある。「わたしたちは心（マインド）から離れなければならない。最初に問題を引き起こすのはエゴの心だ。そこで答えを探してはだめだ！」「聖霊（ホーリースピリット）は古くさい」「『コース』をこれ以上学ばずに済んでよかった」

圧倒的大多数の生徒たちがヘレン、ビル、ケン、そしてジュディを大いに尊敬しているが、彼らに腹を立て、嫉妬さえしている少数派もいるようだった。そうした少数派はヘレンたちを「コース」のもっとも核心をついた教えの大部分を編集して削除した「初級の生徒たち」などと非難していた。「コース」の「テキスト」の最初の五章で編集された箇所があるというのはほんとうだが、その編集もヘレンをとおしてイエスによっておこなわれたのだ。彼女のアシスタントのケンが手伝ったのは、各節のタイトルと大文字の統一と句読点についてだった。それに「テキスト」は五章ではなく三十一章もある！　もっとも核心をついた大事な教えは「テキスト」の後半にある。それ以外にも三六五日のレッスンや、「コース」の指針をより明確に説明している部分を含む「ワークブック」、「ＡＣＩＭ」を見事に要約している「教師のためのマニュアル」がある。しかも、「ワークブック」と「教師のためのマニュアル」は「コース」の半分の分量に値する。

人々の「コース」の実践を妨げているとぼくが気づいた、いちばん最近の「コース」の模倣本は『愛のコース』（ナチュラルスピリット）だった。その出版社のテイクハート・パブリケーションズは「コース」の出版社である「内なる平和財団」の許可を取らずに『愛のコース』を「『奇跡のコース』の続編」として宣伝し、同じ「声」を書き取ったものだと謳っていた。続編というのは一歩進んだ向上を意味し、その出版社は「マインドを回避する」ことで「ハートが知っていることにアクセス」でき、「地上の天国という新しい現実（リアリティ）」に導かれると述べていた。ぼくはその作家に会い、彼女がこの世界が幻想だと信じていないと公で語っているのを聞いたことがあった。

ぼくは、「コース」の長年の生徒だと名乗る人たちが、この新しい二元の教えによる妨害を褒め称えているのに唖然とした。アーテンとパーサにこのことについて聞くのを楽しみにしていた。そのころ、精神科医のボブ・ローゼンサル博士が『愛のコース』について書いたレビューを見つけた。彼は『奇跡のコース』の初期の生徒の一人で、「コース」の書記者の一人、ビルの親しい友人だった。ボブはまた、「コース」の出版社である「内なる平和財団」の役員を長年務めている。ぼくは、ヘイハウスから出版された彼の素晴らしい著書『From Plagues to Miracles: The Transformational Journey of Exodus, from the Slavery of Ego to the Promised Land of Spirit（災難から奇跡へ：出エジプト記の変容の旅、エゴの奴隷から霊（スピリット）に約束された地へ）』（未邦訳）を推薦していた。『愛のコース』の彼のレビューは、ぼくのものより優れており、アーテンとパーサが非二元の教えを二元的なものに変えようとする世界の欲求について語っていたことと一致していて、ぼくは心を打たれた。彼の許可を得て、彼のレビューをここに記す。

わたしは数ヶ月間、この本のレビューを書くか迷っていました。わたし自身『奇跡のコース（ACIM）』の長年の生徒で、「コース」の書記者の一人とは友人でした。「ACIM」の出版社の役員もしています。また著書『From Plagues to Miracles: The Transformational Journey of Exodus, from the Slavery of Ego to the Promised Land of Spirit』では、「ACIM」の視点をとおして、出エジプト記を再解釈しました。こうした背景もあり、『愛のコース』が「ACIM」の教えの延長で、よりわかりやすく教えているという点に興味を持ち、購入して読みはじめました。

『愛のコース（ACOL）』は独立した本としては素晴らしく、読者に多くのものを提供するでしょう。とてもよく書かれ、チャネリングで書かれた数多い本と似たスタイルで書かれています（その「声」は「ACIM」の「声」とは別物であり、「ACIM」の美と啓示的な力には達してはいませんが）。しかし、ここで問題なのは、「ACOL」は自立していないことです。「『奇跡のコース』の続編」という立場を取り、それがセールスポイントになっていますが、二つの教えを比べると、「ACOL」は「ACIM」の指針の延長ではありません。むしろ、「ACIM」の指針を簡略化し後退させたものです。「ACIM」の過激な非二元の世界観に脅かされてしまう人や「ACIM」に興味のない人にとっては、入門書として役立つかもしれません。けれども、「コース」の生徒にとっては明晰さよりも混乱をもたらすでしょう。わたしは率直に、「ACIM」のコミュニティの極一部で「ACOL」が大絶賛されていることに困惑しています。だからこそ、このような細かいレビューを投稿しようと思いました。初級の生徒たちにとって、この二つの霊的（スピリチュアル）なワークの大きな違いを理解することは避けてはならないと感じています。これからその違いについて述べたいと思います。

「ACOL」は前書きで、個人という自己や肉体を否定せず、真の自分でいることを強調しています。また、わたしたちが人というかたちを取り続けながらどのように高められた自己へと変化できるのか、そしてどのように幻想の世界が関係性と融合をとおして新しく神聖なものになるのかを述べています。これは「ACIM」の非二元の教えを延長させたものではなく、二元に後退させたものです。「ACIM」は、わたしたちが認識してきた、肉体に収められ死ぬ運命にある個人は、幻想であり、分離の夢であると教えています。また、われわれの課題は、赦しをとおしてその分離の夢を癒すこと、さらに兄弟姉妹の肉体、個性、過去を見るのではなく、それらを超越したところで輝いている一体性（ワンネス）を見るヴィジョンによって、分離の夢を癒すことだと教えています。真に存在しているのは、愛の一体性、神と神の創造物の一体性だけです。これまでも、そしてこれからも、実在しているのはこれだけです。線型（リニア）の時間の外側にあるその一体性は、幻想には真実を払いのけたり隠したりする力が一切ないことを反映する場合を除いて、かたちや肉体というエゴの幻想世界とのつながりを持っていません。個人という自己や肉体を否定せず、どういうわけか幻想世界を新しく望ましいものにさせるというのなら、「ＡＣＯＬ」はその主張とは裏腹に非二元の体系とはいえません。こうした考えは魅力的で心地よく、わたしたちをそれほど脅かしはしません。わたしたちが慣れ親しんできた自己という感覚に挑んでいないからです。まるで自分がエゴと肉体であるかのように人生を続け、それでまったく大丈夫であると断言し、それでもなお救いを見出せると主張しています。こうした考え方は「ＡＣＩＭ」に反しており、「ＡＣＩＭ」では目覚めの大きな障害と考えられています。

「ＡＣＯＬ」では「あなたの内なるキリストは、完全な人間であり、完全な神です。……それはつまり、人が神と一体になるということです。そうすることで、わたしたちは愛の存在を迎え入れることができます。……地上におけるあなたの目的は、身体を持ちながら神と一体になることです(5.1)」と述べています。これもまた「ＡＣＩＭ」に反しています。わたしたちは、心（マインド）だけが実在しあらゆる心は一つであること、つまり赦しのプロセスを経て心と心はつながることを教えるために人というかたちを使うかもしれません。しかし愛の存在を明らかにするためには、目覚めの障害となっているものを取り除かなければなりません。すなわち、特別な存在でいたいという思いや、神や他者から分離していたいという思いを取り除かなければならないのです。人と神がつながることで、愛の存在が明らかになるのではありません。「ＡＣＩＭ」ではそれは不可能としています。

「ＡＣＯＬ」は、「神は融合そのものです。……神があらゆる関係性を創造されました(5.4)」「真に実在するものとは関係性のことです(6.1)」と主張しており、関係性や融合を神のレベルに引き上げていますが、「ACIM」では真に存在しているのは神のみと述べています。結局のところ一体性（ワンネス）と融合は同じものではなく、一体性と関係性も異なるものです。関係性も融合も、分離した存在同士が相互に関連し、つながり、完全に一つになることを意味しています。関係性は一体性に到達する道具になるかもしれませんが、一体性そのものではありません。「ACIM」では、一体性は神が創造するものだと述べています。神は完全なものしか創造しないからです。

公平のためにいいますが、「ACOL」には下記のように「ACIM」と完全に一致している部分もあります。「あなたのマインドは、あなたの身体のなかにあるのではありません。それは神とともにあると同時に、あなたはそれを兄弟たちと平等に分かち合っているのです(6.2)」「判断は、分離した心が自らに与えた役割です(16.7)」。だからこそ、「ACOL」は「ACIM」の一部の生徒たちにとって魅力的なのでしょうが、だからこそ、わたしは「ACOL」を「ACIM」の生徒にはお勧めしません。「ACIM」を何年も学び実践していない限り、「ACOL」は混乱をもたらすでしょう。真実と中途半端な真実が合わさっても、真実以上のものにはなりません。ただ、教えを希薄でぼんやりしたものにさせるだけです。その結果、純粋でも真実でもないものとともに取り残されることになります。

「ACOL」は個人という自己と肉体の価値を保とうとし、分離の夢から完全に目覚める以外の目的を持ち、「ACIM」でいう「真実を幻想に持ち込む」という過ちを犯しています。「ACIM」のゴールはその反対で、幻想を真実に預けることです。そのとき幻想が消えるのです。

以下は「ACIM」からの引用です。「天国（真実）には、あなたが手に取って幻想に織り込むことができる一部分というものは存在していない。また、天国に持っていける幻想というものも一つもない［T-22.II.8:1-2］」。わたしたちの課題は、目にしている世界が永続する価値あるものを提供しないことを認め、幻想の夢の世界のあらゆるものが、自分たちを傷つけ、神と愛と一つである真の輝いた自分への目覚めを妨げていることを認識することです。

『愛のコース』は、「ACIM」と「ACOL」は補い合うものであり、同じ「声」であり、同じ思考体系である上、「ACOL」はよりわかりやすいと述べていますが、正直にいえば、そうではありません。「ACOL」の「声」も思考体系も「ACIM」のそれを反映するものではありません。一方で、世界を愛とともに見て、判断を中断させ、個人の努力よりも関係性を尊重させようとする教えは、どれも学んで広めるに値するものです。わたしはただ、「ACOL」の作家と出版社が、「ACIM」に寄りかかった販売活動の必要性を感じずにいてくれたらよかったと思うばかりです。

ぼくはボブのレビューに感謝していた。そして、彼のレビューによって、生徒たちが「コース」という非二元の真実から離れずにいてくれることを願った。彼はとても明確に、「ACOL」は「コース」の続編ではなく、後退させたものであり、「ACIM」に反し、かたちある世界が神の創造物であるとわれわれに信じさせようとするものだと主張していた。また、高められた自己とは、人間と神が、あるいは個人と普遍的なものが融合したものだという「ACOL」の考えは、「コース」のアプローチとは異なると述べていた。ぼくは思っていたほど、このことについてアーテンとパーサに聞かなくて済むと思った。

それから間もなくして、ぼくの妥協しないアセンデッド・ティーチャーたちが目の前に座っていた。パーサが話しはじめた。

パーサ　『愛のコース』を読んだのね？

ゲイリー　さすがだね。それについて何かいうことある？

パーサ　いいえ、あんまり。簡単にいえば、高められた自己はまだ自己だし、かたちだし、神との一体性（ワンネス）ではないわ。個別性と分離を保つ二元的なものよ。あなたも指摘していたように、わたしたちが述べた非二元の歴史と同じことをしているわ。「コース」をやらずに、エゴを生かしておくために、純粋な非二元の教えを二元的なものに変えてしまった一例ね。「コース」が出版されて以来、世に出た「コース」の模倣物のすべてに同じことがいえるわ。作家は善意でおこなっているけど、「コース」がほんとうに述べていることが理解できていないわ。実在するものから離れないことよ。エゴに対して唯一できることは解体することですもの。真の救済はいつだって、つくり直すことではなく、取り消すことなの。

わたしたちが「普通でいなさい」というとき、「コース」の赦しをしながら、いつものように生きなさいといっているのよ。Ｊはこういってるわ。

存在しているように見えるのに、実は存在していないこの世界での生き方がある。あなたの外見は変わらないが、あなたは以前よりもよく微笑むようになる。あなたの額に曇りはなく、あなたの目は穏やかである。あなたと同じように世界を歩む人々は、同じ仲間たちを認識する。でも、まだその生き方を知覚していない人々も、あなたを認識するだろう。そして、かつてのあなたと同じように、あなたが自分たちと同じであると信じるだろう。[W-pl.155.1:1-5]

アーテン　実在するものに、かたちはないと覚えていてくれ。どんなかたちも物体もない。地上の天国はいずれなくなる。あらゆるものがやっと目覚めたとき、世界は消えるんだ。夢から覚めたら夢はどうなるか。夢は消える。だから、最初の本を宇宙の消滅（原題は『The Disappearance of the Universe』邦題は『神の使者』）と名づけたんだ。「教師のためのマニュアル」では地上の天国については語らずに世界は終わると述べているのに気づくだろう。

ゲイリー　ありがとう。そうだね。「コース」は、よりよい世界をゴールにしていない。「世界は存在しない！ [W-p1.132.6:2]」といってるんだ。みんなこの地上で何を得られると思ってるんだろうか。存在していない、よりよい世界とでもいうのかな？

アーテン　そのとおりだ。Ｊの「コース」から、それに関連している部分をいくつかいっておこう。

赦しは地上における愛のかたちであるが、天国において愛はかたちを持たない。[W-pI.186.14:2]

光はこの世界に属するものではない。[W-pI.188.1:5]

あなたのなかに、世界が知覚できない光がある。あなたは世界の目でその光を見ることはできない。あなたが世界によって盲目にされているからである。[W-pI.189.1:1-2]

トマスの福音書みたいに聞こえるだろ？　それから次はわたしの好きな箇所だ。

分離の思いが真の赦しの思いに変わるとき、世界はまったく別の光のなかで見られるだろう。その光は真実へ導く光であり、そこでは全世界とあらゆる過ちが姿を消す。[W-pII.3.1:4]

神はこの世界をつくらなかったし、神は世界とは何の関係もない！　神はみなが、ほんとうはどこにいるのかを知っている。わが家で安全だと知っているんだ。きみたちは高次の生命体という真の生命（いのち）に目覚める準備をしているところだが、ほんとうの生命は神と同じように、かたちを持たない完全な一体性（ワンネス）だ。そこには制限も境界も障害も限界もない。愛が壮大に広がるのを妨げる機能はそこにはないんだ。きみが愛したすべてがそこにはある。人も動物もだ。でも肉体はない。だた完全な一体性のなかにすべてがある。だから、誰も何もそこから孤立することなどあり得ないとわかる。みなが一つで肉体がないから、この世界で感じられる以上に彼らと近しくなれる。肉体は真につながることはできない。「コース」は、真の統合は心のレベルのみで起こり得ると教えている。

パーサ　心（マインド）を回避できるなんて教わらないようにね。Jは、この世にある真の力は選択する心の力、選ぶ力だといってるわ。心を回避したい人たちは、唯一ある力を手放すことになってしまう！聖霊（ホーリースピリット）とともにおこなう純粋な非二元の思考こそが、世界の思考を逆転させるの。「テキスト」の最後で、あなたたちがおこなうべき選択について詳細に述べているわ。その選択にはつねにあなた自身の他者に対する考え方が伴うの。

もう一度、他者をどのような存在にしたいのか選び直しなさい。あなたの選択の一つひとつが、あなた自身のアイデンティティを確立させていると覚えておきなさい。あなたは選んだものを目撃し、それを自らのアイデンティティとして信じることになるのだから。［T-31.VIII.6:5］

なぜそれがあなたのアイデンティティを確立するかというと、心がそういうふうに働くからよ。繰り返しになるけれど、ほとんどの人は自分で意識できている心の部分にしか気づいていないわ。でも、それは氷山の一角なの。心の奥深くにどんどん入っていくと、つまりカール・ユングの集合的無意識までいくと、たった一つの心があるだけなのがわかるわ。ほんとうはたった一人のあなたしかいないからよ。エゴが一つあるだけ。大勢いるように見えるけどね。

ゲイリー　ヒンズー教の多種多様な世界みたいだな。

パーサ　ちゃんと聞いてくれてるわね。いい子ね。だから、見えているものにかかわらず、一人のあなたがいて、一つの心（マインド）があるだけなの。でもここで、あなたには見えないある問題があるわ。あなたが見ている宇宙の時空の投影は、一つの無意識から生じている。投影機はその無意識に隠れているのだから、あなたの無意識はすべてを知っている。そして、あなたが見ているあらゆるものはそこから生まれているのだから、当然、あなたの心はどこかのレベルですべてを知っているのよ。真実ですらそこに埋もれていて、思い出してもらいたがっているの。無意識がすべてを知っているというのなら、実は一人のあなたしかいないことも知っているはずよね。これがよくもあり、悪くもあるのよ。悪い点は、心は一人のあなたしかいないことも含めすべてを知っているから、どんなに些細なことでもあなたが他人について考えたり話したりしたすべては、あなた自身についてだと解釈する点よ！　それによって、自ら自分についてどう思うかを決めることになるし、最終的には自分に関する信念がそれで決まるの。あなたのあらゆる選択があなたのアイデンティティを確立させるのは、あなたが選んだものを目撃し、それを自らのアイデンティティとして信じることになるからと「コース」がいってるのも、このためよ。他者を見るように自分を見ると強調しているのも、このため。ほんとうにそうだからよ。

ゲイリー　じゃあ、自分が自分についてどう感じることになるかは、他人についていまどう感じているかで決まるんだな。自分が幸せになるのか落ち込むことになるのか、罪の意識を持つことになるのかそうでないのか、肉体なのか霊（スピリット）なのか、そういうことも全部同じように決まるんだな。

パーサ　そうよ。それが心の力、選ぶ力よ。いい点は、それをいったん学べば使えることよ。聖霊（ホーリースピリット）とのワークの仕方を学べば、わが家へいくことを決断する力を使えるようになるの。

ゲイリー　そりゃ最高だな。ところで大事な質問があるんだ。前にも聞いたことなんだけど、ぼくのこれまでの赦しによって答えが変わっていないかなと思ってね。ぼくはこの人生で、すべてを完全に赦して、全部のレッスンを学び終えられるかな？　この人生で目覚めて、最後の生で、パーサ、あんたとして戻ってこなくて済むかな？

パーサ　答えは〝イエス〟よ、ゲイリー。この人生で仕事をやり終えることは可能だわ。前にもいったように、レッスンはかたちが変わるだけで、どの夢の人生でも同じ意味を持っているの。あなたには、まだこの人生でレッスンをやり終える時間があるわ！　いままでよくやってきたし。あなたがレッスンを一段階上に向かってチャレンジするところが好きよ。いろんなところに旅をするだけでもたいへんなのに、「コース」の政治問題が舞い込んできて、大勢の人たちと会い、テレビシリーズの制作を目指してる。思いがけずたくさんの責任を背負ってきたわね。そうしたすべてが、あなたの赦しの実践に貢献してきたし、きっとメイン州にいたままだったら無理だったレベルへと赦しを引き上げたのよ。忘れないでほしいのが、あなたが心のレベルでおこなう選択に応じて、異次元の時間と別のシナリオが用意されていることよ。それらの決断をもとに、聖霊（ホーリースピリット）がいつもあなたにとって最善のことを決めているの。

ゲイリー　それはいいけど、ちょっと待って。脚本が書かれてるっていうあれは、どうなるの？　出会うべき人が出会って、誰もがそれぞれの役割を果たすんだろ。もしぼくが戻ってこないなら、起こるべきすべてはどうなっちゃうんだ？

アーテン　線型（リニア）で考えているな。きみがパーサになって、シンディがわたしになって最後の生をすごすことで、きみが忘れていることがある。その生はすでに起こったということだ。すべては同時に起きているんだ。「コース」によれば、それはすでに終わっている。もうすでに終わったことを心で見直しているんだっただろう？　映画を観ているみたいに。たとえば、映画館で五十人の観客と一緒に映画を観ていたとして、きみが映画館から出ていったからといって、映画は終わらないだろう？　五十人の観客は映画を観続けるんじゃないかい？　きみがいないからといって、映画には何の影響もない。きみがいるかどうかと、映画そのものは対比できない別物だ。映画はそこで観る人たちのために続いていく。きみが夢から目覚めて映画を観なくなっても、映画を観ている人には何の影響もない。彼らが人生という名の夢の映画を観るのをやめて、神の生命(いのち)であるほんとうの生命を見るには、彼らが目覚めなくてはならない。

ゲイリー　でも、ぼくがそこにいないなら、彼らはどうやってぼくに会うんだい？

アーテン　彼らがきみに会うために、きみがそこにいる必要はない。きみは一度だってそこにいないんだから！　彼らが見ているのは彼ら自身の投影なんだ！　きみが自分はそこにいたと思っているのは、きみがまだ分離を信じて、投影を実在させているからだ。きみは悟りに達するまで、自分がトマス、ゲイリー、あるいはパーサだと思っているんだ。いつどこできみが悟るかは問題ではない。パーサかゲイリーか、悟るときにはそんなことはどうでもいいことだ。

ゲイリー　しまった。すべてが捏造されていたのを忘れてたよ。実在させてしまうのに慣れ切っていて、こんなに学んでいてもまだ、このすべてがほんとうではないというのを理解するのが難しい。でも、Ｊみたいなマスターは、人々を正しい方向に導くために、そこにいなきゃいけないといってなかったっけ？

パーサ　ええ。わたしたちがいったことはどれも有効よ。奇跡をおこなう者(ミラクルワーカー)のいちばんの目的は時間を節約すること。「コース」には時間を節約するという特徴があるわね。だから、聖霊(ホーリースピリット)はその特徴を計画に取り入れて人々が脚本にあるよりも早く目覚めることを選ぶようにうながしているの。悟ったあなたの肉体は、聖霊のコミュニケーションの道具になるわ。あなたがこの世界で唯一持っている自由意志を使って、聖霊を選ぶ力を行使して早く目覚めると、より早く他者の手本となって彼らを正しい方向に導き、全兄弟姉妹のプロセスを早められるようになるわ。

あなたがこの夢の人生で目覚めても、ほかの人たちにはまだ百年後にパーサがシカゴにいるように見えるでしょうね。それはまだ彼らが映画を観ているからよ。心で見直しているのよ。まだほんとうに目覚めていないから、自分がそこにいると思っているの。でも、あなたはもう映画館から出たから聖霊(ホーリースピリット)よ。いつであろうと悟ったなら、個人のあなたではなくなるわ。あなたは再び真の自己になったの。アーテンやわたしのように、悟った者のイメージが聖霊に使われることについて「コース」で何といってたか覚えてる?

> 彼らはあらゆる必要性を知り、あらゆる誤りを認識し、見すごす。これが理解されるときがくるだろう。それまでのあいだ、彼らは彼らに助けを求める神の教師たちにあらゆる贈り物を与える……。[M-26.2:7-9]

アーテン　だから、誰でも自分の唯一の力を使えば、心のなかで霊(スピリット)を活性化させて、その結果、早く目覚めることができる。聖霊(ホーリースピリット)がもっともしないのは、誰かのサンシップの目覚めが早まるのを阻止することだ。確かに、全員が完全に目覚めるにはとてつもなく長い時間がかかるように思えるが、長い時間をかけなくてもいいんだ。いずれにしても、きみは待たなくていい。次の生まで待たなくていいんだ。いま目覚めることを決意していい。シンディも同じだよ。シンディにそう教えてあげていいぞ。

ゲイリー　教える必要ないよ。彼女は、ぼくがタイプしたあと校正してくれてるんだ。誰よりも先に彼女が見ることになる。あんたがたも、知ってただろう？

パーサ　ええ。でも、教育目的であえて知らない振りをしてたわ。聖霊（ホーリースピリット）はあなたがいるところで、あなたに会うのよ。

ゲイリー　ぼくがバカだといってるのかい？

パーサ　いいえ。あなたは実在しているときだけ愚か者になるわ。

ゲイリー　いまちょっとバカにしただろう？

パーサ　からかっているだけよ。真に赦すには、実在させないことがいちばんの近道だと覚えていてね。それがいちばん重要なのよ。実在させたものを赦すなんてできないんだから。実在させるなら、赦しはうまくいかないわ。「コース」では「破壊するための赦し［S-2.II.1:1］」といってるわね。

アーテン　それから、時間を節約するには、一日を聖霊（ホーリースピリット）に任せることだ。すると、事あるたびにガイダンスを求めて霊（スピリット）を思い出せるようになる。きみがよくJのことを考えるのは、とてもいいことだし、きみはきちんとつながっているよ。もちろん、ただ聖霊に話しかけるのもいいが、お願いすることが大事だ。

ゲイリー　ああ。できるときは、朝五分間、霊（スピリット）とつながるようにしている。何もいう必要はなく、ただそのとき世界のことを忘れるようにしているよ。必要に思えるものを忘れて、ただ神に意識を向けるようにしている。神の愛に浸って、感謝の気持ちでいるんだ。すると心が霊の状態になって、インスピレーションを受け入れやすくなる。そのとき必要なのは思考だけだ。

神と一緒にいることに慣れるのが不可欠だと思う。ほとんどの人は瞑想するとき神のことを考えないけど、「コース」の「ワークブック」の後半のレッスンでは、実際に神にアプローチするレッスンがいくつもあるように、Jは必ずいつか、ぼくたちが神に呼びかけるように導く。あんたがたが教えてくれたように、神の存在を認めなくては、神からの分離という考えを取り消すことはできないしね。必ずどこかで神と一緒にならなくちゃいけないんだ。

アーテン　やるじゃないか、兄弟。ところで、シンディが自分の力で素晴らしい教師になって、われわれも嬉しく思っている。まあ、次の生でわたしになるなら、素晴らしいのは当然だがな。

ゲイリー　そうだね。シンディにはシンディの考えがあるし、ぼくは彼女に何をしろとはいわない。シンディがぼくと一緒に旅をしてワークショップをしたければするし、いきたくなければいかないさ。彼女は数年前に講演するようになったばかりだけど、ほかの講演者のようにうまいし、「コース」において妥協しない姿勢を持っている。シンディほど「コース」をよく読む人を見たことがないし、彼女はいつも「コース」について話してるよ。ときどきぼくは「コース」のことを考えるのが嫌になって、「シンディ、ちょっと勘弁してよ」っていうくらいだ。彼女には音楽のキャリアもある。三枚目のソロCDをつくり終えたところだ。いまはCDを買う人は少なくなって、デジタルの時代だけどね。彼女が家でピアノを弾いて作曲するのを聞けるのは楽しいよ。

アーテン　本を買う人も少なくなるさ。確かに昔ながらの方法で、手に本を持って読みたがる人たちはこれからもいるが、ミレニアル世代（二〇〇〇年以降に成人を迎える世代）はデバイスを使っていろんなものを読んで、ほとんどは本を読まない。よくも悪くも、将来はそうなっていく。

ゲイリー　ぼくは、まだ本を読む人たちがいるあいだに、あんたがたとワークできてラッキーだな！　もちろん、ぼくたちの本は今後もデバイスで読めるけど、何だか同じじゃない気がするよ。

パーサ　少なくとも、読んでくれる人たちはいるし、それはすごいことよね。ヘレンは「スター・トレック」に出てくるようなデバイスで「コース」が読まれるようになるなんて、想像してなかったでしょうね。

ゲイリー　まあ、いまは彼女も変化についてきてるけどね。

註：『奇跡のコース』を書き取ったヘレン・シャックマンが生まれ変わったと知ってから、数年が経っていた。ヘレンが誰に生まれ変わったのかも知っていた。その人物とはとても親しい友人になった。その人は自分がヘレンだったこと、そしてヘレンの生のすべてを知っている。いうまでもなく、ぼくはそれが誰かを暴露しないいし、これからもいうつもりはない。ヘレンだった人物本人が公表することを選ぶなら、その人がそうすべきで、その人がそうしないのであれば、ぼくはその選択を尊重する。

三冊目の本に記したように、アーテンとパーサから彼らの最後の生について聞いたとき、アセンデッド・マスターの二人が最後の生で公で教えなかったことが興味深かった。かつてブッダだったナダブも、最後の生で教えを説くことはなかった。「コース」では、「教えるとは、手本を示すことである。[M.Introduction.2:1]」と述べている。ときに「コース」を教えるいちばんいい方法は、ただ「コース」を生きることであるのは明白だ。

アーテン　何か質問はあるかい？

ゲイリー　わかんないよ。答えのない質問だってある。

アーテン　たとえば？

ゲイリー　うーん、たとえば、タイムズスクエアは何で三角形をしてるのかとか？

アーテン　実はその答えはある。何世紀ものあいだ、いまのブロードウェイはもともとアメリカ先住民が使っていた道で、マンハッタン島を斜めに走っていた。次第に道路になり、いまのブロードウェイと呼ばれる通りになった。ほかの通りは島の輪郭とほぼ平行にまっすぐにつくられたが、ブロードウェイは斜めのままだったので、タイムズスクエアで交わっているところは三角形に見えるんだ。

ゲイリー　へえ。

パーサ　聖霊（ホーリースピリット）は人々を特定の場所にいかせたり、特定の人に会わせたり、役立つことを学ばせたり、みんなに影響を与えるという面で積極的にかかわってるわ。聖霊が正しい方向に優しく背中を押してくれている感じね。たとえば、ある本を読んだり、ある映画を観にいかなきゃと思ったりすることがあるでしょう。それとか、誰かの講演を聞きにいこうと思ったり、ある人と友だちになろうと思ったり。そういう思いは自分の考えだと思うでしょうけど、実は聖霊の考えで、聖霊があなたの心の正しい部分を使って導いているの。道を早く歩んでもらえるように、その思いをあなたの意識に浮上させているのよ。

あなたの人生が最悪だった一九七八年に、ダンがあなたをestのトレーニングに連れていこうとしてたのを覚えてる？　あなたはとうとう精神的に参ってしまって、やっと彼と彼のガールフレンドのシャーリーンと一緒にゲストセミナーにいったわね？

ゲイリー　そうだったな。セミナーにいた人たちはとても変わっていて、迫力があって、自分の責任で生きているって感じだった。彼らが何を話しているかさっぱりわからなかったけど、ワクワクしたな。カルトっぽかったけど、ぼくらをジャングルに住まわせたり、何でもかんでも信じ込ませようとしたりすることはなかったよ。

パーサ　あの夜、あなたは申し込むつもりはなかったのに、そうすべきだと強く思ったのを覚えてるかしら？　あれは聖霊（ホーリースピリット）がそう導いて、あなたを優しく口説いていたのよ。あなたにはお金もなかったし、登録するには、いまの千ドル相当にあたる三百ドルが必要だったから、登録しようなんて思ってすらいなかったわね。三十ドルのデポジットで登録できたのに、あなたはすっからかんの一文無しで、まさに心が折れた極貧状態だったから。

ゲイリー　ああ、ひどかったな。

パーサ　そして、聖霊（ホーリースピリット）がシャーリーンに「彼が登録できるように三十ドルを貸しなさい」と告げたのよ。彼女とダンは驚いてたわ。彼女だって余裕がなかったんだから！　あれは彼女の全財産だったのよ。結局、あなたは申し込んで、彼女にお金を返したのよね。仕事を得て、返金するのに八ヶ月もかかったけれど。でも、登録後の二ヶ月は、トレーニングに必要な残りの二百七十ドルを用意できる見込みはなかった。それでトレーニングがはじまる一週間前、母親には金銭的な余裕などないと知りながらも、お願いしたのよね。彼女は、余分なお金があれば喜んであなたにあげたでしょうけど、そのときは無理だと思ったのよ。だってあなたがお願いした金額は、彼女が余分に蓄えていたお金のほぼ全部だったから。でも、あなたがほんとうに一生懸命、説得したから、彼女は折れたわね。聖霊が彼女に、あなたが人生を変える何かを見つけたかもしれないと感じさせたの。彼女はあなたにお金をあげて、あなたはトレーニングを受けたわけだけど、そのトレーニングは、まさにあのときあなたが必要としていたことだった。おかげであなたは正しい方向に向かって旅をはじめられたのよ。

こうしたことは全部、偶然で起きたんじゃないわ。聖霊（ホーリースピリット）がいたのよ。これからときどき聖霊のことをHSと呼ぶわね。聖霊はあらゆる面でいてくれるの。あなたを導いているし、ほかの人があなたを助けるようにも導いているわ。何が最善かを知っているのよ。あなたはあのころ、聖霊について考えもしなかったけれど、そんなことは関係ないわ。HSはつねにあらゆる人とともにいて、みんなを助けているわ。問題は、みんなが聖霊に耳を傾ける意志があるかどうか。たいていの人たちは〝ノー〟と答えるでしょうね。でもHSの絶え間ないワークのおかげで、〝イエス〟と答える人たちもいる。あなたは賢明にもあのとき耳を傾けたのよね。まあ、実用的なことをしているとは思えなかったでしょうけど。

アーテン　聖霊（ホーリースピリット）は毎日、世界中で全宇宙で、サンシップに属するあらゆる分裂した心のなかに、正しい心による考えを植えつけている。人々はそれに耳を傾けるときもあれば、傾けないときもある。「コース」の生徒の正しい心による考えは、多くの人たちにとっては上級ともいえるものなんだ。「コース」の生徒たちは準備ができているからだ。準備ができていないなら、そもそも「コース」をやってはいないだろうからな。

偶然に見えるものは、偶然ではない。聖霊（ホーリースピリット）がつねに人々を特定の場所に導いて、真に助けてくれる人たちに会えるよう動かしている。きみの家のお隣さんが、われわれの最初の本を見つけた話があっただろう。

ゲイリー　そうだね！　その話をしよう。二十五年も霊的（スピリチュアル）な道を歩んでいたジェニーン・レブメンとその親友のステファニー・スウェンギャルは、一緒にエドガー・ケイシーの生徒として内なる旅を歩みはじめた。二人は、バージニア州バージニアビーチにあるエドガー・ケイシー財団（A.R.E.）と関連がある教育機関のアトランティック大学で学んでいるときに出会って親しくなった。霊的な探求をして何年も経ったころ、二人は『奇跡のコース』に出会って惹かれたが、「コース」が話していることが理解できなかった。のちに彼女たちは「フランス語みたいだと思った」といっていた。二人は苛立って、「コース」を断念してしまった。

そして数年前、ジェニーンと一緒に住んでいた姉妹のリンは、やはり霊的（スピリチュアル）な道を歩んでいた。リンは本を書き上げ、出版する方法を模索していた。ある日、散歩に出かけて信号を待っていると、ある男性に会った。特に理由もないのに、彼にいろいろと話しかけ、本を出版しようとしているといった。すると、その彼は興味を持ち、「へえ、わたしも作家です」といい、彼は著書について話し出し、いくつか彼女にアドバイスをして去っていった。

リンは家に戻ると、ジェニーンにその話をした。リンがその作家名をいうと、ジェニーンは聞き覚えがあったが思い出せず、なぜか住んでいるアパートの郵便受けにいかなければと感じた。隣人たちの郵便受けを見ると、リンが会ったという作家の名前を見つけた。彼は隣のアパートに住んでいたんだ！

そして、その作家がぼくというわけさ。隣同士だったのに、ぼくが旅行に出てばっかりだったから、ぼくたちは、それまで話したことがなかった。ジェニーンには、その出来事が日常のよくある出来事ではないとわかっていた。彼女はインターネットでぼくのことを調べ、『神の使者』を見つけ、二日で読破した。そして、長年の霊的(スピリチュアル)な旅仲間であるステファニーにこういったんだ。「この本はあなたの人生を変える」ってね。二人は、「ACIM」を断念してしまった大勢の人たちと同様、「D.U.」(『神の使者』の原題のイニシャルから、よくこのように呼ばれている)を読んでから「コース」を読み直すと、理解できたんだ。そして、「コース」とぼくの本の熱心な生徒になった。「ACIM」は二人が選んだ霊的な道となった。彼女たちを見ていると、「コース」を学んでいるだけじゃなく、「コース」に従って生きているのがわかるよ。

ジェニーンとステファニーは、ぼくの義理の姉妹のジャッキー・ローラ・ジョーンズが司会をしているポッドキャストの動画シリーズ「The 24th Hour」で、この話をした。いまではジェニーンとステファニー、シンディとぼく、ジャッキーとマーク(ぼくの義理の兄弟で、ポッドキャストの動画のプロデューサー)はとても親しい。ジェニーンとステファニーは「The Course, of Course」というポッドキャストをやっていて、そこでは新しい人たちや「コース」の生徒が、いつも「ACIM」を学んでいる。こうした一連の出来事は、聖霊(ホーリースピリット)がワークしてくれた一例だ。こんなことは、しょっちゅう起きている。

アーテン　ありがとう、ゲイリー。リンがあの時間に散歩に出て、きみに会って、信号できみに話しかけたのはなぜだと思う？　偶然かい？

ゲイリー　聖霊(ホーリースピリット)がちょうどいいタイミングで彼女を正しい方向に進ませたといいたいんだな？

アーテン　わかってるな。聖霊(ホーリースピリット)が積極的にかかわるとわれわれがいうとき、冗談ではない。だが、覚えておいてほしいのは、聖霊が世界で何か事を起こそうとしているのではない点だ。そんなことをしたら、世界を実在させてしまう。HSはかたちのレベルを操作したりしない。きみたちの心をとおしてきみたちを導くんだ。聖霊がおこなうこと、「コース」が教えること、それらのすべてはつねに心のレベルの話だ。それを覚えている人はたくさんの時間を節約する。いまならきみもわかるだろうが、それが「コース」のおもな目的だ。時間を節約するという「コース」の特徴は、ほかでは見当たらないだろう。結果ではなく原因の立場からおこなわれる赦しこそが奇跡なんだ。

パーサ　心のレベルといえば、人類はこれから何世紀もかけて知能を発達させていくわ。

ゲイリー　ちょっと待って。何世紀もだって？　人類と地球は何世紀も生き残るのかい？　久しぶりに聞いた励ましの言葉だな。

パーサ　舞い上がらないでね。そんな簡単ではないのよ。人類が間一髪で生き残る場合もある。気候と地形は地球温暖化で滅茶苦茶になるわ。何百万という人が移動を余儀なくされたり、亡くなったりするわ。密かに男性を無精子にして、世界人口に抑制をかける動きもあるし、核兵器によるテロのみならず、数カ所で局地核戦争の可能性もある。権力の座にある政治家たち、そしてこれからその座につく人たちは、ほかに適切な表現がないからいうけど、頭のおかしな人たちよ。これは非難じゃなくて、思考体系を論理的に述べたまでよ。「コース」がエゴについて「まったく残酷で、完全に狂っている［T-16.VII.3:2］」といっているのを忘れないで。

人類はかなり冒険することになるわ。ほかの惑星を植民地化すれば、人類が一度に滅亡するのは困難になるから、種の存続という点では植民地化は助けになるわね。

ゲイリー　未来でいいこともあるはずだろう？

パーサ　ええ。おバカな楽天家さん。人類は何世紀もかけて知能を発達させるといったでしょ。「コース」でも、エゴを解体して心の力を取り戻せば、驚くような力を発揮できるようになるといってるわ。心の目覚めが進めば、使われる脳の知的能力も増すわ。だって、それも心で起きていることの反映にすぎないから。

たとえば、イルカ好きのあなたは、イルカには人間の二倍の知的能力があるのを知ってるでしょ。人間が十パセーントなのに対し、イルカは二十パーセントの能力を使っている。それだってイルカの優れた覚醒によるものなのよ。

ゲイリー　ハワイ先住民はずっと、イルカが人の心を読めると信じてきた。その上、人の本音やどんな人かもわかると信じている。ぼくは何度も飼育されているイルカや野生のイルカと泳いで遊んだことがあるけど、それはほんとうだと思うよ。

アーテン　そのとおりだ。イルカは独自の言語を持ち、人間はコンピューターを使ってもそれを理解できない。とても進化したコミュニケーションをする。テレパシーを使うんだ。きみがいったように、人の心が読めるし、その人の心が平和なのか、それとも葛藤だらけなのかわかるんだ。イルカは溺れている人を助けるとき以外は、葛藤している人間を避ける。葛藤が暴力につながると知っているから、優しい人のほうに惹きつけられるんだ。きみもシンディがイルカにどれほど好かれていたか気づいただろう。

ゲイリー　ああ！　彼女はイルカにとって女神みたいだったよ。ぼくらが水辺にいると、彼女のほうに寄ってくるんだ。ぼくのことも好いてくれてたけど、彼女がいちばんのお目当てだったね。シンディがイルカに話しかけると、イルカが愛で応えるんだよ。イルカはシンディに挨拶するために彼女の鼻に水を軽く吹きかけてたよ。

最後にオアフ島にいったとき、イルカを見にザ・カハラ・ホテルにいったんだ。ちょうど熱帯性低気圧が近づいていて、時速四十マイルの風が吹いていた。ひどい天気になるのは明らかだった。ぼくらがイルカのいるほうへいくと、数分置きに呼吸するときしか水中から頭を出さなかったけど――イルカは哺乳類なのでそうしなければならない――ぼくらのほうへ寄ってきたよ。一頭はぼくらのすぐそばでまるで水中瞑想してるみたいに、頭を下に垂れて、しっぽを底につけて、お腹の部分を下に向けていた。あんなのは見たことなかったな。そこにかなり長くいたけど、嵐がくる前に宿泊先まで戻れてラッキーだった。ハリケーンじゃなかったけど、かなりひどかったからね。

アーテン　地球でいちばんの知的生命体は、人間ではなくてイルカだよ。だが、イルカは指がないから道具をつくらない。たとえつくれたとしても、イルカは武器をつくらない。しかし、何世紀もすれば、人間もイルカのようなコミュニケーション能力を発達させて、テレパシーを使えるようになる。もちろん、すでにそうしている宇宙人はいるが、人間もいずれその技術を得られるだろう。

ゲイリー　もしそれがほんとうなら、必然的に人間の心は目覚めて成長し、ぼくらはより知的に進化し、つまり人類はよりよくなるってこと？

パーサ　ある意味、そうね。でも、二元の宇宙にいることを忘れちゃだめよ。エゴが存在しているように見えているあいだは、後退することもあるし、悲惨なことも起こるわ。エゴにかかると何事も簡単にはいかない。自分をだまして自己満足でもしない限りね。人類は日々、夢の世界のなかで、ただ生き残るためにたいへんな苦悩を経験していかなければならないわ。

ゲイリー　ちょっとのあいだ、いい気分だったけど、がっかりさせてくれて、ありがとう。

パーサ　兄弟、真の喜びがどこにあるか、わかってるでしょう。喜びに関するあなたの好きな「コース」の引用はどれだったかしら？

ゲイリー　ああ、あれね。

喜びのない場所で、自分がそこにいないと気づく以外に、どのように喜びを見つけられるのだろうか。［T-6.II.6:1］

アーテン　真の幸せがどこにあるか思い出そう。きみはいま、それをやっているんだよ、ゲイリー。きみは最後までやりとおせるし、この人生で真の幸せに達せられる。シンディも同じだ。きみたちは一緒にそうしなくてはならないわけではないが、最近、次の人生まで待たずに、この人生でやりとおそうと二人で決めたようだな。われわれもそうなるといいと願っている。そうしなければいけないからではない。ただずっと前に、いつまで苦悩を長引かせるんだと聞いたよな？

ゲイリー　世界の出来事にそれほど影響されなくなったことは認めるよ。大統領選挙については、まだちょっといろいろあるけどね。政治の話ばかり聞いて育ったから、難しいよ。九歳のころマサチューセッツ州に住んでいたとき、ぼくのヒーローはＪＦＫだった。若いころから政治を追うようになって、たくさんのことを学んだよ。いまでも政治家たちやほとんどの人たちよりも政治についてはよく知ってるほうだよ。もう少しで政治家になろうとするところだった。
いまでは、ならなくてよかったと思ってる。いまの時代、礼儀や品性がない。過去の大統領選挙に嘘や憎悪がなかったとはいわないが、少なくとも、こんなにあからさまじゃなかったよ。いまじゃ患者が精神病院を取り仕切ってるみたいで、ワシントンDCはいいお笑い種だよ。統治できなくなってるところが嫌だね。
数ヶ月前、シンディとDCにいったんだ。南北戦争のとき最初の大きな戦地となったバージニア州マナサスでワークショップをやったんだ。DCから車ですぐだった。ナショナル・モール、リンカーン記念堂、ワシントン記念堂、国会議事堂、キング牧師記念碑、ホワイトハウス、どれも素晴らしかった！　ああいうところは実際に見ると感動するね。テレビや映画じゃスケールの大きさがわからない。とにかく、わが政府が建国時の志に従うことを祈るばかりだったよ。建国の父たちは完璧ではなかったが、とても興味深い男たちで、その多くがフリーメイソンだった。いまじゃワシントンのほとんどの政治家を語るとき、「興味深い」という言葉は最後に使う言葉になってしまったけど。

アーテン　きみが感じていることはわかるよ、ゲイリー。わたしだって人間だったからな。でも、Jが「コース」でこういっているのを忘れないでくれ。

世界を嘆いても無意味である。［W-pI.23.2:2］

　すべてが何のためにあるのか、きみもわかっているだろう。政治にいちばん心乱されるなら、それこそがきみがいちばん赦さなければならないものだ。できる限り赦すと決めるんだ。そうすればきちんと赦せるさ。

パーサ　マナサスについて話していたけど、南北戦争はエゴの働きが如実に表れた一例ね。まず奴隷問題。エゴはすかさず肉体を実在させる。しかも、肌の色の違いはエゴが飛びつくにはもってこいだわ。当時は、ある肉体のほうがほかの肉体よりも価値がある上、ほかの肉体にない権利を持つと考えられていたの。ほかの肉体を自分たちの所有物と考える人たちもいたわ。エゴは違いが大好きで、つねに非難や投影に他者を使うように誘惑してくるものよ。
　それから、あの戦争には州同士の権利問題があったわ。当時は、どの国の出身かよりも、どの州の出身かということのほうが重要だったの。ほとんどの人が家から遠く離れたところには出かけなかったし、オハイオ州、マサチューセッツ州、メイン州、テキサス州、バージニア州の出身であることを誇る人たちが多かったわ。でも、州って分離以外の何物だというのかしら？　国と同じで分離の概念にすぎないわ。宇宙から届く地球の映像に、国境が見える？

ゲイリー　いいや。それは神が、神ご自身の素晴らしき無限の叡智を使ってぼくらに国境をつくらせようと決めたからだよ。それでフットボール競技場での度胸試しのごとく、ぼくらに国家の境界線を死守させることにしたんだ。もちろん、それはどっちがどっちをやっつけるのかを見るためにね。だから、われわれ人類を「human race（人の競技）」というのさ。

パーサ　ちょっと落ち着きなさい。あなたも知ってるように、神は神ご自身の無限の叡智によって、いまもわが家でよい時間をすごしているのよ。多くの人たちは自分が地上にいると思い込んで南北戦争で戦ったの。心の葛藤が充足感を求めて叫んでいたのよ。エイブラハム・リンカーンは彼の考えた「われわれの本性に潜む、よりよい天使たち」が勝ることを望んでいたけれど、無理だったわ。あなたたちの国は、知らぬ間に自殺を図ろうとしてたのよ。

南北戦争が終わるころには、北軍と南軍合わせて七十五万人もの兵士が亡くなったわ。正式な発表ではもっと少ないけれど、これが正確な数字よ。多くの地域で、町の四十歳以下の男性全員が亡くなったわ。第一次世界大戦と第二次世界大戦の両方を合わせた数よりも多くのアメリカ人が殺害されたの。確かに第二次世界大戦は史上、群を抜いたもっとも破壊的な戦争だったけど、それは人口の多い国々が戦ったからだわ。アメリカは南北戦争のような経験をすることはもうないでしょう。あれは狂気に満ちたエゴの達成の一つね。

ゲイリー　あんたがたのことだから、訳あって、この話をしてるんだろう？

アーテン　いくつか理由がある。人種差別については、アメリカは考えられているほど変わっていない。人種差別はなくなったんじゃなくて、水面下に隠れただけだ。大事なのは、あらゆる死や恐怖、戦争という偽りの問題解決法、公民権運動や人権運動で偉業をなした人たち、そうしたものがあったにもかかわらず、エゴが変わってない点だ。エゴを解体した人たちはいるが、大規模でないのは確かだ。世界を修正しようとすることではエゴを変えられないし、問題の解決にはならない。百五十年前と同様に、いまも人種差別と偏見がある。そう、かたちは違うが、対立、分離、分裂といったエゴの下劣なゲームは、あらゆる人が直面すべく、依然として存在し、相変わらず痛ましい。

ゲイリー　ほんとうだね。オバマが当選したとき、アメリカにとって大きな一歩だと思ったよ。でも、やっと黒人の大統領が出たというのに、何が起きたって？　頭のおかしな連中がぞろぞろ出てきて、国を取り戻したいとかいうんだよ。彼らがいってるのは、自分とは外見の異なる人たちを忌み嫌って大丈夫だった一九五〇年代に戻りたいってことだよ。イカレたやつ（第四十五代ドナルド・トランプ大統領のこと）がキャンペーンで使った「アメリカを再び偉大に」というスローガンのほんとうの意味は「アメリカを再び人種差別主義に」ってことだ。そいつはオバマがケニアで生まれたといって、大統領としての合法性すら疑問視した。これ以上の人種差別があるかい？

アーテン　だったら、それを実在させないで、彼を赦せないか？

ゲイリー　もちろん。問題は彼じゃないし、彼はただむしばんだエゴでいるだけだ。ぼくが嫌なのは、大勢の人が彼に投票したことだよ！　そこが理解に苦しむし、まったくどうかしてる。病んだ国だといってるようなもんだ。

パーサ　全部が病んでるわけじゃないわ。一部は病んでいるけど、正気の部分もあるわ。世界も同じよ。聖霊（ホーリースピリット）は誰の手にも届くけど、最終的には全員が全世界を赦さなくてはいけないの。それだってみんな、心に葛藤を抱えたままでは、いき着く先がどこになるのかわかっているからよ。

アーテン　もちろん、エゴは基準を引き上げて、赦しを難しくさせる。インターネットは素晴らしい目的のためにも、憎しみを広めるためにも使われる。偏見を持つ人たちの憎しみは、肌の色が違う人たちだけに向けられているわけではない。

きみの国はLGBT（Lesbian, Gay, Bisexual, Transgender）の人たちへの差別禁止法案の検討や裁判所の判決において大きく進歩しているが、憎悪はまだはびこっている。オーランドのナイトクラブ「パルス」で四十九人が殺害された悲劇は、銃と憎悪が合わさる限り何が起き続けるかを顕著に物語る事件だ。エゴはとてもうまく手はずを整え、アメリカをいまの状態にしたし、保守派は自分たちの都合のいいように事を運び続ける。

ゲイリー　わかってるよ。共和党の州議会ではつねに白人の共和党支持者以外の人たちを差別してもいい法律を通過させようとしている。想像してよ。これにはほんとうに腹が立つんだけど、明らかに黒人が投票できないようにするための法律を通過させようとしてるだろう？　そういうやつらは、どうして夜眠れて、アメリカ人だと名乗れるんだ？　民主主義と選挙権のために命を落とした人たちの名誉をなぜ汚せるんだ？　投票する人たちはどうして正気とは思えない地元の政治家たちに権限を与えるんだ？

パーサ　かたちのレベルでは、偏見、女性蔑視、人種差別はいまでもアメリカや全世界で続いているからよ。女性は男性と同じ仕事をしても、いまだに同じ賃金を支払われないし、企業の上司たちからは男性よりも劣った存在として扱われている。裕福な白人男性以外の誰もが、必ず一度は人生のどこかで二流市民の扱いを受けているの。そして、いまは移民問題が話題になって、ますます憎む対象となる人たちをエゴに与えているわ。

アーテン　だから、いくつかアドバイスさせてくれ、ゲイリー。夢のなかでは確かにさまざまな問題があるように見える。でも夢の外から見ると、それらは政治で解決される問題ではない。もちろん、最終的には政治で解決されるように〝見える〟だろうし、あっという間に白人はアメリカの過半数ではなくなる。ヒスパニック系が最大の有権者になる。天才でなくてもアメリカの政治が向かう先は保守派でないことは見当がつく。でも、政治が問題を解決するんじゃない。

世界にあるこうした問題を解決する唯一の方法は、問題を問題があるところで訂正することだ。つまり葛藤を抱える無意識で訂正しなければならない。

ゲイリー　うーん、少なくともあんたがたは一貫してるな。これまで何年もあんたがたといろんな話をしてきて気づいたのは、必ず会話を赦しに持っていくことだよ。赦しがエゴを解体するからだな。そして、原因に対処すれば、結果も自ずと対処される。

アーテン　そうだ。ほとんどのことについては、きみはよくやってきた。政治は、きみが向き合うべき最後の一般的な赦しの機会だな。わたしが「一般的」といったのは、それが世間一般に当てはまることだからだ。きみは、ほかのことはほぼすべて赦してきた。愛する人の死のような、一般的ではない赦しのレッスンもある。きみはこの人生でそうした出来事も赦してきた。でもまだ世間一般的ではない個人的な赦しの機会がやってきたとき、きみは神が与えてくれたその機会に意識を向ける必要がある。

　前に話したように、「コース」のように繰り返すが、何かを赦せたかどうかは、もうそのことを思い出しても心が乱されなくなって、何の影響も受けなくなったときにわかるものだ。きみが我慢ならない政治家がテレビに出て、かつてなら激怒していたような発言をしたとき、反応せずに穏やかでいられたなら、きみはその政治家をほんとうに赦せたとわかるだろう。

パーサ　イライラすることがあるとき、自分を監視して、あなたも知ってる次のステップを実践して。1、まず自分のなかでネガティブなスイッチが入っているのに気づくこと。それはエゴだから、エゴと一緒に考えたり感じたりするのをやめて、それを実在させないこと。2、聖霊（ホーリースピリット）と一緒に考えること。それが聖なる瞬間ね。聖霊は、それが実在しない夢で、あなたがそれを信じなければ、あなたに影響を与えられないと思い出させてくれる。あなたは犠牲者ではないし、それは夢だから、夢に傷つけられることはあり得ない。3、霊的視覚を使うこと。相手は肉体ではなく、完全な霊（スピリット）なの。しかも、その一部ではなく、すべてよ。罪は一切なく、神とまったく同じ存在なの。「コース」がわが子を解放することについて述べているところを覚えてる？

ゲイリー　もちろん、最後の章の少し前だったね。

「わが子を解放せよ！」と告げられたあなたは、神があなたのために解放を求めていると知ったとき、それに耳を傾けない誘惑に負けたりするだろうか。これ以外の何を、このコースは教えるというのだろうか。これ以外の何を、あなたは学ぶべきだというのだろうか。[T-31.VII.15:5-7]

アーテン　ちゃんとわかってるようだな。じゃあ、もう一つ大事なことを話そう。「コース」では、あらゆる苦痛は無意識の罪悪感が原因だといっている。では、赦しによって罪悪感がどれほど赦され、どれほど残っているか、その度合いによって死の体験が変わると考えたことはあるかい？

ゲイリー　いや、なかったな。でも、どうしてそんなこと考えなきゃならないんだ？　というのは冗談だけど、死の体験が赦しによって変わるとは考えたことなかったなあ。でも、納得できるよ。

アーテン エゴは物事を複雑にしたがるからつねにとはいわないが、たいていの場合、肉体が停止するとき、痛みは感じない。死ぬ過程で痛みを感じるかもしれないが、死んだあとはその反対で痛みを感じないんだ。たいてい死はほんとうに素晴らしい体験で、肉体の痛みを伴わない。まず肉体を離れて自由になれてほっとするし、ほとんどの人にとっては、それは至福の体験だ。

ゲイリー そのことについて最近ちょっと考えていたんだ。両親が亡くなったとき、どれほど泣いて動揺したかを覚えている。彼らが亡くなった七十年代は、死について「移行する」といういい方もしていなかった。父は仕事中に地面に倒れて亡くなった。電話で医者からそのことを聞いたときは、悪夢みたいだったよ。「可哀想なお父さん」って思ったよ。とても痛くて恐ろしかったに違いないとね。でもいま考えるとあっという間に旅立ったから、おそらく死の瞬間は痛くなかったんだろうなと思う。痛みはすぐになくなったんだろう？

アーテン そのとおりだ。きみがものすごく落ち込んで泣いていたとき、彼は楽しい時間をすごしていたんだ。わたしが保証するが、きみの両親は移行がはじまった瞬間から素晴らしい体験をしていたよ。どれほど悲惨な死に見えても、死とは素晴らしいものなんだ。たとえば、頭を撃たれた人がいたとしよう。それを見聞きした人たちや、特に撃たれた人と親しかった人たちは、ゾッとするだろう。でも、彼らが理解していないのは、撃たれた人はすぐさま素晴らしい体験に移ることだ。「コース」の「祈りの歌」でこう述べている。

わたしたちはそれを死と呼ぶが、それは自由のことである。［S-3.II.3:1］

パーサ　あなたのお母さんも同じよ。確かに移行する前は苦しんだわ。医者は手術すべきじゃなかった。彼女の血圧は低すぎたし、手術は失敗して、そのあと集中治療室で心臓発作を起こして、もうすべてが最悪だったわね。あなたはそのことで苦しんだけど、彼女が亡くなってからのほうが、あなたは泣いてたわね。でも、ちょっといい？　彼女のほうは最高だったのよ。肉体が停止しても、心(マインド)は生き続けるし、それはエゴの心が経験できる素晴らしい体験の一つなの。だから、あなたが葬儀の最中やそのあと嘆き悲しんでいたあいだ、亡くなったあなたの愛する人は楽しい時間をすごしていたのよ。それがどれほど楽しいか、あなたが知ったら嫉妬するほどにね。

でも、臨死体験について語られているような心(マインド)の冒険が終わると、ほとんどの場合は光に向かうときがやってくるの。アーテンがさっき話していたけど、死の体験はどれほど心のなかで罪悪感が癒されているかで変わってくるわ。たとえば、あなたがその生で悟ったとして、ほんとうに悟ったのなら、あなたは臨死体験として語られるさまざまな段階を経ることはないわ。「コース」で述べているように、悟った人はその最後の生で肉体をそっと脇に置いて、直ちに神の内なるわが家にいるものなの。もちろん、ずっとそこにいたわけだけど、いま話しているのはあなたの自覚についてよ。実際、悟った瞬間はまだ肉体にいるの。悟りは生と生のあいだで起こるものではないのよ。悟ると、神と一つであるのがわかるの。これまでも、これからもずっと神と一つだとわかるのよ。悟った瞬間から神との一体性(ワンネス)を体験するの。そして、肉体を脇に置くとき、神との完全なる一体性が永遠に続いて、そこには時間は存在していない。

ゲイリー　それを経験したいよ。次の質問は、答えはわかってるけど、あんたがたから聞きたいんだ。悟っていなかったら、どうなるの?

パーサ　あらゆる痛みは罪悪感が原因だといったわね。心理的、肉体的、どちらの痛みもそうよ。ただ、悟っていなくても、赦しを実践してきたのなら必然的に癒しが起こるし、真の癒しがあったなら生と生のあいだは真の癒しがなかった場合と比べて、はるかによい時間になるわ。「コース」では、癒しがあったときの死の体験についてこう述べているわ。

わたしたちはいま、安心してより自由な空気とより優しい環境へと向かう。そこでは、わたしたちが与えた贈り物がわたしたちのために保たれてきたことを見るのが難しくない。［S-3.II.3:4］

だから、あともう一回、人生を送ることになっても、赦しを実践していれば死の体験はよいものになるのよ。

赦しを実践していなくても、それは罪ではないけれど、心のなかにはまだたくさんの罪悪感が残ることになるわ。そして、その状態で神の象徴である光に向かうと、罪悪感、痛み、恐れが浮上し、心理的苦痛を感じてそこから抜け出して隠れたくなるの。その隠れ家がここ、つまり投影された世界と宇宙なのよ。それは神からの分離の再現でもあるわね。夢の世界は隠れ家で、そこでは恐れや罪悪感は外側に投影されるわ。一見、そういうものから逃れたように見えるのは、原因や責任がほかの人にあるように見えるからよ。でも実は逃れていないから、それはただの不完全な仕組なの。罪悪感はまだ心のなかにあるのよ。投影というエゴの幻想をよそに、「コース」ではこういっているわ。

考えはその源を離れはしないので、その結果が考えから離れているように見えるだけである。

[T-26.VII.4:7]

これは厄介よね。罪悪感と恐れがまだ無意識にあるのだから。いい点は、考えはその源を離れないから、あなたはほんとうは神から離れていなかったということね。でも、分離を信じて、真実を受け入れていない人たちにとっては、世界が再び彼らのわが家になるわ。Ｊはこういっている。

罪は罰を求め、その要請は聞き入れられる。それは真実においてではなく、罪の上に築かれた影

と幻想の世界において聞き入れられる。[T-26.VII.3:1-2]

ゲイリー　あんたがたは可能だといってくれたけど、もしぼくがこの人生で悟りに達したら、臨死体験のあれこれは経験しないんだな。そしてここにいるあいだに神との完全な一体性（ワンネス）を体験できて、ぼくはほとんど自分の肉体を認識しなくなるってことだね。ぼくが自覚するのはぼくの真の現実（リアリティ）で、肉体を脇に置くと、そこはわが家ということか。じゃあ、「コース」がいう、神が最後の一歩を踏み出すっていうのはどうなるの？　ちょっと、そこを読むよ。

赦しは、赦しの必要性など想像も及ばない天国では、未知のものである。しかしこの世界では、赦しはわたしたちが犯したあらゆる間違いに欠かせない訂正である。赦しを差し出すことが、わたしたちが赦される唯一の方法である。それは、与えることと受け取ることは同じという天国の法則を反映するからである。天国は、神に創造されたままのあらゆる神の子たちの自然な状態である。その状態こそが永遠に彼らのほんとうの現実（リアリティ）である。それは忘れられてきたからといって、何も変わってはいない。

赦しは、わたしたちが思い出す手段である。赦しをとおして世界の思考が逆転する。赦された世界は天国への門となる。その慈悲により、わたしたちはやっと自分たちを赦せるようになるからである。罪の囚人にしておく相手が一人もいなければ、わたしたちは解放される。あらゆる兄弟の内なるキリストを認識することによって、わたしたちは自らの内にあるキリストの存在を認識する。

誤った知覚のすべてを忘れ、過去のあらゆることに引きとめられないとき、わたしたちは神を思い出すことができる。これ以上、学びが進むことはない。わたしたちの準備ができたとき、神ご自身が、わたしたちが神のもとへ戻るための最後の一歩を踏み出されるだろう。[Preface.xiii]

ゲイリー　うまくまとまってるよね。しかも、「コース」の前書きなんだよ！　初めてここを読んだときのことをいまでも覚えているよ。ぼくらが神に戻るとき、神ご自身が最後の一歩を踏み出すというのを読んだとき、てっきり神がぼくを殺すんだと思ったよ。

アーテン　いやいや、思い出してくれ。神がきみを創造したのであって、きみが神を創造したのではない。だから、神が最後の一歩を踏み出すんだ。この表現はたとえだ。きみはかつて歩みを中断したところから、創造主である神と創造者としての自分とともに歩みはじめるだけだ。ほんとうはそこから去ってはないがな。「コース」では、「天国の歌から一つも音が欠けることはなかった［T-26.V.5:4］」というふうにいっているが、神がつねにきみの創造主であって、きみはただ神と同じように創造する。完全なる愛が無限に延長することは、限界ある心には理解できないものだが、それをほんとうに経験するときがやってくる。

パーサ　あなたが読んだ前書きの部分だけど、みんなにはっきりとわかっておいてほしいことを思い出したわ。「コース」は全三十一章の「テキスト」から「ワークブック」「教師のためのマニュアル」「用語の解釈」「精神療法（サイコセラピー）」「祈りの歌」にいたるまで、すべてヘレンが一九六五年から一九七七年にかけてチャネリングしたものだけれど、その最初から最後まで一貫していて妥協がないわ。教師のなかには「コース」の正しい解釈を見つけたと思っている人たちがいるけれど、それは彼ら自身の解釈にすぎない。『奇跡のコース』の解釈は一つしかないわ。わたしたちは二十五年前にあなたのところに現れるようになってから、その唯一の解釈をあなたに伝えてきたの。あなたはワプニック派からもその唯一の解釈を聞いてきたわね。わたしたちはぐらつくことがなかったし、あなたのブレていないところが、わたしたちは嬉しいのよ。

ゲイリー　ああ、でも「コース」のあら探しを続ける人たちは、いなくならないだろうな。最初の五章で「魂（ソウル）」という言葉が削除されたがために「コース」を信じてはいけないという人たちもいる。それに彼らは、「魂」という言葉は個別性を表していて、それは神が創造したものだというんだ。

アーテン　そういう人たちをとめられないのは確かだが、「魂（ソウル）」という言葉は「コース」の初期のころ、ヘレンが再びチャネリングに慣れようとしていたときにヘレンのために一時的に使われていたんだ。きみも知っているようにヘレンは別の生でJと一緒にワークしていた。「魂」という言葉はたとえで、サンシップから切り離された心のことを指している。そうした切り離された部分、あるいは「魂」は、幻想だ。「魂」という言葉はそういうふうに使われていたんだ。

ヘレンはすぐにその部分を直して、「魂（ソウル）」という言葉は使われなくなったが、それもJが彼女に削除するよう指示したからだ。なぜ人々をより混乱させたがるというんだ？　人々はのちに証明されるように、自分たちを混乱させるのがもともとうまいんだ。「魂」の代わりに間もなく「サンシップ」と「神の子」という表現が使われるようになった。「コース」が複数形で「神の子たち」というとき、まだ心を変えていない人たちのことを指し、それはたとえなんだ。「コース」が、真の現実（リアリティ）にはたった一つの神の子、つまりキリストしかいないといっているのは明らかだ。それは完全なる一体性（ワンネス）で神と同じものだ。しかし、エゴは個別性と分離の概念にしがみつくためなら何でもするだろう。

パーサ　あなたがさっきいったことと、いくつかのことをまとめておきたいわ。空港でとても疲れていたといってたわね。それから、自分が疲れているんじゃなくて、疲れている夢を見ていたと気づいたのよね。あなたは肉体ではないから、ほんとうは疲れることなどできないし、疲れていると考えることができるのは心だけだわ。

それを病気や痛みにも当てはめてみて。「コース」とわたしたちの話からわかるように、あらゆる病と痛みは心に属している。癒しもすべて心で起こるのよ。患者の心こそがほんとうの医者なの。このことを、これからいうことと一緒にあなたにまとめてほしいわ。1、肉体はあなたの外側にあって、あなたとは関係のないものである。この考えは、自分が肉体のなかにいるという考えからあなたを引き離すわ。2、自分が見ているとわかっている夢のなかの人影に、まったく反応しないこと。この考えを肉体にも当てはめてほしいの。見ている肉体が自分に影響を及ぼさない夢のなかの人影にすぎないという考えに慣れたら、自分自身の肉体も夢のなかの人影にすぎず、それに影響される必要はないという考えに慣れなくてはいけないわ！　夢のなかにある人影と同じように、自分の肉体にも反応する必要はないのよ。3、ほんとうのあなたにはまったく罪はない。あなたは神の内なるわが家にいて、永遠に神によって守られているの。だから、次に疲れたり病気になったり痛みを感じたりしたときは、これらの三つを思い出して、やってみて。

ゲイリー　わかったよ。つまり、こういうことだね。1、肉体は自分の外側にあって、ぼくには関係のないものである。2、自分が見ているとわかっている夢のなかの人影には一切反応しない。だったら自分の肉体にも反応しなくていいはずではないか。肉体は自分ではないし、自分は肉体のなかにいるのではない。肉体も夢のなかの人影にすぎない。自分が夢を見ていると知っているのだから、それを使って自分に影響を与えさせる必要はない。自分が肉体のなかにいないなら、痛みをほんとうに感じることはなく、痛みを感じている夢を見ているだけにすぎない。痛みを実在させる必要はないんだ。3、ほんとうの自分にはまったく罪はない。神はぼくを愛し永遠に守ってくれている。

パーサ　ええ、自分のことを肉体の外側にいる心(マインド)だと想像してみて。すると、あなたの自覚は潜在的に無制限になる。心はどこにでもいけて、どこにでもいられるけど、肉体はそうはできないわ。

ゲイリー　いいね。やってみるよ。ところでJはどうやって病気を癒したの？　癒すのは患者の心だといってたけど、じゃあ、その場合のJの役割って何？

パーサ　「教師のためのマニュアル」でJが答えているけれど、ほとんどみんな注意して見ないのよ。というのも、みんな、人に手をかざして、賞賛される偉大なヒーラーになりがたっているから。「神の教師の機能」の二段落目と三段落目を読んでほしいわ。

Jは、自分に罪があると思っている病人が、無意識のレベルで病気になることを選んでいると知っている。Jが「教師のためのマニュアル」で述べているのは、彼が二千年前に病人に対して心のレベルでおこなったアプローチと同じよ。もちろん、気づくべき点は、Jがすべてにおいて目覚めていて深いレベルで病人とつながれたこと、そして何もいわれなくてもその病人がなぜ病気になったのかわかったことよ。あなたに読んでもらうのは、病気になることを選んだ人についてJが語っている部分よ。

ゲイリー　わかったよ。

神の教師たちは、彼らが忘れてしまった別の選択を象徴するため、彼らのもとを訪れる。神の教師はただそこにいることで、それを思い出させる。神の教師の思考は、患者が真実として受け入れてきたものについて問いかけを発する権利を求める。神の使者である神の教師たちは救済の象徴である。彼らは患者に、神の子の名において、神の子を赦すよう求める。神の教師たちは、別の選択肢を象徴している。神の教師たちは神の言葉を胸に祝福のなかに訪れる。病める者を癒すためではなく、神からすでに与えられている治療法を思い出させるためである。彼らの手が癒すのではない。彼らの声が神の意志を語るのでもない。彼らは、すでに与えられているものを与えるにすぎない。彼らは優しく、死に背を向けるよう兄弟たちに呼びかける。「神の子よ。生命（いのち）があなたに差し出せるものを見なさい。この代わりにあなたは病を選びたいのだろうか」

進歩した神の教師たちは、兄弟が信じている病のかたちについて考えることは一度もない。一度でもそれについて考えるのであれば、それはあらゆる病には同じ目的があり、ゆえにそれらには何の違いもないことを忘れることである。彼らは、神の子が苦しむことがあると信じるほどに自らを欺く兄弟のなかに、神の声を探す。彼らは神の子に、自ら自分をつくり出したのではなく、神に創造されたままであることを思い出させる。彼らは幻想が何らかの結果をもたらすことはないと認識している。彼らの心にある真実が、兄弟たちの心にある真実へと手を差し伸べるので、幻想が強化されることはない。こうして幻想は真実のもとへと運ばれる。真実が幻想にもたらされるのではない。幻想は、他者の意志によって一掃されるのではなく、一つの意志のそれ自体との融合によって一掃される。神の教師たちの機能とは、いかなる意志も彼ら自身の意志から分離していないこと、そして彼らの意志が神の意志から分離していないことを見ることである。[M-5.Ⅲ.2:1-3:9]

パーサ　今度、病院にいる人や、病気で家にいる友人をお見舞いで訪れる際は、この部分を読んでおくと、進歩した神の教師の態度を思い出せるわ。

ゲイリー　わかったよ。その部分がいってることは何となく把握できたと思う。完全にじゃないけどさ。

パーサ　お高くとまらなければいいわ。大物ヒーラーなんかになろうとしないでね。あなたがそこにいて誰かが元気になっても、それを自分の手柄としないで、いま読んでくれた箇所をただ教えてあげてね。

アーテン　これまできみが「コース」から学んだのは、きみの現状は心（マインド）であること、そして心には選ぶ力があることだ。自ら信じようと決めたことが自分に影響を与え、最終的には自分について自分が信じることを決定する。決して心の力を見くびってはならない。心の選択によって、自らの源（ソース）から離れたままでもいられるし、自分自身を大勢のエゴのなかにいるエゴのように感じることもできる。または、聖霊（ホーリースピリット）に導かれて壮大な一体性（ワンネス）のなかで自らの源であるわが家に戻ることもできる。心は霊（スピリット）を活性化させる主体であると「コース」で学んだな。あらゆる選択において正しい方向に進むために心を使うようにすれば、きみはこの人生で悟れるはずだ。

ゲイリー　そうなるといいよ。たいていの場合、赦しをどんどんうまく実践できるようになってきている。ギター奏者だったころ、練習を重ねてうまく弾ける方法を見つけたけど、赦しも同じだね。やればやるほど、うまくなる。でも、唯一困っているのが、こんなに長いあいだ赦しを実践してきたのに、いまでも赦すのが難しいときがたまにあることだ。まだ気に触ることがいくつかあるんだよ。ケンでさえもたまにムッとするといってたな。そういうのはいつか終わるのかな？

アーテン　そのときがくれば終わるさ。ケンにはそのときがきたんだ。専念して実践していくにはいろいろあるし、きみがいったように苛立つこともあるだろう。きみは、何事にも心乱されなくなるときがくるのだろうかと思うだろうが、そうなったとき、必ずしも自分の赦しや癒しの結果を見られるわけではないと覚えておいてくれ。結果を目で確認できないことを非難するんじゃないぞ。「コース」ではこういっている。

> 自分の贈り物がもたらす結果を評価することは、神の教師たちの機能ではない。贈り物を与えることだけが、彼らの機能である。[M-6.3:1-2]

信念を持っていれば、たとえ何が起きていても、心（マインド）に平和を取り戻すときが必ずやってくる。そのあいだにも、きみはさらにうまくやれるようになる。いまもたいていは心穏やかでいるだろう？

ゲイリー　確かにそうだな。初めてあんたがたが現れてくれたころの自分を思い出すよ。あらゆることを心配していて、穏やかな気持ちとは程遠かった。自分が心配していることすら気づいていないくらい心配していたよ。それが普通だと思ってた。兄弟のポール以外とは、ほとんど誰とも友好な関係を築けなかったし、何事もうまくできなかった。そのころすでに十五年も霊的（スピリチュアル）な道を歩んでいたけど、ぼくの人生は最悪だったよ。確かに、霊的な道を歩む前よりはだいぶよくなってはいたけど、それだって、それ以前の人生がどれほどひどかったかを示しているにすぎない。前にもいったけど、何かが欠けていたんだ。一九九二年の大統領選挙に夢中になりすぎて、もう少しで病気になるところだった。ぜんぜん幸せじゃなかったし、どうしたらいいのかわからなかった。

それで、いまでもはっきり覚えているけど、ある決断をしたんだ。人生から葛藤を取り除きたいと自分にいい聞かせた。それがいかに無理難題か気づいていなかったけどね。だって、自分がどれだけ心に葛藤を抱えていたかわかってなかったからさ。当時の自分の気持ちについて、いま誰かを責めているんじゃないよ。すべては自分の責任だから。当時、ｅｓｔのおかげで、自分が犠牲者でないことはすでに学んでいた。そうすることに何の力もないとわかっていた。だからさっきの決断をしたんだ。あの決断があったから、あんたがたが現れてくれたんだと思ってる。ぼくは、あんたがたが伝えなきゃならないことを聞く準備をしなきゃならなかったんだ。

ぼくはあんたがたに教わったことを実践して「コース」を学んで、とても変わった。かつての自分がどんなだったか、ふだん忘れてるくらいだよ。自分はみんなと同じようにいつもこうだったとつい思うけど、違うんだ。よく考えると、自分がものすごく変わったのがわかる。昔のように心配しないし、人がどう思うかをそれほど気にしなくなった。前は、自分がどう見えているかがとても重要だったけど、いまじゃ、どうでもいいって感じだよ。どうせ、みんないつか死ぬんだ。だから、赦して、前に進んで、楽しい時間をすごしたいね。

いまは赦されていない関係にある相手が思いつかないよ。講演で話すのも楽になったけど、初めて人前で「コース」について話したときは怖かったな。たくさんの赦しをして、講演を五、六回したあとは平気になって楽しくなった。いまは歯を磨くのと同じくらい、まったくストレスを感じない。

一方で、旅行はいまでも赦しの機会だ。この仕事をはじめたころは、そうでもなかった。当時は航空会社もぼくを客として扱ってくれていたからね。でも、いまじゃ容疑者扱いだよ。TSA（米国運輸保安局）も同じだよ。ぼくはKTN（Known Traveler Number）を持ってるから、プレチェックリストでセキュリティを早く通過できるはずなんだけど、それでも異常者扱いだ。おそらく、ぼくの本の内容のせいなんだろうけどね。でも少なくとも、いまではそうしたすべてが何のためにあるのか、わかっているよ。

時間をかけてきちんと振り返ると、確かにあんたがたが初めてきたころとはすべてが違う。プロセスが早まっているのがわかるよ。前に何度か些細な事故で怪我をしたとき、痛みを感じてもおかしくないのに感じなかったんだ。変だなと思ったよ。痛いはずなのにさ。それに身体が柔軟になったみたいで、前よりも太ったのに身体が軽いんだ。まさに夢のなかの人影だよ。それと、これからもっと感謝するようにするよ。ありがとう。あんたがたは、さらに考えて取り組むべきことを与えてくれたよ。

パーサ　ありがとう、兄弟。長居したけど、その甲斐があったわ。Jの言葉を残していくわね。今回の一連の訪問の最後として、あともう一回戻ってくるわ。それまで元気でね。わたしたちの愛はいつもあなたとともにあるわ。

兄弟とのあなたの関係は、影の世界からその根を引き抜かれている。そして神聖ではなかった目的は、罪悪感という障害を無事つき抜け、赦しで洗われ、輝きながら光の世界にしっかりと根づいている。その関係は暗闇から高く引き上げられ、天国の門の前に優しく置かれ、あなたに同じ道をたどってくるようにと呼びかけている。あなたと兄弟が一つになる聖なる瞬間は、愛の使者にすぎず、赦しの向こうにあるすべてを思い出させるために、赦しを超えたところから送られたものである。だが、それは赦しをとおして思い出される。

赦しという聖なる場で神の記憶がよみがえるとき、あなたはほかのことは何も思い出さないだろう。そして、記憶は学びと同様、無用となる。あなたの唯一の目的は、創造することのみとなるからである。しかしすべての知覚が清められ浄化され、最終的に永遠に取り除かれるまで、あなたはそれを知ることができない。赦しは真実でないものだけを取り除く。赦しは世界から影を持ち上げ、赦しの優しさのなかでその影を安全に確実に、新しい清らかな知覚の明るい世界へと運ぶ。そこにいま、あなたの目的がある。そして、そこで平和があなたを待ち受けている。[T-18.IX.13:1-14:5]

アーテンとパーサはいつものように姿を消した。でも、彼らがつねに一緒にいてくれているのはわかっていた。今回は彼らと随分長く話したが、次の生を待たずにこの人生で悟ることも可能という彼らの励ましと叡智を受け取り、気分が一新していた。嬉しい新情報だったが、果たしてぼくはほんとうにそうできるのか？

答えは〝イエス〞にしようと決めた。いまなら、すべては理由があって起きたことなのだとわかる。あらゆることがうまく組み合わさっていた。自分が何をやっているのかぼくがつねにわかっていなくても、聖霊（ホーリースピリット）は万事において抜かりない。この人生が、神の内側で終えるぼくの最後の人生だ。

第十章
はしごの消滅

心が「これはわたしに対してなされたのではなく、わたしがこれをおこなっている」と認めるからこそ、肉体は解放される。こうして心は自由になり、代わりとなる別の選択ができるようになる。救済はそこからはじまり、分離へと下りていった一段一段の進路の向きを変え、全段階がたどられる。すると、はしごがなくなり、世界のあらゆる夢が取り消されるだろう。

奇跡のコース［T-28.II.12:5-7］

大好きな教師たちの最後の訪問から二ヶ月が経っていた。ぼくの心（マインド）にはＪとブッダのヴィジョンが押し寄せ、彼らが知り合いだった夢の生のことで頭がいっぱいだった。サカとヒロジが神道で学んだことについて考えていた。ぼく自身、日本にいったことがあるので、二人が日本の田舎にいるところが想像できた。彼らがイメージを使って動物たちと話している様子、偉大な真実を学ぼうと専念している様子を感じ取ることができた。彼らはほかの人たちほど夢を信じていなかった。だから何があってもどんなに長くかかっても、自分たちを解放する知識にたどり着いたのだろう。

中国で老子と一緒にいるシャオリーとウォサンの姿が見え、二人の会話が聞こえるようだった。老子と同じレベルで道教の教えを理解しようとし、影の夢から離れ、非二元という真実に心を寄せた二人のことを考えた。インドでは、ヒンズー教徒のハリシュとパドマジュとして、二人はブラフマンという真実を知り、それを感じ、魔術であるマーヤーの愚かさを見ないようにした。

ギリシャでイカロスとタキスは教師プラトンとともに、哲学的考察は役立つかもしれないが、永続する真実を経験することでしか人は満たされないことを学んだ。それから、シッダールタと彼の息子ラーフラは、ついに不変の現実（リアリティ）を体験したことで驚くべき気づきへと導かれた。その気づきとは、神との一体性（ワンネス）こそ、ずっと探していた揺るぎない栄光の真実であったことだ。

ぼくはヨシュアとマリアとナダブのことを知り、喜んでいた。彼らはすでに純粋な非二元という真実と神の叡智を知り、永続する不死の生命（いのち）として生まれていた。

またぼくは、すべてが夢だと知ったウァレンティノスがどう感じていたのか、夢の代わりとなるものを見つけたのか考えていた。教会による文書の破棄によってそれを知ることはできないが、ぼくが教えてもらったように、Ｊとブッダのあとに悟った人たちがいたのは確かだ。世界はその人たちの名を知らないかもしれない。世界のほとんどの人たちは、この世界のことしか知らなかった。「コース」が出版される前、ヘレン、ビル、ケン、ジュディによる「コース」の唯一のスタディグループに参加するということがどんなものだったのか、ぼくにはほとんど想像できない。ぼくはその特権を知り得なかったが、少なくとも彼らのうちの二人とは友人になれた。ぼくは『奇跡のコース』を世に出した彼らの貢献にずっと感謝し続けるだろう。そして、純粋な非二元というＪの容赦のないメッセージにおいて、妥協することを拒んだケンに感謝する。
Ｊとブッダが知り合いだった生について学び、ぼくはすっかり謙虚な気持ちになっていた。そして、悟りと救済の霊的天才（スピリチュアル・ジーニアス）ともいえる人たちに、どうやったら加われるのかと考えていた。すると、何年も思い出すことのなかった『奇跡のコース』の神に関するある文を思い出した。

神の前で謙虚でありなさい。しかし、神の内側では偉大でありなさい。［T-15.IV.3:1］

Ｊはぼくに、Ｊの前で謙虚であってほしいのではなく、神の前でのみ謙虚であってほしいのだと気づいた。ぼくたちは兄弟だったのだ。Ｊは「コース」でたいへんな労力を費やして、次のことを教えてくれた。ぼくたちは時間のなかにいる場合を除いて、みな平等であること、そして時間は存在していないということを。だから、ぼくたちは決して去らなかった場所について、必然的に同じように自覚することになる。ぼくはこのまま続けていこうと決心した。
南カリフォルニアのある雨の日、久しぶりの雨に州が祝日にしなかったことには驚いたが、ぼくの教師たちは突然現れた。

アーテン　調子はどうだい、兄弟？　たくさんの情報を処理してたようだな。

ゲイリー　もう「わあ」しかいえないよ。消化するには度を超えてるよ。今回の一連の訪問であんたがた教えてくれたことについて考えていたんだ。もう少し何度かノートを見直して、しばらく考えないといけないよ。

パーサ　ゆっくりでいいわよ、兄弟。世界にはたっぷり時間があるんだから。ほんとうはないけどね。

ゲイリー　世界のものに魅了されるべきじゃないのはわかってるよ。でも、たまにはJとブッダが教育的でエキゾチックな夢でしたような冒険は楽しいだろうなと思うよ。

パーサ　どうしてあなたは、自分がそういう冒険をしなかったと思うのかしら？　ちょっと説明させて。新入りは除くけどあなたを含めこの地球にいるほとんどの人たちは、何千という夢の生を生きてきたのよ。線型(リニア)上の時空の幻想に平均、一世紀ごとに一、二回は戻ってきているの。

ゲイリー　じゃあ、この五万年のあいだに一世紀に平均二回戻ってきたとして、千回だね？

パーサ　さすが計算が速いわね。でも大事なのは、あなたもあなたの知人もみんな、あらゆる人生と人物を生き、ありとあらゆる体験をしてきたこと、そして他者の体験のすべてを経験してきたことよ。あなたがすでに経験していないことなんてないの。この人生であなたが羨ましく思える人たちが、あなたがまだ経験してないことを経験していると、ほんとうに思う？　あなたはあらゆるところにいて、すべてを体験してきたのよ。あなたはこの世のいちばんの富者と貧者、有名人と無名人、被害者と加害者、王と囚人、快楽主義者と禁欲主義者だったの。でも忘れているだけ。あなたはたいていの人よりは思い出しているほうだけど。

　こうした経験は一度にすべて起きたのよ。時空のレベルではそうではないし、毎回違って見えるけど、経験そのものは同じなの。レッスンは生によって違って見えるかもしれないけど、意味は同じというのと一緒よ。だから、他人に嫉妬して時間を無駄にしないで。あなたが覚えていようがいまいが、すべて経験済みなのだから。そうした経験はどれも、持続する幸せをもたらしはしないけど、赦しは永続する幸せをもたらしてくれるわ。

　あなたたちはエゴが見るものを信じることにすっかり慣れてしまっていて、ほんとうの現実(リアリティ)を忘れてしまったの。Jがそのことについて述べているのを思い出して。

　あなたが真実でないものを見えるものにしたとき、真実であるものが見えないものになってしまった。しかし、真実そのものが見えないものであるはずはない。聖霊(ホーリースピリット)にはそれが完璧にはっきりと見えているからである。あなたはほかのものを見ているので、それが見えない。何が見えて何が見えないかを決めるのは、何が真の現実(リアリティ)かを決めるのと同様に、あなたには任されていない。見えるものとは、聖霊(ホーリースピリット)が見ているもののことである。真の現実の定義は神のもので、あなたのものではない。神がそれを創造したのであり、それが何かを知っているのは神である。あなたはかつてそれを知っていたが、いまは忘れてしまった。神があなたに思い出す方法を与えていなければ、あなたは自らを有罪と宣告し、忘却へと追いやっていただろう。[T-12.VIII.3:1-8]

ゲイリー 随分と単刀直入だな。すべて経験済みということについて、あんたがたがいってることはわかるよ。あんたがたは、ぼくたちが何千という生を夢見てきたといったね。つまりとてつもない時間を消費する幻想においては、五万年以上ってことだよね？

アーテン この惑星は歴史のさまざまな段階を経てきた。文明は最終的に自らを破壊し、技術的進歩――ほんとうに「進歩」と呼べるかどうかは別だが――それも必ず失われる。一万年以上前の出来事についてほとんどわかっていないのは、そのためだ。アトランティスやレムリアは、そうした失われた文明の数少ない例にすぎない。きみはそうした場所に、いま知り合いの人たちとともにいたんだ。

最初の一連の訪問で話したように、人類は長いあいだほかの惑星にいたが、そこから地球に移住した人たちがいた。だから、自分やほかの人々がいま自分の居場所と信じているところにいたるまでの夢の生を考慮するべきだ。きみの場合は、自分の居場所と信じて〝いた〟ところというべきかな。きみは解放されていっているよ。この人生で悟りに達しなくても、ここへ戻ってくるのはあと一回だけだろう。

ゲイリー　ぼくは戻ってこないよ。あんたがたは悟りというものについて少し教えてくれたけど、まだそんなに話してないよね。悟りがどういうものか、もう少し話してくれない？　楽しみになるだろうから。

アーテン　悟りに近づくと、天国の現実(リアリティ)がより普通のことになり、世界がより遠くに感じはじめる。きみが経験したような啓示の体験が、どんどん普通になっていく。そうした体験のなかに、不変で永遠の真の現実(リアリティ)がある。地上ではその状態でずっといることはできない。さもなければ肉体はなくなるだろう。心がその状態に少なくともほんのわずかでも集中していなければ、その状態は維持できない。きみは次第に、幻想の内側にいてたまに外側にいる状態から、幻想の外側にいてたまに内側にいる状態になっていく。

日々の活動では、自分の自覚が増したことに気づくだろう。肉眼で見えるものは、自分の心の内側にあるものだとわかるだろう。それらは自分の思いからつくられたイメージなんだ。夢の人影について気にすることは何もない。人々はきみと同じように真実を学んでいく。きみは他者のなかに見出していた罪が自分の罪悪感であると学んだが、以前は自分の外側で見ていた他者の罪が自分を破壊しにやってくるものだと思っていた。そして何度かほんとうにそうなった。

自覚が増すと、人々の考えを必ずしも聞かなくてもわかるようになる。みんなの考えを全部聞いていたら手に負えない。システムの過重負担状態になってしまう。代わりに人々の態度が何を示しているのか、その人がどんな人なのか、細かいことを聞かなくてもわかるようになる。人々の正確な考えを読み解きたいのなら、そうできるようになる。

　それから、見ているものが自分から生じている投影だという事実について、さらに自覚できるようになる。夢はきみの心から投影されたもので、映画のようなものだ。でも、投影機が自分であることをたまに感じられて、見えるようにすらなるだろう。そこまで到達して、真の現実（リアリティ）は夢を超越したものだと覚えていられると、恐れはあり得なくなる。繰り返しいってるが、幻想と交換できるものを知っておかなくてはならない。誤りを神の真実と置き換えれば置き換えるほど、自分は神の内にあるという体験をしていくことになる。

　悟りの至福は言葉を超越している。悟ると、肉体をそれほど感知しなくなる。もちろん身体は大事にして清潔にしておくが、ほとんど食料を食べなくなる。水は飲むが、たくさんの量は飲まない。最後には食料も水も必要なくなる。そして、ほんとうに最後になると、必然的にここに長くいることはないだろう。

　肉体が病気でも、それは重要ではない。脚本はときどき、病気の肉体でも痛みを伴わずに死を体験できるところをマスターが示し、マスター自身が肉体ではないことを教えるよう求めることがある。Jが痛みを感じずに十字架で死んだのと同じようにだ。マスターは自らの心で自らの肉体を癒すこともできるが、そうしないことも選べる。ちょうどJが十字架から自分を救えたが、そうせずに大切なレッスンを教えたように。

　それから、悟った人の最後のおこないとして、肉体をそっと脇に置くときがやってくる。死のかたちがどうかは重要ではない。ひどい死に方に見えても、本人は痛みを感じていないのだから、どうしてそれがその人にとってひどい死に方だといえるだろうか。繰り返すが、Ｊが肉体をそっと脇に置くと述べたとき、Ｊはこのことを話していたんだ。安らかで痛みを伴わず、祝福しかない。そして、これまで多くの時間で感じていた神との完璧な一体性(ワンネス)が、ついに永続するものとなる。きみたちが神のもとへ戻る最後の一歩を、神ご自身が踏み出す。これについては人間が理解できる範囲を超えている。いま知っておくべきなのは、真実は不変で、きみたちも不変だということだ。

ゲイリー　素晴らしいね。スケールが大きくて見事だな。日々ここで経験しているように見えることには、かなり制限があるように感じる。ぼくらは離婚など、いろんな辛いことを経験するから、この小さな人生の向こうに言葉では表せない喜びがあるとは想像できない。

パーサ　うまく活用するなら、人生は大事よ。おそらく、スケールの大きさもあなたの想像を超えているわ。あなたとシンディがカレンとスティーブからもらったメッセージを覚えてる？

ゲイリー　うわあ、そうだったね。

註：カレンと離婚したあと、彼女からあるメッセージを受け取った。それはスザンヌ・ベリーの詩だった。何とシンディも離婚したばかりの最初の夫スティーブから、まったく同じメッセージを受け取っていた。シンディがそれを見せてくれたとき、ぼくは信じられなかった。カ

レンとスティーブは、深い意味のこもったこれらの言葉に共感を覚えたのだろう。心はつながっている。シンディとぼくもこのメッセージに自分たちの気持ちを重ねていた。

過去に戻れたら……わたしたちの関係がおかしくなる前のあのころに
二人のハートが傷つく前のあのころに
二人のマインドに疑惑が忍び込む前のあのころに
だって、もしあのころに戻ってやり直せるのなら
あなたを長く抱きしめ
あなたがどんなに大切かを伝え
あなたを決して傷つけないと告げるチャンスを逃しはしないだろう
でも、もうあのころに戻れないのはわかっている
過ちを消せないのもわかっている
あなたがきっと疑問に思っていること
わたしたちが抱えている心の傷
それらを取り除くことはできない
でも、これだけはいま確信を持っていえる
あなたを愛している
これまでも、これからも、ずっと

ゲイリー　このメッセージを読んだあと、言葉が出なかったよ。この世界の特別な愛でさえも、謙虚さと尊厳を見出せるんだ。ぼくはこれからもずっとカレンを愛していくし、シンディもスティーブをずっと愛していくとわかっている。それでも、一時的なものが永遠に続くものに置き換わるときが、ぼくたちの関係にも訪れるだろう。そのときを迎えずに取り残される者は誰もいない。Ｊがかつて遠い昔にいったように、天国とは誰もが招待されている結婚式みたいなものだ。

アーテン　なかなかいいぞ、兄弟。小さき者など存在していない。きみたちの本質は、時空の宇宙に収められないものなんだ。自分に対するエゴの評価を受け入れてはならない。エゴは真に見ていないから。

ゲイリー　そう、ほんとうのぼくは、ぼくが延々と考えてきた嘘のあれこれとはまったく関係のないものだと覚えておかないといけないな。みんな、「コース」の生徒でさえも、こうした罪悪感をずっと抱えてきたけど、罪悪感は真実を表していない。ぼくはこのことを自分にいい聞かせないといけないね。そして、それを取り消さないといけない。

アーテン　次の言葉を覚えておいてくれ、ゲイリー。これをほんとうに信じているかのように生きるのを恐れないでほしい。聖霊（ホーリースピリット）は真に見ているからだ。

あなたは神の心のなかで取り替えのきかない存在である。誰もそこであなたの持ち場を埋めることはできない。あなたがそこを空っぽにしているあいだ、永遠の場所はただあなたの帰りを待っている。神は神ご自身の声をとおしてあなたにそれを思い出させる。神ご自身は、あなたが延長したものをそこで安全に保っている。しかし、あなたはそこへ帰るまで、それを知らない。あなたは神の王国を取り替えることはできない。あなたは自分自身を取り替えることもできない。あなたの価値を知る神がそのようなことはさせないので、そのようにはなっていない。あなたの価値は、神の心のなかにあるため、あなたの心のなかにだけあるのではない。神が創造されたままの自分を受け入れることが傲慢にはなり得ない。それは傲慢さを否定することだからである。自分の小ささを受け入れることこそ傲慢である。それはあなたが自分自身について、神ではなく自分の評価を信じていることを意味するからである。

しかし、真実が分けられないものであるならば、あなたの自分自身への評価は神からの評価でもあるに違いない。あなたが自らの価値を確立したのではないので、それは防御を必要としていない。あなたの価値を攻撃できるものも、打ち負かせられるものもない。それは変わらず、ただ存在しているだけである。聖霊（ホーリースピリット）にあなたの価値が何であるか尋ねなさい。すると、聖霊は教えてくれるだろう。しかし、聖霊の答えを恐れてはならない。それは神から届くものなのだから。それはその源（ソース）ゆえに崇高な答えであるが、その源は真実であり、その答えもまた真実である。[T-9.VIII.10:1-11:7]

ゲイリー　その箇所、大好きだよ。このまま前に進むよう思い出させてくれるものが、ほんとうに必要だからね。今日が今回の一連の訪問の最後だっていってたけど、またこうしてきてくれるかい？

アーテン　まずは今回の情報を消化したらどうかい？　きみはエゴの解体がプロセスだからこそ、われわれがこうして現れているとわかってると思うが、そのプロセスを続けていけばもっと深いレベルで「コース」を理解できるようになる。エゴがきみから離れていくと、気づきが訪れるようになる。

ゲイリー　いいね。じゃあ、選択する心の力を使って、エゴを解体していくよ。でもさ、「コース」の生徒や自分で「コース」の生徒だと思い込んでいる人たちのなかには、マインドを忘れてハートで考えなければならないという人たちもいて、彼らはハートでしか愛を持てないというんだ。「キリスト意識のハート」云々ってやつだよ。

パーサ　彼らをがっかりさせたくないけど、ハートで考えることはできないわ。ハート（心臓）は肉体の一部だし、考える脳を持ってないわ。脳も肉体の一部にすぎないけどね。マインドは脳のなかにあるんじゃなくて、マインドのなかに考える部分があるのよ。フィニアス・クインビー（一八〇二年、レバノン生まれ。心理療法家。クリスチャン・サイエンスの創立にも影響を与えた）を覚えている？

ゲイリー　ああ。彼はクリスチャン・サイエンスの創始者、メリー・ベーカー・エディを癒したんだよね。

パーサ　彼は癒しをうながしただけで、ほんとうに癒したのは彼女自身の心だったわ。のちに彼女は再発したけど、種はすでに蒔かれていて、彼女は多くの人を助けることになったの。クインビーは洞察力のある人で、心（マインド）の先駆者だったのね。彼は、あらゆる病気や癒しが心で起こるものだと理解していた。ところで、メリーは興味深いことをいろいろ書いたり語ったりしてたわね。

ゲイリー　彼女が語ったなかでぼくの好きなのは「真実は永遠に生き続け、誤りは死を迎える」だな。

パーサ　そうね。ところでハートを強調している人たちが、愛のことを話しているのはわかっているわ。それはぜんぜん悪くないけど、ハートについて語ったり、愛情深くあろうとしたり、Jを見習ったりすることで、永遠に続くほんとうの愛を見出すことはないわ。愛への障害を取り消すことで、愛を見つけるのよ。自分と自分の本質のあいだに自ら設けてしまったものを赦すことに心を向けるべきよ。エゴは手ごわい幻想だし、機械のように固執し続けるの。だから、警戒していないといけないわ。「コース」のとても大事なこの箇所をいつも覚えておいてね。

あなたのすべきことは愛を探し求めることではなく、愛に対して自分のなかで築いた障害のすべてを探して見つけることである。真実を探す必要はないが、間違いを探し出すことは不可欠である。

[T-16.IV.6:1-2]

ゲイリー　だからいつも、救済は取り消すこと、エゴを解体するには赦すこと、というところに戻ってくるのか。すると、ぼくらの本質である愛が自然とそこにあるというんだな。取り消す部分を飛ばして進むことはできないし、もしそうすれば、愛はエゴと混ざり合った一時的なものになって、心（マインド）もごちゃごちゃの複雑なものになってしまう。聖霊（ホーリースピリット）の癒しを完了しなければ、精神病の惑星に永遠にとどまることになる。

アーテン　そうだ。あるいは、そっくりの星にね。この惑星であろうとなかろうと、変わっているのはかたちだけで中身は同じだ。きみは「コース」について、三十ヶ国と四十四州で講演してきたな？　その楽しさは別にして、基本的に人々はどこへいっても同じだと気づいただろう？

ゲイリー　ああ、確かにそうだ。中国へいっても、ほかの場所と同じような質問を受けるよ。ある男性は手を上げて、義理の母とどうやったらうまくやれるか知りたがっていた。

アーテン　きみは賢明にも「コース」をよく理解していて、答えられたよな。

ゲイリー　いや、聖霊(ホーリースピリット)が賢明にも「コース」をよく理解していて、答えられたんだよ。聖霊といえばさ、一九八三年にソビエトのスタニスラフ・ペトロフ中佐が、世界を核による滅亡から救った話があっただろ。九十年代にあんたがたが彼について教えてくれたあと、彼がそのことで評価されているのが嬉しいんだ。でもさ、あんたがたは、彼が核ミサイルを発射させなかったのは聖霊のいうことを聞いたからだといってたけど、それって聖霊はたびたび世界情勢に介入してるってこと？

アーテン　聖霊(ホーリースピリット)がしているのは、心(マインド)の正しい部分をとおして、あらゆる人に語りかけることだ。もちろん、その人は聞く意志を持っていなくてはならない。アドルフ・ヒトラーの心は九十九パーセント、エゴに支配されていて、彼は聖霊になど耳を傾けなかったし、そんな意志を持っていなかった。だが、誰もが少なくとも一パーセントの霊(スピリット)を持っている。ヒトラー以上に多くの人を殺害した毛沢東でさえもだ。なぜかといえば、真実を覆い隠すことはできても破滅させることはできないからだ。一方で、心の九十九パーセントが霊に影響されていたガンジーのような人もいる。彼は聖霊に耳を傾ける以上のことをしていた。

二元性ゆえに、多くの人たちは五十パーセントの確率でイチかバチかやるわけだが、耳を傾ける決心をしなければならない。そうすれば、ガンジーのようになれる。これはもちろん一例で、彼と同じやり方で世界の出来事に影響を与える必要はないが、そうするように導かれていると感じるのなら、ぜひそうするといい。大事なのは心が正しい方向に進むことだ。そして、心(マインド)はより平和になる。平和こそが神の王国の状態なんだ。

パーサ　長い年月、人々は善悪の狭間で苦しむことに魅了されてきたわ。それから、神と思えるものと悪魔と思えるものの狭間で悪戦苦闘することに夢中だったわね。次は「コース」で悪魔について述べている箇所の一つよ。

心(マインド)は分離への信念を生き生きと実在させ、とても恐ろしいものにすることができる。その信念こそが悪魔である。それは強力で、活発で、破壊的で、明らかに神とは反対の立場を取る。文字どおり、それは神の父性を否定するからである。人生を見つめ、悪魔が何をつくり出したのかを見なさい。だが、そうしてつくられたものは、真実の光のなかでは確実に溶けてなくなると気づきなさい。その土台が嘘だからである。[T-3.VII.5:1-4]

だから、悪魔とはまさに分離だし、分離を信じていることよ。結局、戦争は分離以外の何だというのかしら？　投影、人を責めること、宗教裁判、拷問、処罰も、分離以外の何かしら？　暴力やテロ行為とはいったい何なのかしら？　分離がないなら、非難したり悲劇を経験したりすることもないはずよね？　悪魔を責めるかもしれないけど、原因は、神からの分離への信念と、終わりなきその象徴なのよ。
　人生のあらゆる悲しみは、何らかの非難というかたちで起こるし、それが分離への信念を実在させる。でも、あなたの内側には、あらゆる苦痛を赦しによって終わらせ、エゴの思考体系を消滅させるものがあるの。悪魔はエゴの思考体系と一緒に消えるわ。その二つは同じものだから。

アーテン　すべては聖霊（ホーリースピリット）とともに変化する。人生の努力を聖霊に捧げると、それは霊的（スピリチュアル）な贈り物になる。前にマット・デーモンの映画の話が出たが、彼は映画のなかではっきりと述べてはいないが、彼の霊能力（サイキック）という才能が、分離というエゴの目的の代わりに、聖霊が聖霊の目的のために使う道具に変わったのは明らかだ。映画のその部分は、そういう才能を持つ人たちについて「コース」が述べていることと見事に調和している。

　誰もが培う能力には、よきことにつながる可能性がある。これについては例外はない。その力が珍しく、予期しないものであればあるほど、その潜在的な有用性は大きくなる。救済はあらゆる能力を必要としている。世界が破壊するものを、聖霊（ホーリースピリット）は修復しようとするからである。〝心霊的な〟（サイキック・アビリティ）能力は、悪魔を呼ぶために使われてきたが、それはエゴの強化を意味しているにすぎない。しかしここには、聖霊への奉仕において、希望と癒しをもたらす偉大な手段もある。〝心霊的な〟（サイキック・パワー）力を培ってきた者たちは、自ら心に課したいくつかの制限が取り除かれるままにしていただけである。もし、増大した自由をさらなる幽閉のために使うなら、彼らはさらなる制限を自分に課すだけである。聖霊はこうした贈り物を必要としている。それを聖霊だけに差し出す者たちは、キリストの感謝を胸に抱いて歩み、キリストの神聖な視覚を間もなく授かるだろう。[M-25.6:1-9]

パーサ　あなたの価値は世界ではなく、神によって確立されていると聖霊（ホーリースピリット）が知っているのを忘れないで。だから、あらゆる人が平等なの。今度、自分を非難したくなったり、自分に価値はないと思ったり、やる気をなくしたりしたときは、わたしたち、J、聖霊、そして神を思い出してね。霊（スピリット）のレベルまでたどり着くと、わたしたちはみな聖霊なの。わたしたちは真実だからよ。エゴの嘘を使っても勝てないけど、聖霊の真実を用いれば負けることはないわ。

アーテン　きみは、われわれと一緒に取り組んでいるとき、愛を発見するのに一役買ってるんだ。愛とは誰の心にも存在している霊（スピリット）のことだ。愛と天国の王国のあいだには、きみが考えるべき当然の結論がある。この質問に正直に答えてほしい。きみの人生でもっとも実在しているものは何だい？　きみにとって、もっとも意味のあることは何だい？

ゲイリー　そうだな、もっとも実在しているのは自分の経験で、ぼくにとってもっとも実在している経験は愛だな。

アーテン　そうなんだ！　人生でもっとも実在しているのが、目に見えないものというのはおもしろくないかい？　愛を見ることはできない。行動のなかに愛を見出せることはあっても、愛そのものを見ることはできない。

では、天国の王国は見えるのかというと、それも見えない。肉眼では見えないんだ。少しのあいだ、王国の象徴を見ることはできても、王国そのものを見ることはできない。もっとも実在していると認識できるものが見えないとは興味深くないかい？

見えないものを見ようとするとき、その妨げとなっているものを取り除いていくことだ。きみもわかっているように、天国の王国を体験することはできるし、その体験こそが決して忘れられなかった真実を垣間見せてくれ、再びエゴを全面的に信じることなどできなくさせてくれる。

パーサ　ヘレン・シャックマンはケン・ワプニックに初めて会ったとき、すでにビル・セットフォードから、ケンが実に興味深い人だと聞かされていたわ。彼女はケンに読んでもらうために、「コース」のある二節を彼に渡したの。彼は修道院に住む予定だったけど、それを読んで「コース」が一生の仕事になるとわかったのね。美しいたとえが満載の「彼らが訪れたので」と、素晴らしいシンフォニーのエンディングのようで「テキスト」の最後にふさわしい「もう一度、選び直しなさい」という部分を読んで、ケンの人生は変わったの。「彼らが訪れたので」の一部を暗唱するわね。きっとなぜその箇所がケンにとって大きな意味を持っていたのか、そしてなぜ彼が人生を「コース」に捧げようと思ったのか、あなたもわかると思うわ。

ゲイリー　その部分は、ケンがいちばん最初に読んだ「コース」だったんだな？

パーサ　そうよ。目覚めるようにという呼びかけを聞いた人たちについてと、聖霊（ホーリースピリット）と一緒に世界を救うことについて述べているわ。

憎しみの血痕は薄れ、芝生は再び青々と茂り、花々は夏の日差しのなかで白く輝いている。死の場所であったところが、いまや光の世界のなかの生ける神殿となっている。彼らが訪れたからである。再び聖性を高く持ち上げ、いにしえの王座の上に広がるいにしえの場所に聖性を置いたのは、彼らの存在である。彼らが訪れたからこそ、憎しみで焦土と化した不毛の地に、奇跡が草花のように咲き出した。憎しみがつくり出したものを、彼らは取り消した。いまやあなたの立つところが神聖な地となったので、天国がそれとつながろうと近づき、その地を自らと同じものにしようとする。いにしえの憎しみの影はなくなり、朽ちていくあらゆるものが、彼らの訪れた地から永遠に姿を消した。

彼らにとって、百年、千年、一万年という年月が何だというのだろうか。彼らが訪れるとき、時間の目的が果たされる。彼らが訪れたとき、これまで一度も存在していなかったものが無へと渡される。憎しみの主張が愛へと明け渡され、自由があらゆる生きとし生けるものを輝かせ、それを天国へと引き上げる。天国の光は、一人ひとりが帰ってくるたびに、明るさを増す。不完全なものが再び完全なものになり、天国の喜びは増大する。天国に属していたものが、天国に戻ってきたからである。血にまみれた地上は清められ、狂っていた者たちは狂気の衣を脱ぎ、あなたが立つ地で彼らとつながる。

天国は、長いあいだ与えられずにいたこの贈り物に感謝する。彼らは彼らのものを取り戻すためにやってきたからである。閉ざされていたものが開かれ、光から遠ざけられていたものが放棄された。光はその上で輝き、天国の光と世界のあいだで消えずに残っていた空間と距離を消し去る。

地上でもっとも神聖な場所とは、いにしえの憎しみが現在の愛となった場所である。そして彼らは、彼らの家が設けられている生ける神殿へと直ちにやってくる。天国にそれ以上の神聖な場所はない。彼らは、差し出されたその神殿に住み、そこを彼らの休息の場にすると同時にあなたの休息の場とするために、そこへやってきた。憎しみが愛へと解放したものは、天国のなかでもっとも輝く光となる。そして、天国のあらゆる光は、修復されたものに感謝をし、さらに明るさを増していく。[T-26.IX.3:1-6:6]

ゲイリー　ありがとう、パーサ。とても美しい箇所だね。たとえがたくさんあるけど、世界がどのように終わるのかを思い出させてくれるな。

パーサ　ええ、でも基本を忘れないでね。「コース」はこういってるわ。

世界の思考体系が完全に逆転したとき、世界は終わりを迎える。それまで、世界の思考のあれこれは分別があるように見えるだろう。世界に終わりをもたらす最後のレッスンは、世界を去りその狭い領域の向こうへと進む準備ができていない者たちには把握することができない。[M-14.4:1-3]

ゲイリー　ぼくはその狭い領域の向こうへいく準備ができている。

パーサ　あなたはもうそっちへいったわよ。ほんとうに形而上学に夢中ね。あなたと一緒にワークするのは楽しいわ、兄弟。世界の思考体系が完全に逆転しなければならないとわかっているわね。幻想に信念を置かないでね。すべてが真実か偽りかのどちらかでしかないの。

アーテン　今回の一連の訪問を終えるときがきたな。われわれが話したすべてを吸収するのに急がなくていいぞ。ノートを読み直すといい。「コース」を理解するには、繰り返しが必要なのはわかっているよな。新しい気づきを得たら、その気づきによって聖霊（ホーリースピリット）に無意識を癒してもらえるよう、しっかりと実践しなくてはならないぞ。

われわれが必要になったとき、われわれを呼ぶかどうかはきみに任せる。われわれはJと同じように、きみを不快な状態に置き去りにはしない。一連の訪問が必要になったら、またくるよ。そうならなくても、われわれは聖霊（ホーリースピリット）としてきみの心のなかにつねにいるし、きみを愛している。神の内側でわれわれは永遠に一緒にいる。

ゲイリー　どうもありがとう、アーテン。パーサもありがとう。二人を愛しているよ。二人にどれほど感謝しているか言葉ではいい尽くせないけど、あんたがたはすべてを知っているから、わかってくれているよね。ところで、あんたがたが今回はじめから決めていたことがあっただろ。赦しの機会を奪いたくないから、ぼくの個人的な将来についてはあまり話さないといってたよね。それについて赦すよ。最初は嫌だなと思ったけど、いまはそれがいちばんだとわかるよ。何が起こるのかあらかじめ知っていたら、赦しのレッスンの効果は同じではなくなるだろうから。聖霊（ホーリースピリット）はほんとうに最善のことを知ってるんだな。あんたがたはぼくの信頼を勝ち取ったよ。

アーテン　聖霊（ホーリースピリット）に耳を傾ける意志を持つあらゆる人たちは、悟りへのはしごを着実に上る。Jはきみたちがうまく上れることを約束しているよ。

はしごが高くそびえ立っている。あなたはあと少しで天国というところまできている。旅を終える前にもう少しだけ学ぶことがある。いまや、あなたとともに祈りを捧げるあらゆる者に対し、あなたは次のように語りかけられるだろう。「わたしはあなたなしでは進めない。あなたはわたしの一部なのだから」。そして、彼は真にそのとおりなのである。[S-1.V.3:5-10]

パーサ　内なる旅が終わりに近づくと、自らの創造主と唯一の現実（リアリティ）として受け入れている神に対し、大きな感謝の念を抱くはずよ。

はしごはこれとともに終わる。学びがもう必要ないからである。あなたはいま天国の門の前に立っている。そしてあなたの後ろには、あなたの兄弟が立っている。芝生は深々と静かである。ここでは、あなたが訪れるべきときのために約束されていた場所が、あなたをずっと待っていた。ここで時間は永遠に終わる。この門で、永遠そのものがあなたと一つになるだろう。[S-1.V.4:1-5]

パーサ　ゲイリー、心のレベルでわたしたちとつながっていてね。そして神の内側でわたしたちと一つでいるのよ。霊（スピリット）は分離を知らないし、わたしたちは永遠に完全な存在よ。目に見えるものはもうすぐなくなるから、聞く耳がなくなってしまう前にこの祈りを聞いてね。

わたしたちは、不死で壊れることのない自らの本質に永遠に感謝する。恐れは、霊（スピリット）としてだけ存在している心には入り込めない。いにしえのあらゆる思考が去っていく。記憶に残しておくべき世界はないのだから。そして、赦すべきものも何も残らないのだから。わたしたちは思考の限界を超えて飛躍する。その喜びを想像することも、その愛を言葉で語ることもできない。そのように満たされたことはかつてなかった。取り残されているものは何もない。幻想の世界を旅する、あらゆる人とあらゆるものが目覚めたのだから。
わたしたちのわが家は完全である。わたしたちは決してそこから去っていなかったのだから。

天国の歌がやむことはなかった。そこにあるはずのなかったわずかな隔たりが癒され、姿を消した。真実を隠すための、真実に相反するものは存在していない。わたしたちは永遠にここで守られている。豊かさと美と生命（いのち）があふれている。そこには罪も赦しも存在しない。罪なき者はそのどちらも必要としないからである。わたしたちは自らを正しい方向に向かわせる決意をした。わたしたちが属しているところに、わたしたちが再びとどまり損ねることはない。父なる神が喜んでいる。神は、神ご自身の創造物であるわたしたちがつねに神の内にあることを知っている。

ここでは神、キリスト、霊（スピリット）という言葉に意味はない。完全なもののなかで区別は保たれない。わたしたちの愛の聖性だけが存在している。時間は消滅した。わたしたちは正しい場所へ戻った。そうしてわたしたちは、神のハートのなかへと消えていく。

第四章　四番目に大切な関係を築いた生

名前	J:タキス(男性)　B:イカロス(男性)
時期	紀元前500〜450年
場所	ギリシャ
宗教／思想	プラトン哲学
二人の関係	プラトンの生徒

第五章　五番目に大切な関係を築いた生

名前	J:ラーフラ(男性)　B:シッダールタ ブッダ(男性)
時期	紀元前450〜380年
場所	インド
宗教／思想	非二元
二人の関係	親子

第六章　六番目に大切な関係を築いた生

名前	J:ヨシュア／イエス(男性)　B:ナダブ／フィリポ(男性)
時期	紀元後0〜55年
場所	エルサレム
宗教／思想	純粋な非二元
二人の関係	同等の究極の随行者(フォロワー)

●付録●
本書に出てくるイエスとブッダの生の概要

第二章　最初に大切な関係を築いた生

名前	J：サカ（男性）　B：ヒロジ（男性）
時期	紀元前700年
場所	日本
宗教／思想	神道
二人の関係	友人

第二章　二番目に大切な関係を築いた生

名前	J：シャオリー（女性）　B：ウォサン（男性）
時期	紀元前600年
場所	中国
宗教／思想	道教
二人の関係	恋人

第三章　三番目に大切な関係を築いた生

名前	J：ハリシュ（男性）　B：パドマジュ（男性）
時期	紀元前500年
場所	インド
宗教／思想	ヒンズー教
二人の関係	いとこ

訳者あとがき

本書は、前作『愛は誰も忘れていない』に続くゲイリー・R・レナードの第四作です。ゲイリーは最初の著書『神の使者』以来、アセンデッド・マスターのアーテンとパーサとの対話に彼自身の経験を織り交ぜながら、『奇跡のコース』の教えを軽やかに伝えるスタイルを貫いてきました。また、アーテンとパーサに導かれ、「コース」の教えに従って生きている彼自身の人生を可能な限り包み隠さず読者と共有してきました。そんな彼に魅了されている方々も多いのではないでしょうか。かくいうわたしもその一人です。彼を慕うファンが絶えないのは、アーテンとパーサとの対話によるところだけでなく、彼自身の率直さによるところも大きいと思えてなりません。

そんな彼らしいスタイルが変わらず貫かれた今作では、かねてから著者が興味を持っていたイエスとブッダという、誰もが知るスピリチュアル界の超有名人ともいえる二人のマスターの過去生を追っています。そのマスターたちが大切な関係を築いた過去生として、最初に日本を舞台とする話が登場しますが、このエピソードは日本人として嬉しいものです。そして次々と語られる二人の過去生をとおして、イエスとブッダの軌跡に触れながら、もしかしたら自分もその時代にいたのではないかと思わされるような不思議な感覚とともに、古代への時間旅行へ誘ってくれる作品です。また、いま生きているこの人生は、通過点の一つにすぎない、だからこそ、自ら決めてこの人生に持ってきたのであろう宿題は、何一つ残らずこの人生でやき切ろうではないかと勇気づけてくれる作品でもあります。

本書を訳していたあいだ、強く感じたことがありました。それは、この人生には何一つ無駄なものはなかったのだということでした。たとえいま自分が置かれているこの場所がどんなに嫌なところに思えても、きっといまいるここには、以前いたところにはなかった学びがあるに違いない。そしてその学びはかけがいのないもので、そんなひとかけらの大事な学びへと導いてきたものが、かつて自分が下した選択、聖霊（ホーリースピリット）の導き、めぐり会ったあらゆる人々、遭遇したあらゆる出来事であるのなら、そのすべてを赦して解放し、感謝とともに祝福する以外に何をすればよいのだろうかと気づかされました。あのとき体験した辛い出来事、出会わずに済んでいればと願ってしまうあの人やこの人、自らの選択が悔やまれるさまざまな経験、そんなすべてがあって、いまここにある。そんなふうに人生の出来事を遠くから眺められるように本書は導いてくれています。著者自身、十四歳のときに鬱病を発症し、二十代後半にｅｓｔという自己啓発セミナーに出会うまでは悲惨な状態にあったと前作で述べており、本書でもそのころを振り返っています。そして、いまだからあのとき聖霊が背中を押してくれていたことがわかると語っています。彼はそのセミナーを受けたことが転機となり、その後「コース」と出会い、最初の著書を出版して人生が激変します。世界中を飛び回って「コース」を教えるようになり、離婚、再婚も経験されました。そんな目まぐるしい人生のなかでつねに彼を支えてきたのは、『奇跡のコース』の赦しという教えであり、「コース」に綴られているイエスの言葉です。

本書には「コース」のほかに、グノーシス、ウァレンティノス派、道教、プラトン哲学といった古代の思想や宗教が多く出てきます。けれども、難解で重苦しいものではありません。私事になりますが、翻訳の最中に高校時代の倫理の教科書とノートが自宅の本棚にあるのを思い出しました。アメリカに移住したときに、なぜか持ってきたものです。その後、幾度となく断捨離をしてきましたが、毎回、もう使うことのないその教科書とノートを手に取っては捨てられずにいる自分がいました。遠い学生時代に使っていた教材でいまだに手元にあるものなど、それだけといってもいいくらいです。何十年も開いてすらいないそれらを捨てられない理由がいつもわかりませんでした。ただ毎回手に取ると、捨ててはいけない、という強い思いが込み上がるだけでした。今回、その教科書とノートが役立ったと書くことができればよかったのですが、広く浅くカバーされた高校レベルの内容だったため、残念ながらゲイリーの詳細な内容に追いつくものではありませんでした。けれどもパラパラと教科書をめくっていると、思想史地図や思想史年表が出てきて、「ああ、この時代にもイエスがいたのか」「へえ、ここにもブッダがいたのか」と、本書と重ね合わせるかのようにほんの一瞬のあいだ、時間旅行を楽しむことができました。とてもわずかな時間ではありましたが、きっとこの一瞬のためにこの教科書を捨てずにいたのだろうかとハッとさせられ、どこか点と点がつながったような不思議な感覚に陥りました。やはり無駄なことはなかったのだとしみじみと感じた瞬間でもありました。

ゲイリーの著書には「reality（リアリティ）」という言葉が頻出します。「コース」をご存知の方には馴染みの深い言葉だと思います。一般的な「この世界の現実」ではなく、「神のもとでほんとうに実在している現実」を意味しています。また私事になりますが、著者の前作を翻訳させていただいた際、この「reality」を日本語に置き換えるときに、通常使われる「現実」という言葉を用いることに大きな抵抗がありました。そしてナチュラルスピリットの「コース」の日本語版にならい、「実在」「実在性」と訳していました。一般的な「現実」とは違う意味だからという理由以外に、そのころの自分にとって、日本語の「現実」という言葉から想像できるものが、「この世界の現実」でしかなかったからです。「バケーションから帰ってきて現実に戻る」「夜見ていた夢から目覚めて現実に戻る」、いずれもまだこの世界のことです。それ以外のことに「現実」という言葉をあてがうことができませんでした。けれども今回、再びアーテンとパーサと著者のやり取りを読んでいると、ああ、神とともにある「あっち側」のほうが、いま自分がいるように思える、そしてそのように見える「こっち側」よりも、実はずっとずっと現実なのだなあと心から感じられました。そうして自然と出てきたのが「ほんとうの現実」「真の現実」という言葉です。わたし自身「コース」の学習者として、「reality」をそのような訳にしてよいものか悩み、『神の使者』を読み返しました。すると、アーテンが「true reality（真の現実）」といっている箇所があり驚きました。当時、「true」をつけて表現していたのかと感慨深かったのです。このような経緯があり、本書では「reality」を「ほんとうの現実」「真の現実」、文脈によっては「実在する世界」などと訳させていただきました。

また、二七五ページの「コース」の引用は、前作から変更させていただきました。「コース」にあるその文の「His」「Him」が指すものが、前文最後の「Father（父なる神）」ではなく、少し前の「your Self（真の自己）」であることに気づいたためです。お詫びとともに訂正させていただきます。さまざまなご意見があるかと思います。いたらぬ点はわたしの未熟さゆえ、どうぞお赦しください。

最後になりましたが、本書の翻訳の機会を与えてくださったナチュラルスピリットの今井社長と、細やかで愛あふれる入念なサポートをしてくださった編集者の北野智子さんに、心から感謝とお礼を申し上げます。

二〇一九年三月

ティケリー裕子

【奇跡のコース　関係者プロフィール】

ヘレン・シャックマン　Helen Schucman

1909年7月14日～1981年2月9日

非宗教的なユダヤ系の両親のもとにニューヨークで生まれる。40代の終わりに心理学の博士号を取得。1958年ニューヨークにあるコロンビア・プレスビテリアン病院の心理療法部門の職を得る。ここでウィリアム（ビル）・セットフォードと出会う。1965年、神秘的な体験をする。またこの年から1972年までイエス・キリストと思われる存在からの内なる声により『奇跡のコース』の書き取りがおこなわれる。1972年、ヘレンとビルは、ケネス・ワプニックと出会う。1976年、『奇跡のコース』出版。ほかに詩集『The Gifts of God』などもある。享年71歳。

ウイリアム（ビル）・セットフォード　William Thetford

1923年4月25日～1988年7月4日

アメリカ、イリノイ州シカゴに生まれる。コロンビア大学医療心理学准教授。1958年、ヘレン・シャックマンと出会う。1965年からはじまるヘレンの『奇跡のコース』の書き取りに協力する。享年65歳。

ケネス（ケン）・ワプニック Kenneth Wapnick

1942年2月22日～2013年12月27日

ニューヨークのブルックリン生まれ。心理学者。ヘレン・シャックマン、ウィリアム（ビル）・セットフォードと共に、『奇跡のコース』の編集に携わった。「ファウンデーション・フォー・ア・コース・イン・ミラクルズ（FACIM、http://www.facim.org/)」の代表を務め、『奇跡のコース』の教育、普及に活躍する。享年71歳。

ジュディ・スカッチ・ウィットソン　Judith Skutch Whitson

幼少期からの神秘体験に加え、秀でたサイキック能力を持つ娘を授かる。当時の家は超能力者及び研究者のサロンとなり、ユリ・ゲラーやジェリー・ジャンポルスキーともこのころから親交を深める。1975年、ヘレン・シャックマンとの出会いを経て『奇跡のコース』にかかわることになる。現在、「ファウンデーション・フォー・インナーピース（FIP、http://acim.org/)」代表。

ゲイリー・R・レナード　Gary R. Renard
マサチューセッツ州ノースショア生まれ。プロのギタリストとして成功する。1987年から「調和ある収斂」の期間に「呼び声」を聞き、人生の方向転換がはじまった。1990年はじめにメイン州に移り、そこで強いスピリチュアルな目覚めを体験する。また、啓示を受け、9年の歳月をかけて慎重に『神の使者』を執筆。その後、続編である『不死というあなたの現実』(ともに河出書房新社）と『愛は誰も忘れていない』(ナチュラルスピリット）を刊行して三部作を完結。現在は南カリフォルニアに在住し、執筆活動を続けながら、世界中で『奇跡のコース』の講演をおこなっている。

ティケリー裕子　Yuko Tekelly
1999年より在米。ペンシルバニア州ドレクセル大学卒業。訳書に、ガブリエル・バーンスティン著『スピリット・ジャンキー』、デイヴィッド・ホフマイスター著『覚醒へのレッスン』、マリ・ペロン著『愛のコース』（ともに共訳、ナチュラルスピリット)、ゲイリー・R・レナード著『愛は誰も忘れていない』（ナチュラルスピリット)。『奇跡のコース 目覚めシリーズDVD』（ナチュラルスピリット）の字幕翻訳を担当。

イエスとブッダが共に生きた生涯

●

2019年3月17日　初版発行

著者／ゲイリー・R・レナード
訳者／ティケリー裕子

編集／北野智子
DTP／山中 央

発行者／今井博揮

発行所／株式会社ナチュラルスピリット

〒101-0051 東京都千代田区神田神保町3-2　高橋ビル2階
TEL 03-6450-5938　FAX 03-6450-5978
E-mail　info@naturalspirit.co.jp
ホームページ　http://www.naturalspirit.co.jp/

印刷所／モリモト印刷株式会社

ISBN978-4-86451-299-2　C0010